Ich bin gefragt

Herausgeberin
Ursula Wilke, *Zeuthen*

Autorinnen und Autoren
Manfred Berg, *Kaiserslautern*
Maria Greifenberg, *Köln*
Peter Grün, *Schulpforte*
Matthias Hahn, *Drübeck/Harz*
Angela Ingendahl, *Aachen*
Bernhard Koreng, *Bad Dürkheim*
Jürgen Langefeld, *Wuppertal*
Petra Moritz, *Potsdam*
Jens Pape, *München*
Holger Paulsen, *Tübingen*
Hans-Bernhard Petermann, *Heidelberg*
Renate Pölk, *Worbis*
Ursula Wilke, *Zeuthen*

unter Mitarbeit von
Johannes Glötzner, *München*
Martin Kloke, *Berlin*
Holger J. Schnell, *Berlin*

Ich bin gefragt

Gymnasium

Ethik 9/10

Volk und Wissen Verlag

Zinnober:
So tretet doch näher,
ihr Mädchen und Knaben,
steigt endlich herauf
auf die Bühn' eures Lebens.
Keiner ist hier Publikum,
heut' spielen alle mit:
Die Requisiten stehen euch
zur allerfreiesten Verfügung!
Schreitet oder tanzt in Sprüngen,
ergreifet, was euch wert ist:
Ob Liebe, Streit und Eitelkeit –
ergötzt euch an den Possen …

Lebensabschnitte

In welcher Rolle sind wir
eigentlich gefragt?
Ist doch alles nur Theater!

Karmin:
… wenn alles doch so einfach wäre
– willkommen im Welttheater –
doch dieser Zug ist abgefahren,
ein andrer zieht die Fäden.
Bemühe dich, doch wirst auch du
dem Schicksal nicht entrinnen.
Lehnst deine Rolle ab im Stück?
Sie wird dir trotzdem vorgesagt.
Wie man sich dreht und wendet,
das ganze Spiel bleibt Pose;
Und auch dein Auftritt endet,
dein Abgang ist gewiss.

Vorhang auf, das Spiel beginnt

Zinnober: Ich stehe auf der Sonnenseite des Lebens, voller Tatendrang und Energie. Seht, wer jetzt auf der Bühne steht: Es ist der Mensch! Seit ein paar tausend Jahren spielt er mit im Welttheater, doch nur selten hält er inne und denkt darüber nach, welche Rolle er in diesem Stück übernommen hat. Vor rund 500 Jahren wagte der Mensch eine Standortbestimmung und fragte erstmals seinen »Regisseur«, welche besonderen Aufgaben ihm zugedacht seien. Dessen Antwort lautete:
Keinen bestimmten Platz habe ich dir zugewiesen, auch keine bestimmte äußere Erscheinung und auch nicht irgendeine besondere Gabe habe ich dir verliehen, (...), damit du den Platz, das Aussehen und alle die Gaben, die du dir selber wünschst, nach deinem eigenen Willen und Entschluss erhalten und besitzen kannst. Die fest umrissene Natur der übrigen Geschöpfe entfaltet sich nur innerhalb der von mir vorgeschriebenen Gesetze. Du wirst von allen Einschränkungen frei nach deinem eigenen freien Willen, dem ich dich überlassen habe, dir selbst deine Natur bestimmen. In die Mitte der Welt habe ich dich gestellt, damit du von da aus bequemer alles ringsum betrachten kannst, was es auf der Welt gibt. Weder als einen Himmlischen noch als einen Irdischen habe ich dich geschaffen und weder sterblich noch unsterblich dich gemacht, damit du wie ein Former und Bildner deiner selbst nach eigenem Belieben und aus eigener Macht zu der Gestalt dich ausbilden kannst, die du bevorzugst. Du kannst nach unten hin ins Tierische entarten, du kannst aus eigenem Willen wieder geboren werden nach oben in das Göttliche.
Aus eigenem Willen wieder geboren – als Pflanze, Tier oder göttliches Wesen? Das klingt verwirrend. Der Mensch (es war ein Italiener aus Mirandola mit Namen GIOVANNI PICO) begreift, dass damit etwas Unerhörtes über die Würde* des Menschen gesagt ist: Wir sind geboren worden unter der Bedingung, dass wir das sein sollen, was wir sein wollen. Es liegt also allein an uns!

Jugend in der Krise?

Karmin: Nach oben in das Göttliche streben – dass ich nicht lache! Was mich betrifft, so heiße ich Karmin. Auf dem langen »i« könnt ihr ausatmen. »Keine Hast ohne Rast«, sage ich immer. Und wenn etwas schief geht, dann geht es auch schief. Zur Jugend gehört die Krise. Schau dir doch den Menschen an, wie er lebt, wenn er jung ist: stürzt sich von einer Mode auf den nächsten Trend und bejubelt hysterisch seine »Stars«, wenn er sich nicht gerade selbst von seiner Clique feiern lässt. Sprichst du ihn an und fragst, wohin er strebt in seinem Leben, dann stammelt er verwirrt, er wisse es nicht. Und das hat guten Grund. Denn auch der Mensch entfaltet sich nach einem verborgenen Ent-

▶ **Leben ...**
beginnt nicht erst mit der Geburt, das wissen wir. Aber auch danach ist der Mensch noch nicht richtig auf der Welt: Sein Gehirn entwickelt sich weiter, die Sinnesorgane passen sich besonderen Umweltreizen an. Und wenn man miterleben darf, wie mühelos und zugleich beharrlich Kleinkinder ihre Muttersprache erlernen, dann bekommt man eine Ahnung von der so genannten »Weltoffenheit« des Menschen. Er ist von seiner biologischen Veranlagung das »nicht festgestellte Tier« und darum gilt: Sein Leben
heißt Streben

wicklungsgesetz; sein Reifungsplan ist festgelegt, das Sozialverhalten biologisch vorprogrammiert. Gerade in der Jugendzeit, der so genannten Adoleszenz*, hängt der Mensch ganz schön in der Luft und findet sich nicht mehr zurecht – die Krise ist ihm in die Wiege gelegt, da muss er durch! Wohin streben in Rollenspiel und Maskerade, wenn nicht zu sich selbst? Nur wer im Leben seine Stimme nicht verstellt und sich gleich bleibt hinter jeder Maske – den nenne ich »Person«*.
Der Sozialpsychologe Erik Erikson meint: *Mut zu seiner eigenen Vielfalt zu haben, ist ein Zeichen der Ganzheit bei Individuen und Kulturen. Aber auch die Ganzheit muss bestimmte Grenzen haben.*
Die nachfolgenden Seiten bringen Anregungen ins Spiel, die euch helfen, das Mut-Projekt »Leben« gut zu meistern.

▸ Reif geworden …
Bei meiner Geburt wog ich
3.400 Gramm und war
43 Zentimeter lang;
meine Augen waren blau,
mein Haar spärlich.
Heute wiege ich
rund 70 Kilogramm mehr,
bin 1 Meter 35 größer,
fühle mich immer noch
wohl in meiner Haut –
und blauäugig bin ich
nur noch selten.
Ich habe mich ganz
schön verändert – aber
wofür?

---

1. Nimm Stellung zu Picos Behauptung, jeder Mensch könne über sein Leben selbst bestimmen.
2. Was heißt für euch »erstrebenswertes Leben«? Stellt Collagen zusammen und vergleicht die Ergebnisse.
3. »Jugend in der Krise?« Führt eine Podiumsdiskussion mit verteilten Rollen durch.

Menschen erproben in ihrem Leben vielfältige Rollen und verwandeln sich dabei. Zuweilen befürchten sie, sich in Rollenspielen selbst zu verlieren. Doch nichts ist vorbestimmt, im Leben des Einzelnen wie in der Menschheitsgeschichte – außer, dass sich jeder Mensch damit auseinander setzen muss, wie er sein Leben in verschiedenen Stadien gestalten will.

Gewissensfragen: Wer bin ich, wer möchte ich sein?

»Fliege ist Fliege!«

Ich liege im Garten in der Hängematte und zähle kleine weiße Wölkchen am blauen Augusthimmel. Mir raucht noch der Kopf von der hitzigen Diskussion, die ich gerade mit meinen Eltern geführt habe. Mein Vater meint, ich solle mir nach der 10. Klasse eine Lehrstelle suchen; die Mutter sagt: »Max wird Abitur machen, der schafft das schon.« Schönen Dank! Dass meine Eltern sich in meine Angelegenheiten einmischen, regt mich auf. Und dann sind sie sich nicht mal selbst einig! Allerdings weiß ich am allerwenigsten, was ich will und das bereitet mir Sorgen.
In mir denkt es: Noch drei weitere Jahre Schule – muss das wirklich sein? Andererseits: Will ich jetzt schon jeden Morgen bei der Arbeit antanzen? Auch keine angenehme Vorstellung.
Luisa hat es gut: Sie wollte schon immer Tischlerin werden und nun macht sie eine Ausbildung. Die weiß, was sie will und es macht ihr auch noch Spaß. Sie ist zu beneiden, die große Schwester!
Eine dreiste Fliege setzt sich auf meine Nase, das kitzelt. Das Biest hat es leicht: Fliege ist Fliege!
Luisa schlendert herüber.

▶ Das Leben – ein Rollenspiel?
In Max Frischs Roman »Mein Name sei Gantenbein« schlüpft der Erzähler in verschiedene Rollen und stellt sich jeweils vor, in diesen Rollen zu leben. Eine Rolle ist die von Gantenbein, der aller Welt vorspielt, er sei blind. Auch seine Frau lebt in diesem Glauben. Der Ich-Erzähler »probiert Geschichten an wie Kleider«. Er sagt: »Jeder Mensch erfindet sich früher oder später eine Geschichte, die er für sein Leben hält, (…) oder eine ganze Reihe von Geschichten.«

Max: Kann man denn nicht sein ganzes Leben in der Hängematte verbringen? Dann muss man sich für gar nichts entscheiden und macht wenigstens nichts falsch.
Luisa (sie lacht): Das ist aber auch eine Entscheidung, mein Lieber. Dann musst du dich fragen: »Will ich jemand sein, der nur auf der faulen Haut liegt?« Wenn die Antwort »Ja« lautet, dann bist du eben der »Hängematten-Max«. Allerdings, wenn du mich fragst, passt das nicht besonders gut zu dem Bild, das ich von dir habe. Du kannst doch sonst kaum stillsitzen und musst zu allem deinen Senf dazu geben … Komm mal lieber mit zum Schwimmen!
Max: Ach, hau doch ab!
So eine Schwester muss man haben. Sie läuft weg, denn ich tue so, als würde ich einen Angriff starten. Dabei bin ich viel zu faul. »Hängematten-Max!« Das kann es ja auch nicht sein. Aber wer bin ich dann? Vielleicht sollte ich doch erst einmal Schwimmen gehen – bei der Hitze: Max, der »Super-Schwimmer«!

Es allen recht machen?

Ein Mann reitet auf seinem Esel nach Haus und lässt seinen Sohn zu Fuß nebenher laufen. Kommt ein Wanderer und sagt: »Das ist nicht recht, Vater, dass Ihr reitet und lasst Euern Sohn laufen; Ihr habt stärkere Glieder.« Da stieg der Vater vom Esel herab und ließ den Sohn reiten.
Kommt wieder ein Wandersmann und sagt: Das ist nicht recht, Bursche, dass du reitest und lässest deinen Vater zu Fuß gehen. Du hast jüngere Beine.« Da saßen beide auf und ritten eine Strecke.
Kommt ein dritter Wandersmann und sagt: »Was ist das für ein Unverstand: Zwei Kerle auf einem *schwachen Tiere; sollte man nicht einen Stock nehmen und euch beide hinabjagen?« Da stiegen beide ab und gingen zu Fuß – rechts und links Vater und Sohn, in der Mitte der Esel.*
Kommt ein vierter Wandersmann und sagt: »Ihr seid kuriose Gesellen. Ist's nicht genug, wenn zwei zu Fuß gehen? Da band der Vater dem Esel die Vorderbeine zusammen und der Sohn band ihm die Hinterbeine zusammen; sie zogen einen starken Baumpfahl durch, der an der Straße lag und trugen den Esel auf der Achse heim.
JOHANN PETER HEBEL: Seltsamer Spazierritt (1811)

▶ Sozialisation und Vererbung
Soziologen betonen den Einfluss der Umwelt auf unser Denken, Fühlen und Handeln. Gemeint sind vor allem Familienangehörige, Freunde und »Erzieher« in Familie, Schule, Beruf und Medien, die Werthaltungen und Verhaltensmuster prägen; die Fachsprache spricht von »Sozialisation«. Und unsere Erbanlagen? Die Gene sind uns von Geburt an mitgegeben – doch bis heute kann ihr Anteil an der Personwerdung des Menschen nicht genau beziffert werden.
Im komplizierten Zusammenspiel von Umweltfaktoren und Erbanlagen ist dem einzelnen Menschen aufgetragen, seine Persönlichkeit zu entwickeln – auch unter dem widerstreitenden Druck der Außenwelt. Von den Schwierigkeiten persönlicher Selbstbehauptung handelt die nebenstehende Kurzgeschichte von JOHANN PETER HEBEL.

---

1. Überlegt, auf welche Weise Max einer Lösung seines Problems näher kommen kann.
2. Sich für »gar nichts« entscheiden? Beschreibt mögliche Folgen einer solchen Lebenseinstellung.
3. Erläutert und diskutiert Gantenbeins Aussage, jeder Mensch erfinde sich irgendwann »eine Geschichte, die er für sein Leben hält.«

Die innere Stimme

»Die elektronische Sicherheitssperre am Ausgang muss wohl kaputt gewesen sein«, dachte Lilly. Anders war es nicht zu erklären, dass es keinen Alarm gegeben hatte, als sie mit der CD in der Tasche hinausmarschiert war. Dabei war das gar nicht ihre Absicht gewesen. Sie hatte die Scheibe keineswegs »mitgehen« lassen wollen; sie hatte nur vergessen, dass sie die CD beim Stöbern in der Musikabteilung vorläufig in ihre Jackentasche gesteckt hatte. Vorläufig! Natürlich wollte sie die CD ebenso wie die anderen CDs und die Bücher anschließend bei der Ausleihe vorzeigen. Alles andere wäre ja auch leichtsinnig gewesen angesichts der Sicherheitssperre! Nur hatte sie die eingesteckte Scheibe längst vergessen, als sie mit ihrem Stapel an der Ausleihe anstand. Ob es an dem hübschen Typen von der Stadtbibliothek lag, der sie beim Einscannen mit seinem piepsenden Lesegerät abgelenkt hatte?

Gemerkt hatte sie es erst zu Hause, als sie die Jacke auszog. Anfangs war sie freudig überrascht über den Fund und legte die CD sofort ein. »Das Ding ist verdammt gut und darf nicht wieder hergegeben werden!«, murmelte sie, kaum hörbar.

Als nach drei Wochen der Rückgabetermin für die ausgeliehenen CDs näher rückte, zogen in Lillys Kopf Gedanken auf, die ihren Musikgenuss zu trüben drohten: »So eine Stadtbibliothek wird ja von vielen Leuten benutzt, bestimmt von einigen Hundert oder Tausend jede Woche. Da könnten natürlich noch andere dabei sein, die scharf auf meine CD sind, zumal die ziemlich neu ist«. Dieser Gedanke war ihr irgendwie unangenehm, zumal sie sich selbst immer wieder darüber ärgerte, wenn »die guten Sachen immer ausgeliehen« waren.

»Aber es weiß doch keiner, dass ich sie habe. Und die anderen Sachen bringe ich zurück«, versuchte sie sich zu beruhigen. »Die werden schon eine neue CD kaufen, wenn sie merken, dass die alte weg ist.« Ganz befriedigt war sie jedoch nicht von diesem Argument. Sie schämte sich sogar ein bisschen für ihre Selbstbeschwichtigungen. Was tun? Ihre Eltern brauchte sie nicht um Rat zu fragen, denn, was die sagen würden, war von vornherein klar. Sie überlegte Katja anzurufen, doch dann war es ihr irgendwie peinlich. »Jetzt habe ich mal Glück gehabt, mir fällt die Super-CD in den Schoß und ich kann mich nicht darüber freuen. Das gibt es doch gar nicht!«, dachte sie. »So eine CD kostet doch wirklich nicht die Welt, aber mein Taschengeld ist eben ziemlich mager. Bin ich feige oder wo ist das Problem? Woher kommt nur dieses schlechte Gewissen?«

Gewissen – was ist das?

Wer Nachschlagebücher zum Gewissen aufschlägt, stößt auf Sätze wie: *Im »Gewissen« drückt sich die Fähigkeit des Menschen aus, sein Handeln moralisch zu beurteilen, zu erkennen, was gut und böse, was recht und unrecht ist.* Was in unseren Ohren beinahe selbstverständlich klingt, geht auf Überlieferungen zurück, die sich bereits in frühen Hochkulturen herausgebildet haben.

Für den altrömischen Philosophen SENECA übt das Gewissen eine »Wächter«-Funktion aus, um den Menschen vor dem Bösen zu warnen. Die christliche Ethik betrachtet das Gewissen als die letzte menschliche Instanz – die »Stimme Gottes im Menschen«. Selbst im Falle eines Irrtums soll der Mensch nicht gegen die momentane Überzeugung seiner »Uranlage« handeln.

Die Aufklärung des 18. Jahrhunderts betont die Autonomie* des Menschen – gerade auch in der Gewissensfrage: Für IMMANUEL KANT* obliegt es der menschlichen Vernunft, in freier Selbstbestimmung die sittlichen Ideale aufzustellen, an denen die Menschen sich orientieren sollen. Zugleich lässt Kant den Gedanken neu aufleben, wonach das Gewissen der innere »Gerichtshof« des Menschen sei.

In der Psychologie des 20. Jahrhunderts gilt das Gewissen vielfach als ein Produkt von Erziehungs- und Lernprozessen. SIGMUND FREUD* spricht von einem »Über-Ich« – jene Ebene der Psyche, wo Forderungen und Wertvorstellungen der Umwelt, zum Beispiel der Eltern, verinnerlicht werden. Für den Freud-Schüler CARL GUSTAV JUNG ist das Gewissen dagegen mehr als ein »Organ« der Anpassung an die Umwelt; er schreibt dem Menschen die angeborene Fähigkeit zu, im Konfliktfalle in bewusster Auseinandersetzung mit sich und der Umwelt eine schöpferische Gewissensentscheidung zu treffen.

Da der Streit zwischen FREUD und JUNG noch immer nicht entschieden ist, betonen Psychologen heute eher die Stufenfolge in der Entwicklung des moralischen Bewusstseins: Am Anfang steht autoritätsfixierter Gehorsam, die höchste Stufe besteht in der freien und verantwortlichen Selbstaneignung von Werten* und Normen.

▶ Gewissenhaft, gewissenlos?

Sofort nun wende dich nach innen,
Das Zentrum findest du da drinnen,
Woran kein Edler zweifeln mag.
Wirst keine Regel da vermissen:
Denn das selbstständige Gewissen
Ist Sonne deinem Sittentag.

JOHANN WOLFGANG VON GOETHE: Vermächtnis

Die innere Stimme muss schon vorlaut werden, damit wir ihr folgen.

HANS ARNDT: Im Visier

1. Fasse Lillys Gedanken zusammen: Worin besteht ihr Problem?
2. Was ist »das Gewissen«? Vergleicht die euch bekannten Deutungen und bereitet in Kleingruppen dazu jeweils ein Rollenspiel vor.

Immer wieder triffst du Entscheidungen, mit Folgen für die Zukunft. Dann tauchen Gewissensfragen auf: Wer bin ich, wer soll oder möchte ich sein? Eindeutige Antworten sind rar; auch der Verweis auf Umweltfaktoren und Erbanlagen bietet keine Gewissheiten. Im wachen Zusammenleben mit anderen Menschen ist es wohl am ehesten möglich, das eigene Gewissen zu schärfen.
BERTOLT BRECHT soll gesagt haben: »Vielleicht ist der Mensch nie so sehr Mensch, als wenn er sagt: ›Ich schäme mich.‹«

Das Leben – eine lange Geschichte

Die Kinder, die ich war

»Das bist du?«, brüllte Gunnar schon wieder ungläubig und schüttelte sich vor Lachen. Johanna bereute inzwischen, dass sie Gunnar eingeladen hatte, mit ihr die alten Videos aus ihrer Kindheit anzuschauen. Mochten sie zuweilen etwas peinlich sein, faszinierten diese Bilder sie doch irgendwie auch:

»Wie war es möglich, dass ich, die inzwischen 15-Jährige, derselbe Mensch wie in diesen Filmen sein sollte? Der herumschreiende Säugling, die immer größer werdenden Kinder. Alle diese Menschen sind ›ich selbst‹ gewesen? Ein und dieselbe Person, nur zu verschiedenen Zeiten?« Im Stillen fragte Johanna sich, ob das möglich sein konnte: »Ist es nicht sinnvoller anzunehmen, dass es sich bei all diesen Lebewesen um unterschiedliche Personen handelt? Von mir aus derselbe Mensch, aber verschiedene Personen? Aber was ist überhaupt der Unterschied zwischen Mensch und Person – wenn es einen solchen überhaupt gibt? Ganz schön schwierige Fragen«.*

»Du träumst ja!«, meinte Gunnar plötzlich und sah sie verwundert an. »Die Kassette ist zu Ende.« – »Oh, gar nicht gemerkt«, murmelte Johanna. »Willst du noch mehr sehen?« – »Klar!« Sie legte ein neues Band ein und drückte auf »Play«.

»Sag mal, Gunnar, über wen lachst du dich hier eigentlich die ganze Zeit kaputt?« Gunnar erschrak. Hatte er sie irgendwie beleidigt? »Ich

Porträts des niederländischen Malers REMBRANDT HARMENSZ VAN RIJN *(1606-1669), von links nach rechts:*
– Selbstporträt (ca. 1628);
– REMBRANDT *mit seiner Frau Saskia (ca. 1636);*
– Selbstbildnis mit dem aufgelehnten Arm, Detail (1639);
– Selbstporträt (ca. 1643-1645);
– Selbstporträt als ZEUXIS *(ca. 1669): Zeuxis war im 5. bis 4. Jahrhundert v. Chr. ein berühmter griechischer Maler und Bekannter des Philosophen* SOKRATES.

meine es ernst«, begann Johanna wieder, »woher weißt du, dass das jedesmal ›ich‹ bin auf den Kassetten?« – »Tja, gute Frage«, entgegnete Gunnar beruhigt. »Erstens sieht man doch die Ähnlichkeit, außer bei dem Baby vielleicht. Und zweitens haben doch deine Eltern immer dasselbe Kind gefilmt, nur zu verschiedenen Zeiten. Oder glaubst du, sie hätten dich zwischendurch mal ausgetauscht?« – »Nein, sicher nicht. Aber was habe ich als Person mit all diesen Kindern zu tun? Ich betrachte die doch von außen, genauso wie ich meine Eltern in den Filmen betrachte, oder dich jetzt hier neben mir.« – »Hm, was meinst du denn jetzt mit ›Person‹?«, fragte Gunnar. Johanna überlegte: »Na ja, meinen Charakter, meine Meinungen und Wünsche, meine Fähigkeiten und so weiter. Die sind doch zum Teil total verschieden von denen der Kleinkinder und Kinder auf den Videos.« – »Sicher, man verändert sich eben im Laufe der Zeit. Aber dass du dich veränderst, heißt doch nicht, dass du aufhörst zu existieren und eine ganz neue Person geboren wird. Da ist doch ein Zusammenhang in allem, eine Entwicklung.« – »Das ist eben die Frage,« sagte Johanna nachdenklich.

▶ Wieviel Identität* ist erstrebenswert?

Ich sitze am Straßenrand.
Der Fahrer wechselt das Rad.
Ich bin nicht gern, wo ich herkomme.
Ich bin nicht gern, wo ich hinfahre.
Warum sehe ich den Radwechsel
Mit Ungeduld?

BERTOLT BRECHT: Radwechsel (1953)

Identität beginnt da, wo das Denken aufhört.

MICHA BRUMLIK, Frankfurter Erziehungswissenschaftler (1997)

---

1. Welchen Zusammenhang sieht Johanna zwischen sich selbst und ihrer Vergangenheit? Beschreibe auch Gunnars Gegenargumente.
2. Tauscht euch aus über eure Erfahrungen beim Ansehen von Kinderbildern oder -videos und vergleicht sie mit Johannas Empfindungen.

Ich – das Theater meiner eigenen Vorstellungen

Ich wage es zu behaupten, dass alle Menschen nichts anderes sind als ein Bündel von Empfindungen und Wahrnehmungen, die einander in unbegreiflicher Schnelligkeit folgen und beständig in Fluss und in Bewegung sind. Der Geist ist eine Art Theater, auf dem verschiedene Wahrnehmungen nacheinander auftreten, kommen und gehen und sich in unendlicher Vielfalt miteinander verbinden und wieder trennen. Über die Zeit ist nichts in diesem Theater gleich oder identisch: Alte Wahrnehmungen verschwinden, neue Vorstellungen kommen hinzu. Und wenn wir nichts mehr empfinden oder wahrnehmen, dann gibt es auch kein Theater mehr und das Selbst ist verschwunden.

Nach David Hume

Das Selbst – ein fester Kern

Meine persönliche Identität (...) schließt ein, dass dieses Unteilbare, das ich mein »Selbst« nenne, beständig existiert. Was dieses Selbst auch sein mag, es ist jedenfalls etwas, das denkt, abwägt und entscheidet, das handelt und leidet (...). Meine Gedanken, Handlungen, Empfindungen wechseln jeden Augenblick; sie existieren nicht beständig, sondern nacheinander; dieses »Selbst« aber, oder das »Ich«, zu dem sie gehören, ist dauerhaft und hat immer dieselbe Beziehung zu all den einander folgenden Gedanken, Handlungen, Empfindungen, die ich als meine bezeichne (...). Den eigentlichen Beweis für all dies (dafür, dass mein Selbst dauerhaft existiert) liefert mir die »Erinnerung«. Ich erinnere mich, vor zwanzig Jahren mich mit einem Menschen unterhalten zu haben; ich erinnere mich an Verschiedenes, was in dieser Unterhaltung geschah; mein Gedächtnis bezeugt nicht nur, dass es getan wurde, sondern dass »ich« es war, der es tat und der sich jetzt daran erinnert. Wenn ich es tat, dann muss ich damals existiert haben und weiterhin existieren, von damals bis heute.

Thomas Reid

1. Diskutiert in kleinen Gruppen die einzelnen Redensarten von Seite 17: Fragt euch, welche mehr positiv, welche eher negativ gemeint sind und woran das wohl liegt. Vielleicht fallen euch weitere Sprüche dieser Art ein!?
2. Erkläre und vergleiche die Ansichten von Hume und Reid.
Nebenbei: Was geschieht nach Humes Auffassung, wenn man schläft? Was folgt nach Reids Ansicht aus Erinnerungslücken oder aus dem Verlust des Gedächtnisses?
3. Welche Position zur Identität einer Person überzeugt dich am meisten? Beziehe dabei auch die Gedanken ein, die Gunnar und Johanna in ihrem Gespräch über die Kindervideos äußern.

▶ Auf der Suche nach dem Selbst
Inwiefern bleiben menschliche Personen über die Zeit dieselben, obwohl sie sich verändern?
Der schottische Philosoph David Hume (1711-1776), geht davon aus, dass alles Wissen letztlich auf sinnlicher Erfahrung beruht. Unserem Selbst können wir direkt keine unmittelbaren Erfahrungen entnehmen, es besteht für Hume in nichts anderem als in den Empfindungen von anderen Dingen.
Humes zeitgenössischer Kritiker Thomas Reid (1710-1796), ebenfalls Schotte, geht in seiner Philosophie vom gesunden Menschenverstand (»Common Sense«) aus. Er meint, dass das Selbst beständig existieren muss, da sich alle Gedanken und Empfindungen auf es beziehen.

SIE IST GAR NICHT MEHR WIEDER ZU ERKENNEN!
ICH HABE MIT DER VERGANGENHEIT GEBROCHEN!
DU MEINST, DU BIST IMMER DER ALTE?
BEI MIR WEISS MAN, WORAN MAN IST!
12
3
6
9
ICH BLEIBE MIR SELBST TREU!
ICH ERKENNE MICH SELBST NICHT WIEDER!
ES WAR NICHT ANDERS ZU ERWARTEN!
ICH ESSE UND ICH WERDE ESSEN!
DAS LEBEN IST EIN AUF UND AB!

Der Film des Lebens

Rätselhafte Erfahrung: Johanna hatte ihrem Freund Gunnar einen Nachmittag lang Videos aus ihrer Kindheit gezeigt: Ein und derselbe Mensch, mal als schreiendes Baby, mal als lässige Jugendliche – wie war das möglich?

Nachdem Gunnar gegangen war, setzte Johanna sich noch einmal vor den Fernseher und sah sich ein weiteres Videoband aus ihrer Kindheit an. Der Film zeigte das Weihnachtsfest vor drei Jahren, an das sie nur mit Schrecken zurückdachte. Ihre Eltern hatten sich kurz vor der Bescherung wegen eines nichtigen Anlasses fürchterlich in die Wolle gekriegt. Die ganze Feier wäre beinahe ausgefallen, wenn am Ende nicht Großvater die Streitenden wieder zusammen gebracht hätte. Mutter nahm Weihnachten als Familienfest ziemlich wichtig, doch Johanna war diesmal froh gewesen, als alles vorbei war. Der große Streit fehlte natürlich auf dem Video.

Ihr fiel jetzt auf, dass ihre Eltern auf den Filmen auch nicht immer gleich aussahen. Auf den ersten Filmen, die sie als Baby und als kleines Kind zeigten, waren ihre Eltern ganz schön jung. Sie rechnete nach: keine dreißig. Und selbst die Großeltern sahen dort gar nicht wie Großeltern aus. Großvater hatte zu der Zeit ja auch noch gearbeitet, stellte sie fest. Der Gedanke, dass ihre Eltern mal jung waren, erschien Johanna irgendwie fremd, obwohl es doch gar nicht anders sein konnte. Sie hatte ihre Eltern immer als einen festen Hafen in ihrem Leben betrachtet, in den man immer einlaufen konnte, wenn es stürmisch wurde. Dass ihre Eltern sich auch veränderten und vielleicht auch Krisen durchlebten, passte nicht so recht ins Bild.

Damals, als sie ein Baby war, hatte Vater gerade in der neuen Firma angefangen. Er hat später erzählt, dass das eine stressige Zeit gewesen sei, besonders als Mutter auch wieder ins Büro ging – und das, obwohl sich Oma dann viel um Johanna kümmerte. Nachts habe Johanna anfangs oft geschrien und ihre Eltern seien morgens ziemlich übernächtigt und müde zur Arbeit geschlichen. Die Armen! Überhaupt veränderte sich ihr Lebenswandel mit dem ersten Kind dramatisch. Spontan ins Kino gehen war nicht mehr drin, weil immer jemand aufpassen musste. Er habe sich noch nie so verantwortlich gefühlt, sagte Vater: Geld verdienen müssen und sich um das Kind kümmern.

Zur Zeit des Weihnachtsvideos war Großvater gerade in Frührente gegangen. Danach zeigte er sich eher von seiner mürrischen Seite; er ging Oma auf die Nerven, weil er nichts zu tun hatte. »Deshalb hat er es wohl so genossen, den Friedensstifter spielen zu können«, dachte Johanna.

Währenddessen kam Mutter herein: »Ach, du guckst die alten Videos? Du hast dich ganz schön verändert, was?« – »Ihr aber auch!«, antwortete Johanna nachdenklich.

▶ Alt und Jung – zweierlei Maß?

Vor einem grauen Haupte sollst du aufstehn! Ehre das Alter! Suche den Umgang älterer kluger Leute! Verachte nicht den Rat der kältern Vernunft, die Warnung des Erfahrnen! Tue dem Greise, was du willst, dass man dir tun solle, wenn einst deiner Scheitel Haar versilbert sein wird! Pflege seiner und verlasse ihn nicht, wenn die wilde, leichtfertige Jugend ihn flieht!
Segen des Himmels und Achtung aller gutgesinnten Menschen sind der sichre Preis der Sorgfalt, welche die Söhne und Töchter auf die Pflege, Erhaltung und edle Behandlung ihrer Eltern verwenden.

Adolph Freiherr von Knigge (1788)

Sire, ich habe meine Jugend in Ehrfurcht vor den Alten verbracht. Ich sehe mich genötigt, mein Alter in Ehrfurcht vor den Jungen zu verbringen.

Ein französischer Adliger zu König Louis XV. (18. Jahrhundert)

Schlüsselszenen

Der tschechische Schriftsteller Milan Kundera hat einen berühmten Roman geschrieben, der 1984 auch in deutscher Sprache erschienen ist. Im Mittelpunkt der Handlung steht der Prager Arzt Tomas, der sich entscheiden muss, ob er mit seiner Freundin Teresa zusammen leben will oder nicht. Nur eines weiß Tomas: Welche Entscheidung er auch trifft – sie wird für sein weiteres Leben von großer Tragweite sein.

Er haderte mit sich, bis er sich schließlich sagte, es sei eigentlich ganz normal, dass er nicht wisse, was er wolle.

Man kann nie wissen, was man wollen soll, weil man nur ein Leben hat, das man weder mit früheren Leben vergleichen noch in späteren korrigieren kann.

Ist es besser, mit Teresa zu leben oder allein zu bleiben?

Es ist unmöglich zu überprüfen, welche Entscheidung die richtige ist, weil es keine Vergleiche gibt. Man erlebt alles unmittelbar, zum ersten Mal und ohne Vorbereitung. Wie ein Schauspieler, der auf die Bühne kommt, ohne vorher je geprobt zu haben. Was aber kann das Leben wert sein, wenn die erste Probe für das Leben schon das Leben selber ist? Aus diesem Grunde gleicht das Leben immer einer Skizze. Auch ›Skizze‹ ist nicht das richtige Wort, weil Skizze immer ein Entwurf zu etwas ist, die Vorbereitung eines Bildes, während die Skizze unseres Lebens eine Skizze von nichts ist, ein Entwurf ohne Bild.

Milan Kundera: Die unerträgliche Leichtigkeit des Seins

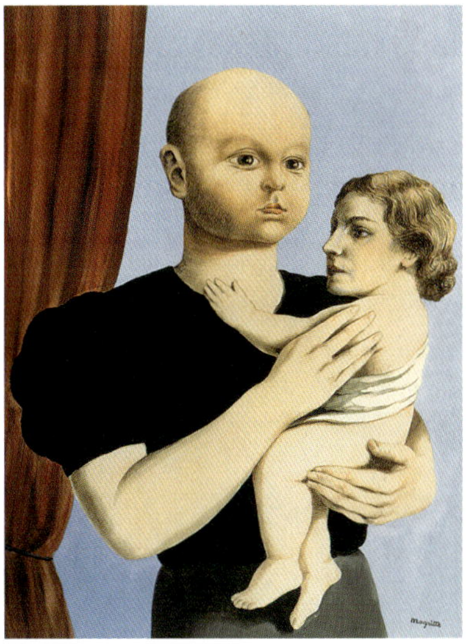

René Magritte: *Der Geist der Geometrie, 1936/37*

▶ »Kindliche« Eltern – »vernünftige« Kinder: Ob ein solcher Rollentausch auch außerhalb der Kunst denkbar ist?

1. Sortiert die Lebensabschnitte von Johannas Eltern und Großeltern: Erörtert Chancen, aber auch Probleme jeder neuen Phase.
2. Wie wünscht ihr euch das Verhältnis zwischen den Generationen? Entwerft dazu in Kleingruppen Plakate.
3. Stell dir vor, du wärst in Tomas' Situation: Wovon würde es abhängen, wie du dich entscheidest?
4. Entwirf in Bildern eine Fortsetzungsgeschichte von deinem Leben: bisherige Stationen und wie du dir deine Zukunft vorstellst.

Jeder Menschen durchläuft Lebensabschnitte wie Kindheit, Jugend, Erwachsensein und Alter. Wir alle verändern uns im Laufe der Zeit, doch die unterschiedlichen Phasen unseres Lebens verbinden sich zu einer gemeinsamen Geschichte. Jeder Abschnitt kennt andere Probleme, aber auch Chancen und Freuden, weshalb eine Verständigung zwischen den Generationen oft schwierig ist. Wer bemüht ist, sich in die Situation der jeweils Älteren oder Jüngeren hineinzuversetzen, kann mit dem so genannten Generationskonflikt leichter umgehen.

Abgesänge

Sein letzter Tag

Frühmorgens machten wir uns zum Gefängnis auf, nachdem am Abend zuvor das Schiff aus Delos nach Athen zurückgekehrt war und Sokrates' Hinrichtung darum unmittelbar bevorstand. Als wir eintraten, hatte man dem Philosophen die Fesseln bereits gelöst. Er begrüßte uns scherzend und schien gar nicht betrübt über sein Schicksal. Als wir ihn nach dem Grund für seine Zuversicht fragten, sprach er so:

»Euch will ich gern Rede stehen, warum ich ohne Furcht dem Tod entgegentreten kann. Die Philosophen, so sagen ja schließlich die Leute, streben nach gar nichts anderem als nur zu sterben und tot zu sein – es wäre wohl wunderlich, wenn ausgerechnet ich wegen meiner Hinrichtung unwillig sein wollte. Warum aber sagen die Leute so und haben auch noch Recht damit, wie ich meine?

Wenn ich es richtig verstehe, dann bedeutet der Tod nichts anderes als die Trennung der Seele von dem Leibe. Und das ganze Geschäft der Philosophen ist darauf gerichtet, sich von den Gelüsten des Leibes abzukehren und der Seele zuzuwenden. Die meisten Menschen glauben nun, wer sich nicht um angenehme Empfindungen schere, dem lohne es nicht zu leben – und darum verspotten sie die Philosophen gern.

Wir aber verachten den Leib, weil wir wissen, dass die Seele bei ihrem Streben nach der Wahrheit vom Leibe oftmals getäuscht wird; und sie denkt am besten, wenn keine Empfindung sie trübt. Auch kann man die wirklich wichtigen Dinge, das Gerechte und Gute und Schöne, nicht mit den Augen sehen noch sonst wie wahrnehmen.

Wenn wir je etwas rein erkennen wollen, müssen wir uns vom Leibe losmachen und mit der Seele selbst die Dinge schauen. Denn wenn es nicht

▶ **Mit Gegensätzen umgehen lernen**

Als man Sokrates die Fesseln abnahm, um ihn zur Hinrichtung zu geleiten, da bemerkte er:

Es ist ein eigenes Ding um das, was die Menschen das Angenehme nennen, und um das Unangenehme, welches dem Angenehmen entgegengesetzt zu sein scheint. Beide wollen zwar zu gleicher Zeit nie in dem Menschen sein. Doch wenn einer dem Angenehmen nachgeht und es erlangt, muss er immer auch das Unangenehme mitnehmen. Das gilt auch umgekehrt, so als ob sie zu zweit an einer Spitze zusammengeknüpft wären: Wenn jemand das eine hat, kommt ihm das andere nach.

Dabei rieb sich Sokrates die Gelenke, in denen der Schmerz allmählich nachließ.

möglich ist, mit dem Leibe irgend etwas rein zu erkennen: so können wir nur eines von beiden, entweder niemals zum Wissen gelangen oder erst nach dem Tode, wenn die Seele vom Leibe erlöst ist.
Darum gibt es Hoffnung, dass ich dort, wohin ich jetzt gehe, zur Genüge dasjenige erlangen werde, worauf alle unsere Bemühungen im vergangenen Leben gezielt haben. Und dies ist der Grund, warum es mir mit Recht nicht schwer fällt und mich auch nicht verdrießt, euch zu verlassen, meine Freunde.«
Nach PLATON*: Phaidon

Vom Leben danach

Einer von uns gab Sokrates zu bedenken, dass viele Menschen gemeinhin glauben, die Seele müsse vergehen, sobald sie sich vom Leibe trennt und ausfährt wie ein Hauch oder Rauch. Dazu erklärte Sokrates:
»Die Seele wohnt dem Leib inne, solange er lebt, aber niemals, wenn er tot ist. Also ist der Tod dem Wesen der Seele entgegengesetzt; darum kann die Seele den Tod ebenso wenig annehmen wie das Feuer die Kälte, denn kaltes Feuer gibt es nicht und auch keine sterbliche Seele. Es wäre übrigens ein glücklicher Fund für die schlechten Menschen, die im Tode zugleich mit einer sterblichen Seele auch ihre Schlechtigkeit verlören.
Darum erzählt man uns, dass die Seelen der Verstorbenen in die Unterwelt geführt werden, wo ihnen das zukommt, was ihnen gebührt, und dass sie die gehörige Zeit dableiben, bis ein anderer Führer sie nach vielen und großen Zeitabschnitten hierher zurückbringt. Die ausgezeichneten Seelen aber sollen befreit werden und gelangen hinauf in die reine Welt über unserer Erde, die wir für den Himmel halten.
Ein vernünftiger Mensch wird das vielleicht nicht glauben mögen, aber wenn doch die Seele etwas Unsterbliches ist, dann lohnt es sich, etwas darauf zu wagen, dass es sich so oder ähnlich verhält.«
Nachdem wir auf diese Weise den ganzen Tag damit verbracht hatten, mit Sokrates über das Leben, den Tod und die Seele zu sprechen, verlangte er bei Sonnenuntergang nach dem Giftbecher und trank ihn unverdrossen aus.
Nach PLATON: Phaidon

▶ Letzte Worte
Als man SOKRATES den Giftbecher brachte, fragten ihn die Freunde nach seinem letzten Wunsch. Er sprach: *Was ich immer sage, also nichts Besonderes erbitte ich von euch. Wenn ihr euer Selbst recht wahrnehmt, dann seid ihr mir und den Meinigen und euch selbst am meisten zu Diensten. Wenn ihr aber euer Selbst vernachlässigt und nicht den Spuren meiner Worte folgt im Leben, dann werdet ihr nichts weiter ausrichten, so sehr ihr es auch jetzt versprechen und glauben möchtet.*

---

1. Stell dir vor, du hättest nur noch einen Tag zu leben. Beschreibe, wie du ihn verbringen möchtest.
2. Diskutiert über die Frage, ob es unvernünftig ist, an ein Leben nach dem Tod zu glauben.
3. Informiert euch über die Jenseitsvorstellungen verschiedener Kulturen und Religionen. Gestaltet gemeinsam eine große Schautafel für den Klassenraum.

Was beim Sterben passiert

Das Leben in Mensch, Tier und Pflanze verlischt irgendwann – spätestens dann, wenn ihre Körperzellen in den Organen sich nicht mehr teilen. Dies geschieht nicht plötzlich und auf einmal, sondern teilweise und zeitlich versetzt in den verschiedenen Organen und Geweben des Körpers – als schleichender Prozess.

Wenn einzelne Organe sehr stark geschädigt sind, kann man zunächst ihre Funktionen noch eine Zeitlang aufrechterhalten (zum Beispiel mit einem Herzschrittmacher) bzw. nach einem Funktionsstillstand wieder beleben (zum Beispiel mit einer Herzdruckmassage). Je empfindlicher die Organe gegenüber Sauerstoffmangel sind, um so schneller zerfallen jedoch danach ihre Strukturen und sie können nicht mehr auf andere Personen übertragen oder durch gesunde Organe ersetzt werden. Das Schicksal des gesamten Organismus ist darum abhängig vom komplizierten Zusammenspiel seiner Organe.

In den ersten drei Minuten nach einem Herz- und Atemstillstand (klinischer Tod) ist im Prinzip eine Wiederbelebung möglich. Danach sind lebenswichtige Organe so sehr geschädigt (Organtod), dass der gesamte Organismus stirbt. Das gilt besonders für das sehr empfindliche Gehirn (Hirntod), wenn nicht Kreislauf und Atmung künstlich aufrechterhalten werden. Vor einer Organtransplantation muss der unwiderrufliche Hirntod festgestellt werden; dies kann manchmal erst 72 Stunden nach der ersten klinischen Hirntod-Diagnose erfolgen.

Ohne Reanimation geht der klinische Tod in den biologischen Tod über – mit dem endgültigen Untergang aller Organe und Gewebe. Eine eindeutige Feststellung des Todes geschieht anhand von Todeszeichen, wobei nur das Auftreten von Totenflecken und Totenstarre als wirklich sichere Todeszeichen gelten können.

▶ Organspende

Mein Arzt spricht gern
von lebenswichtigen
Organen.
Ich soll nicht
so viel rauchen,
sagt er dann.
Das sei nicht gut
für mich und meine Lunge
kann man nicht ersetzen.

Seitdem du mich
verlassen hast,
fehlt mir was
auch
lebenswichtig
war und ist.
Und wenn ich nicht
gestorben bin,
dann kann mir keine
Spende
helfen.

Wie lange?

Der biologische Tod ist nur die eine, bedrückend unvermeidliche Seite des Sterbens. Daneben gibt es auch den sozialen Tod: den unfreiwilligen Abschied des Menschen von der Gemeinschaft, die ihn in seinem Leben begleitete.

»Sag mal«, fragte der Moribunde (= jemand, der im Sterben liegt), »wie lange ist man eigentlich tot?« Er hatte starr auf dem Rücken zu liegen und er sprach so, als schwebte sein Gesprächspartner am Plafond (= flache Zimmerdecke).

»Wie meinst du das?«, fragte der im Nachbarbett und gleichfalls dem Plafond entgegen.

»Meine Schwester, schön«, erklärte der Moribunde. »Die ist vor einem Jahr gestorben. Die mag vielleicht tot sein. Aber meine Mutter? Die vor vierzig Jahren gegangen ist? Würdest du sagen, dass auch die noch tot ist? Und deren Mutter? Und deren?«

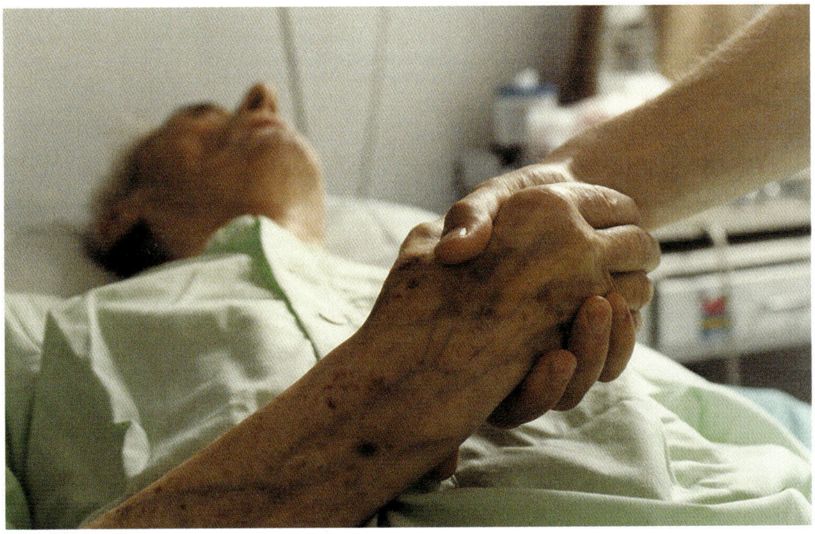

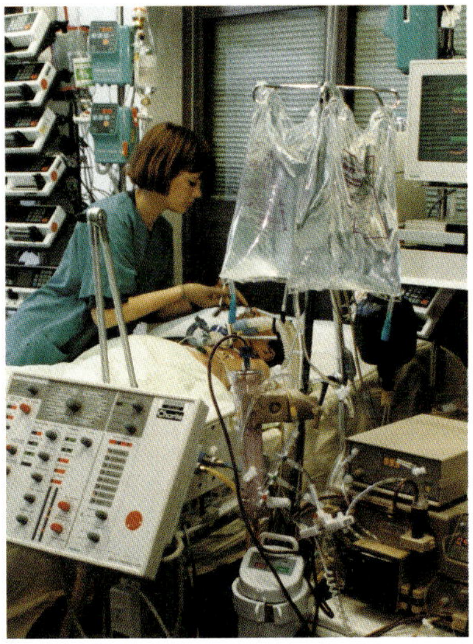

Darauf wusste der im Nachbarbett nichts zu antworten.
»Hat es einen Sinn«, fuhr der Moribunde fort, »zu behaupten, Adam und Eva seien tot? Heute noch tot? Jetzt in diesem Augenblicke tot?«
»Das kaum«, gab der Nachbar erstaunt zu.
»Siehst du. Würden wir nicht viel zu viel über die Zwei aussagen, würden wir ihnen nicht viel zu viel Sein zubilligen, wenn wir sie auch heute noch unter die Toten rechnen würden? Ist nicht auch ihr Totsein schon gestorben?«
»Du meinst«, fragte der Nachbar dem Plafond entgegen, »zwei Male stirbt man?«
»Eben«, antwortete der Moribunde. »Aber das zweite Mal wirklich.« Das waren seine letzten Worte. Morgens um drei hat man ihn hinaus getragen. Noch ist er tot. Aber wie lange noch?
Günther Anders: Der Blick vom Turm (1951)

▶ Tun und Leiden
Dem Gesetz von Geburt und Tod
ist der Mensch unterworfen
wie jedes Tier.
Will er das nicht hinnehmen,
muss er das nicht hinnehmen,
hat er doch die Freiheit
zum vorzeitigen Tode.
Was nun aber,
wenn die Seele nicht
mit dem Körper stirbt?
Dann wird es nichts
mit der Selbstvernichtung.
Pech gehabt!

1. Was macht für dich ein menschenwürdiges Sterben aus? Lege zunächst Merkmale fest und begründe sie.
2. Sammelt Argumente zum Problemkreis »Organspende«: Diskutiert, ob jeder dazu verpflichtet werden sollte.
3. »Im Freitod zeigt sich die Selbstbestimmung des Menschen!?« Startet zu dieser These eine Umfrage.

Das Sterben gehört zum Leben dazu und betrifft als Grenz-Erfahrung den ganzen Menschen. Ein würdevolles Sterben ist möglich – und das Mindeste, was ein Mensch verlangen kann. Geschichten vom Jenseits bergen Hoffnungen in sich, die auch im Leben tragen können.

Leben und Tod im Tanz

»Media vita in morte sumus« – »mitten im Leben sind wir vom Tod umfangen«, sagte man im Mittelalter. Leben und Tod waren unauflösbar ineinander verschränkt; das Sterben galt noch nicht als Flucht aus dem Alltäglichen, sondern als Aufforderung, die wahren Lebensaufgaben nicht zu vergessen.

Diese Verschränkung zeigte sich auch in den Totentänzen, meist Wandmalereien mit passenden Versen, die auch szenisch aufgeführt wurden. Im Totentanz verbinden sich Tod und Leben, war doch der Tanz das Symbol für Lebensfreude.

Und so finden wir in den alten Darstellungen neben Versen der Ermahnung und Belehrung immer wieder beißende Kritik an den herrschenden Zuständen in der Gesellschaft – und auch Visionen von einem besseren Leben.

Nicht zuletzt dies mag Künstler unserer Zeit bewogen haben, die mittelalterliche Kunstform des Totentanzes neu zu beleben.

Einen Totentanz entwerfen
Ein Totentanz besteht traditionell aus einer Reihe von Bildern oder Spielszenen. Zu jedem Bild gehört ein kurzer Dialog zwischen dem »Tod«, der als Person auftritt, und einem Menschen, der als typischer Vertreter für einen bestimmten Lebensentwurf dargestellt wird: als Bürger, Handwerker, Kaufmann, Bischof, Spieler, Dieb usw.
Der Tod selbst kann in ganz unterschiedlicher Aufmachung erscheinen: als Sensenmann und Knochengerippe, aber auch moderner: als Soldat, Flutkatastrophe, radioaktive Strahlung, Schuldenberg und so weiter.

1. Verständigt euch darüber, welche Menschheitsvertreter ihr in euren Totentanz aufnehmen möchtet. Ergänzt eure Fähigkeiten und arbeitet stets zu zweit an einem Bild.
2. Überlegt nun, durch wen oder was die Lebensentwürfe eurer Menschheitsvertreter jeweils bedroht werden. Sucht nach einer passenden Aufmachung für den Tod.
3. Formuliert für jedes Bild und jede Szene zunächst den Kerngedanken, bevor ihr daran geht, die Bilder und Texte auszuarbeiten. Was Tod und Mensch einander zu sagen haben? – Überlegt selbst, denn ihr seid gefragt!
4. Ihr könnt auch neben der Wandzeitung andere Darstellungsweisen in eure Überlegungen einbeziehen. Wie wäre es zum Beispiel mit einem Totentanz als »Rap« oder als Video-Collage?

GUT AUS
Wir sind überall in Ihrer Nähe.

Partnerschaft und Familie

Früher war alles anders?

»Männern ist alles erlaubt«

Aufgeklärt bin ich nicht worden, daheim nicht und in der Schule auch nicht. Mir hat einmal eine in der Klasse gesagt: »Die kleinen Kinder kommen aus dem Bauch heraus. Da kommt eine Frau und schneidet den Bauch auf.« Da hab ich schrecklich Angst davor gehabt. Viel später hat mir dann meine Schwester einmal gesagt, wo sie herauskommen; aber wie sie hineinkommen, das hat sie mir nicht erzählt. Das hab ich dann durch andere Kinder erfahren. Das war ein großer Schock.

Den ersten richtigen Kuss hab ich erst vom Gottschalk gekriegt, da war ich siebenundzwanzig.

Ein anderer hat mir auch einen Mordsbrief geschrieben, also er liebt mich, er würde mich heiraten und er würde auch das Opfer bringen und mich als Jungfrau zum Altar führen, wenn ich das wünsche. Lieber würde er sich inzwischen eine kaufen. Ich habe auf den Brief gar keine Antwort gegeben. Aber: Daran hat man nichts gefunden: »Den Männern ist alles erlaubt, die Frauen müssen immer ›rein‹ sein.«

1928 bin ich einmal an einem Sonntag zu Prauns und wollte die Marie besuchen. Dann war aber der Franz (ihr Bruder) allein daheim. Wir sind so gesessen und haben uns unterhalten. Dann habe ich gesagt: »Jetzt fahre ich heim – ist das ein fader Sonntag. Die ganze Woche ist nichts los und am Sonntag weißt du nicht, was du anfangen sollst.«

Dann hat er mich heim begleitet. Sonst war nichts weiter. Aber er hat mich dann öfter besucht und ist auch mit mir ins Café gegangen. Wann daraus richtige Liebe geworden ist, weiß ich nimmer. Auf einmal war's halt soweit.

Als der Franz seiner Mutter beigebracht hat, dass wir heiraten wollen, da hat er was mitgemacht. Sie hat gesagt: »Was willst du denn mit der? Die hat nichts und ist nichts.« Und dann haben wir geheiratet, ohne elterlichen Segen. Am Hochzeitstag hat sie gesagt: »Verflucht sollt ihr sein, euer Lebtag sollt ihr kein Glück mehr haben.«

Als ich geheiratet habe, war ich schon schwanger. Wir hätten aber so auch geheiratet.

Nach Carlamaria Heim: Josefa Halbinger (1987)

▶ Josefa Halbinger ist 1900 in einer Münchener Arbeiterfamilie zur Welt gekommen. Ihre Lebensgeschichte hat sie der Schriftstellerin Carlamaria Heim erzählt.

Hochzeitsfoto von Josefa *und* Franz Halbinger

»In der Küche meiner Großeltern«

Mein Großvater stand jeden Morgen als erster auf und servierte jedem seiner Kinder ein Frühstück; für Bruno Tee, Kaffee für Marta, Milch für Hella, Kakao für Paul. Auch als seine Kinder erwachsen, sogar wenn sie arbeitslos waren und er selbst Arbeit hatte, kochte mein Großvater ihnen, sofern sie früh genug aufstanden, ihre Getränke, und das, wie Hella beteuert, nicht nur an den Sonntagen, sondern wirklich an jedem Tag. (...)

Am schönsten, sagt Hella, war es in der Küche an den Abenden, wenn Tee gekocht wurde. Jeder durfte mitbringen, wen er wollte, ohne vorher zu fragen, Bruno und Paul ihre kommunistischen Freunde, Hella und Marta ihre Freundinnen. In der Küche wurde getanzt, geturnt und über Gott und die Welt geredet, wobei meine fromme Großmutter auf Gott nichts kommen ließ.

Meine Großeltern waren Polen in Deutschland, Baptisten katholischer oder jüdischer Herkunft, sie waren tief religiös und von entschiedener Toleranz. Sie sind unabhängig voneinander sehr jung konvertiert und haben sich in der Baptistengemeinde von Lodz kennengelernt. (...)

Das Fensterbrett in der Küche war so breit, daß meine Großeltern, wenn sie nähten, darauf sitzen konnten, jeder in einer Ecke. Sie saßen im Fenster, nähten Jackenfutter ein oder hefteten Säume und sprachen miteinander. Eines Tages wurde Hella von einer Nachbarin gefragt, was ihre Eltern sich denn nur immerfort zu erzählen hätten. Offenbar hatte sie die beiden seit fast zwanzig Jahren im Fenster sitzen sehen und konnte keine Erklärung für diese Redseligkeit finden.

Und was haben sie sich denn erzählt, frage ich Hella.

Ja, was werden sie sich erzählt haben, sagt sie, über uns Kinder werden sie sich unterhalten haben und über Politik, sicher auch über Geld, wir hatten ja nie welches. (...)

Also, mein Großvater und meine Großmutter sitzen auf dem Fensterbrett in der Küche ihrer Neuköllner Wohnung. Juscha, sagt mein Großvater, das ist die polnische Koseform für Josefa. Juscha, sagt er. Und was weiter? Ich weiß nicht, wie seine Stimme klingt, ich weiß nicht wie er aussieht, wenn er lacht, weil es kein Foto gibt, auf dem er lacht. Ich kenne nichts von dem Leben, das ich mir vorstellen will, weder die Armut, noch die Enge, noch die Frömmigkeit. (...)

MONIKA MARON: Pawels Briefe (1999)

▶ Die Berliner Schriftstellerin MONIKA MARON hat anhand alter Briefe, Fotos und anderer Erinnerungsstücke die Geschichte ihrer Familie* aufgezeichnet. Im Mittelpunkt des Porträts dreier Generationen steht ihr Großvater PAWEL IGLARZ.

PAWEL *und* JOSEFA IGLARZ, 1939

1. Untersucht in einer Gegenüberstellung die familiären Erfahrungen von JOSEFA HALBINGER und PAWEL IGLARZ.
2. Bildet euch in Gruppenarbeiten ein Urteil darüber, wie die Menschen in früheren Zeiten Liebe und Partnerschaft erlebt und gestaltet haben: Befragt dazu auch eure Eltern und Großeltern.
3. Diskutiert und beschreibt Veränderungen in Sachen Liebe und Partnerschaft – von 1900 bis heute. Wie könnten oder sollten menschliche Beziehungen in 100 Jahren ausschauen?

Anders / ist die Nacht / geworden / anders der Tag / die Stunde / anders die Liebe / anders der Liebende / nicht anders / geworden / ist die Sehnsucht. (ELISABETH ALEXANDER)

Zueinander finden

»Echte Liebe« unter Jugendlichen – Fehlanzeige?

Echte Liebe gibt es sicherlich, aber nicht unter Jugendlichen, denke ich (...) in meinem Alter ist das, glaube ich, so, dass man in erster Linie sich selbst liebt und dann sich durch andere Leute befriedigt dabei. Und echte Liebe ist dann halt, dass einem der andere genauso wichtig ist wie man selbst und man ihn auch wirklich akzeptiert, in allen Sachen, die er macht. (...) Ich hab' im Moment mehr Lust auf Abenteuer und Erfahrung sammeln und so, (...) für echte Liebe ist später immer noch Zeit.
Rita, 16 Jahre

»Liebe« bedeutet für mich zu wissen, jemand ist für dich da, liebt dich, hilft dir und gibt dir unendlich viel Kraft. Sexualität spielt natürlich eine große Rolle, wichtiger aber sind Zärtlichkeiten. Liebe heißt für mich auch, dem Partner seine Gefühle und Sehnsüchte zu zeigen.
Moritz, 17 Jahre

Die Welt ist bunt, ein einziges Spielparadies – und wenn ich 18 bin, darf ich alles ausprobieren.
Robert, 17 Jahre

Ganze Liebe

Solang du sie machst
solang du in bist
solang du meinst
das ist's

weißt du die Hälfte
Erst wenn du out bist
den Mond anheulst
als Steppenwolf
durch die Straßen schnürst

Weil du sie suchst
weil du sie nicht findest
weil du's nicht kriegst
besitzt du sie ganz
wirst du ganz von ihr besessen

MARGARETE HANNSMANN: Liebe

Treue?!

Die Ehe wird auf Lebenszeit geschlossen.
Bürgerliches Gesetzbuch

Treu sein heißt für mich, mit keinem anderen was anzufangen, solange ich einen Freund habe.
Eine 16-Jährige

Treue bedeutet Verlässlichkeit, sich einer Bindung mit einem Menschen sicher zu sein, zueinander zu stehen. Untreu sind wir immer dann, wenn wir einen Menschen im Stich lassen, der sich auf diese Bindung verlässt. Deshalb gibt es Untreue nicht nur in Liebesbeziehungen. Treue ist in Freundschaften wichtig, aber auch in der Familie oder anderen Beziehungen. Diese Form von Treue wird leider oft übersehen, denn bei Treue denken wir vor allem an sexuelle Treue.
CHRISTINE LANGE/IRENE MÜLLER: Starke Mädchen, schwache Momente

▶ Liebe – und dann?

Das Lieben ist schön
Schöner als das Singen
Das Lieben hat zwei Personen
Das ist beim Lieben der Kummer
HEINAR KIPPHARDT

Wir liegen uns
in den armen
in den ohren
in den haaren
SIEGFRIED MACHT

---

1. Bringt auf einem Blatt Papier die in Großbuchstaben gesetzten Beziehungsbegriffe in eine sinnvolle Reihenfolge und ordnet ihnen daneben die passenden »Erfahrungen« zu.
2. Sprecht über Ritas Meinung und schreibt ihr einen Antwortbrief.
3. Tragt aus eigenen Erfahrungen zusammen, woran Liebe scheitern kann. Wer mag, kann auf MARGARETE HANNSMANNS Einsichten mit einem eigenen Gedicht antworten …
4. Notiert eure Vorstellungen von »Treue« und vergleicht sie mit den hier abgedruckten Texten. Befragt dabei auch Erwachsene: Findet heraus, was im Laufe der Zeiten gleich geblieben ist, was sich verändert hat und welche Gründe diese Entwicklung haben könnte.

Was ist Sexualität?

Sexualität ist eine dem Menschen angeborene Anlage. Sie ist im Allgemeinen auf einen Partner ausgerichtet und hat zum Ziel, ebenso Lust und Befriedigung zu spenden wie zu empfangen. So dient sie nicht nur der Fortpflanzung. Wie jede andere Anlage auch, kann sie sich entwickeln oder sie kann verkümmern.

Sexualität lässt sich mit einer anderen Anlage des Menschen vergleichen: mit der Fähigkeit zu sprechen. Um sprechen zu können, müssen bestimmte organische Voraussetzungen erfüllt sein. Das allein aber genügt noch nicht, damit aus dem Menschen ein sprechendes Wesen wird. Sprechen muss gelernt werden – Sexualität auch.

Die Sprache ermöglicht es den Menschen, miteinander in Beziehung zu treten, sich auszutauschen. Auch Sexualität ist eine ›Sprache‹ – eine Sprache ohne Worte, eine ›Körpersprache‹. Du kannst lernen, mit der gesprochenen Sprache liebevoll umzugehen; Gleiches gilt auch für die Körpersprache. Du kannst sie zu einer Kunst entwickeln. Sie wird immer schöner, je mehr ›Worte‹ oder Gesten du gelernt hast.

Heißt das also, dass derjenige am meisten von der Sexualität erfährt, der die meisten Partner oder Partnerinnen gehabt hat? – Nein, die Menge ist nicht ausschlaggebend. Wie auch in anderen Lebenslagen kommt es eher auf Qualität an: Gefragt sind Feinfühligkeit, Lernbereitschaft und vertrauensvolle Offenheit.

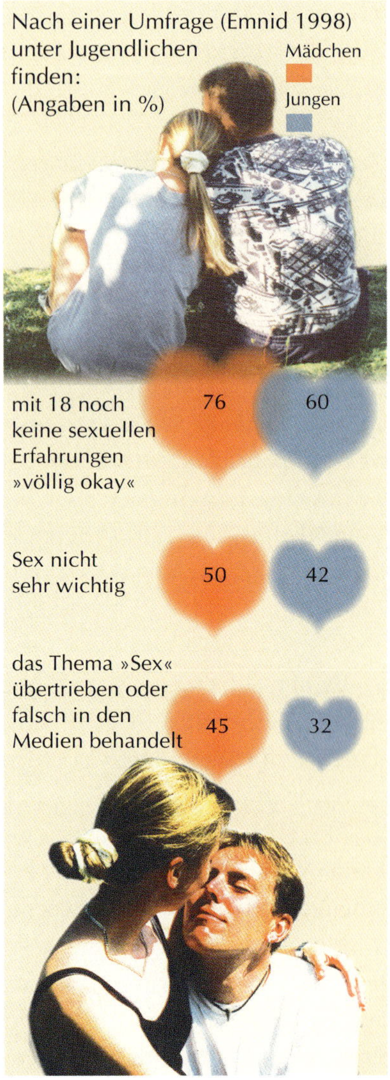

Wann beginnt Sexualität?

Deine Sexualität ist nicht erst mit der so genannten Geschlechtsreife (Pubertät) erwacht, sie gehört immer schon zum Menschen. Auch das Nuckeln der Babys, kindliches Herumschmusen oder Spielen mit dem eigenen Körper ist Sexualität, denn hier wird die Lust am Körperlichen ausprobiert und ausgelebt. Was sich in der Pubertät ändert, ist die Zielrichtung der Sexualität. Es beginnt nun die Suche nach einem bestimmten Gegenüber, nach dem Freund oder der Freundin. Mit dem neuen sexuellen Empfinden ergeben sich ungewohnte Situationen: Sie werfen Fragen und Probleme auf, die zunächst auch verunsichern können.

Sex ist nicht gleich Sex

Sex fängt nicht mit dem Geschlechtsverkehr an. Sex als »Geschlechtlichkeit« bedeutet auch: Fantasien haben, die Sinnlichkeit des Körpers in alltäglichen Situationen erfahren, jemanden umarmen. Sex kann Geschlechtsverkehr sein oder Streicheln oder Küssen. Sex kann zärtlich und sanft sein oder heftig und leidenschaftlich. Sex kann auch brutal und erniedrigend sein und gegen den Willen einer Person erzwungen werden. Aber auch wenn beide Beteiligten miteinander Sex haben wollen, ist es nicht immer gleich schön und aufregend – Langeweile, Unsicherheit oder Enttäuschung kommen auch vor.

▶ Stimmt's?
- Mädchen denken nur an das Eine.
- Bei Jungen muss immer Liebe dabei sein.
- Jungen sagen »nein« und meinen »ja«.
- Mädchen lassen den Jungen ›sitzen‹, nachdem sie bekommen haben, was sie wollen.

Schwul oder lesbisch sein

»Du schwule Sau« oder »Bist wohl 'ne Lesbe« – Sprüche, die auf jedem Schulhof zu hören sind. Sie sind schnell dahergesagt – doch was wissen wir wirklich über Homosexualität (»Gleichgeschlechtlichkeit«)? Der Wissenschaftler HELMUT KENTLER kommt zu folgendem Ergebnis:

Vier bis sechs Prozent der Nordamerikaner und Europäer haben sexuelle Beziehungen ausschließlich zu Geschlechtsgleichen – sie sind Homosexuelle. Die übrigen sind keineswegs ausschließlich heterosexuell. Der amerikanische Sexualforscher Kinsey fand heraus, dass jeder zweite Mann in seinem Leben schon einmal homosexuelle Erfahrungen gemacht hat. Vor allem im Jugendalter kommen solche Beziehungen verhältnismäßig häufig vor – dass diese Jungen meist nicht homosexuell sind, zeigt sich später, wenn sie sich für Mädchen interessieren und weiterhin ausschließlich heterosexuell leben. Das bedeutet: Homosexualität ist nicht ansteckend, sie entsteht auch nicht durch Verführung oder Gewohnheit. Über die Ursachen der Homosexualität gibt es soviel Theorien wie Forscher (...).
Der Wirklichkeit am nächsten kommt wohl folgende Überlegung: Menschen sind von ihren Anlagen her bisexuell, das heißt, sie sind »liebesfähig« gegenüber beiden Geschlechtern. Ähnlich verhält es sich mit Links- und Rechtshändern. Von Geburt an sind wir »beidhändig« ausgelegt, tatsächlich gibt es aber nur wenige Linkshänder.«

1. Stellt euch vor, euer Jugendamt wollte eine Aufklärungsbroschüre herausgeben: Macht in Partnerarbeit Vorschläge, wie ihr darin anderen Jugendlichen den Begriff der Sexualität erläutern würdet.
2. Diskutiert die These: »Mädchen wollen Zärtlichkeit – Jungen wollen sexuelle Lust.«
3. Sammelt mit Hilfe einer »Mind Map« möglichst viele Aspekte zum Thema »Sexualität« – auch solche, die in diesem Unterkapitel fehlen.
4. Erörtert, ob die Forschungsergebnisse von HELMUT KENTLER Vorurteile gegenüber sexuellen Minderheiten vermindern können.

»Zueinander finden« in »Liebe« und »Treue« ist ein Ideal, dem insbesondere viele frisch verliebte Paare folgen. Weil umstritten ist, wie diese hohen Begriffe im Alltag anzuwenden sind, müssen sie zwischen den Beteiligten immer neu vereinbart werden.
Sehr unterschiedlich können die Erwartungen und konkreten Handlungsmuster der beteiligten Partner/innen sein; hinzu treten Einflussfaktoren aus Familie* und Gesellschaft. Echte Liebesbeziehungen sind immer auch riskant, weil kaum berechenbar. Ohne gegenseitiges Vertrauen können sie nicht von Dauer sein.

▶ Christopher Street Day in Berlin: Seit über 30 Jahren organisieren Lesben und Schwule in vielen Städten der Welt farbenprächtige Umzüge. Mit dem Eintreten für ihre Gleichberechtigung erinnern sie alljährlich an eine brutale Razzia der New Yorker Polizei gegen die Gäste einer Bar in der Christopher Street im Jahre 1969.

Meine, deine, keine Familie*?!

Träumen von der Zukunft

Ja, ich will mal heiraten. Ich folge da meinem Herzen. Wenn ich einen festen Freund habe, möchte ich zunächst eine Zeit lang mit ihm ohne Trauschein zusammenleben – weil wir uns dann besser kennen lernen. Wenn du täglich mit ihm zusammen bist, ist das etwas anderes, als wenn du ihn nur am Wochenende und dann in Sonntagslaune siehst. Aber später möchte ich schon gern heiraten – ganz in Weiß. Das ist vielleicht ein bisschen sehr romantisch, aber ich möchte in Weiß heiraten, weil ich das schön finde – eben wie in einer Traumhochzeit. Gut, ich kann auch ohne Trauschein wissen, dass er zu mir gehört, aber irgendwie muss das schon sein – für mich jedenfalls. Vielleicht, weil ich auch seinen Namen tragen möchte. Oder er mag meinen Namen. Dann tragen wir den gemeinsam. Ob das dann für ewig ist? Nein, das kannst du auch bei ›Weiß‹ nicht sagen, ob das für immer ist.

Kinder will ich auch mal haben, klar! Ein Mädchen und einen Jungen. Natürlich habe ich auch nichts gegen zwei Mädchen oder zwei Jungen, gerade so, wie es halt wird. Zwei sollen es schon sein. Einzelkind, das kenne ich ja an mir. Und das hat mir nicht so gefallen. Aber wenn ich es mir recht überlege, sind Kinder erst ab Mitte zwanzig drin. Ich möchte erst meine Ausbildung fertig machen, mit spätestens 26. Ich verstehe meine Kinder dann später besser, als wenn ich schon so eine alte ›Tussi‹ bin. Die Verantwortung würde ich mir schon zutrauen. Eine glückliche Familie wünsche ich mir sehr. Aber ich weiß nicht, ob in unserer hektischen Zeit das alles zu packen ist.

Natürlich möchte ich nach der Heirat weiterhin arbeiten gehen. Aber wenn ein Kind da ist, werde ich wohl erst einmal aufhören, wenn es vom Finanziellen her geht. Ich glaube, es ist unheimlich schön, wenn du siehst, wie dein Kind größer wird. Wenn du es halbtags oder ganztags in eine Kindertagesstätte gibst, kriegst du das nicht so mit. Du hast ja dann in der Woche kaum etwas von deinem Kind. Wenn es dann in die Schule kommt, dann würde ich wieder arbeiten gehen, vielleicht halbtags am Anfang.

Ich will für meine Familie da sein. Aber ein bisschen Freiheit möchte ich auch haben. So wie ich das sehe, wird ja auch jeder von uns beiden seine Interessen haben. Der Treff mit einer Freundin muss schon sein. Und Fußball, das ist sein Ding. Das geht schon, ohne zu meckern. Wie die Arbeit zu Hause verteilt wird? Ist doch klar, da gibt es Arbeitsteilung. Wenn ich auch berufstätig bin, ist das okay. Gut, ich denke schon, wenn ich zu Hause bin, dann liegt der größere Teil bei mir. Aber am Wochenende ist er auch gefragt. Jeder muss sein Stück Freiheit abbekommen.

Jana, 17 Jahre

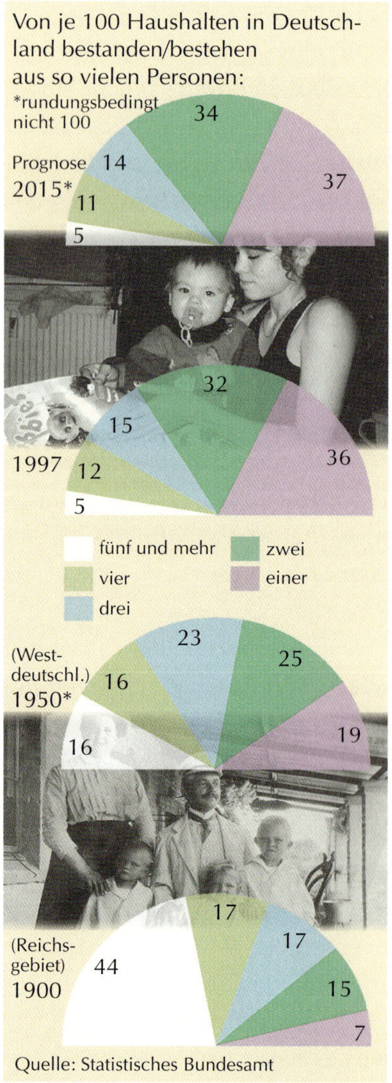

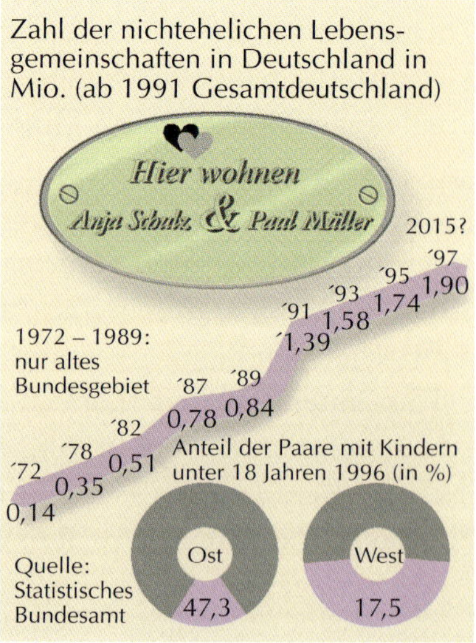

Wann beginnt »Familie«, wo hört sie auf?
Laut amtlicher Definition handelt es sich bei der Familie um »eine in einem Haushalt lebende Eltern-Kind-Gemeinschaft«. Diese Deutung verkürzt jedoch die Tatsachen, denn nach ihr würde eine Familie mit dem Auszug der Kinder aufhören zu bestehen. Das hieße auch, dass die 20-jährige Studentin, die in einer Wohngemeinschaft lebt, familiär ebenso bindungslos lebt wie die allein lebende 69-jährige Witwe, die am Leben ihrer zwei erwachsenen Kinder, vier Enkelkinder und zwei Urenkel regen Anteil nimmt …

1. Sucht aus Janas Lebenstraum jene Gesichtspunkte heraus, die für ihr Leben bestimmend sind.
2. Schreibt eure Vorstellungen vom zukünftigen Leben auf und vergleicht sie mit den Informationen und Anregungen dieser Doppelseite.
3. Untersucht die vielfältigen Bedürfnisse zu Partnerschaft und Familie: Stellt ihre Gemeinsamkeiten und Unterschiede gegenüber.
4. Untersucht die Veränderungen in den Lebensformen: Welche Ursachen sind eurer Meinung nach für diese Trends verantwortlich?

Wer heute »Familie« sagt, stößt auf mehr oder weniger frei gewählte Lebensformen. Angesichts ihrer bunten Vielfalt steht jeder Mensch vor der Herausforderung, seine Zukunftsträume möglichst selbstbestimmt zu verwirklichen: gemeinsam oder auch allein – stets aber in Verantwortung vor seinen nächsten Angehörigen.

▶ Trends

Im Prinzip hätte ich Lust auf ein, zwei Kinder. Man braucht dazu: eine finanzielle Absicherung, eine schöne Umgebung und eine Traumfrau. Sie muss sportlich und nett sein und im Beruf was auf dem Kasten haben, damit ein bisschen Kapital da ist. Aber ich bin noch skeptisch. Ich wäre gern Beamter, so bekäme ich eher Erziehungsurlaub.
Schüler, 16 (Brandenburg)

Eine Familie möchte ich nicht so zeitig gründen, ein Kind will ich überhaupt nicht, denn in der heutigen Zeit ist es doch unverantwortlich, Kinder in die Welt zu setzen.
Berufsschülerin, 17 (Leipzig)

Familie möchte ich auf jeden Fall haben. Aber ich will auch erfolgreich sein. Ich werde versuchen, Familie und Beruf zu kombinieren. Da ist es wichtig, dass man den entsprechenden Partner hat.
Abiturientin, 21 (Deutschland/Türkei)

Ich will ein »normales« Leben leben, mit Frau und Kindern, am liebsten ein Junge und ein Mädchen. Vorher will ich aber wissen, dass ich gut für sie sorgen kann. Ich will arbeiten und eine Wohnung.
Schüler, 16 (Deutschland/Marokko)

Ich bin bereit auf eine eigene Familie zu verzichten, glaube nämlich nicht, dass Beruf und Familie wirklich zufrieden stellend unter einen Hut zu bringen sind.
Schülerin, 17 (Leipzig)

Familie – intim

Wie ein behütendes Netz kann eine Familie ihre Mitglieder umfangen, wenn zwischen Nähe und Distanz ein Gleichgewicht besteht. Kleine Rituale wie regelmäßiges Essen oder Familienfeiern helfen, Lebensgemeinschaften eine ›seelische Struktur‹ zu verleihen. Bisweilen allerdings bestimmen unsichtbare Verstrickungen, Geheimnisse oder Tabus die Atmosphäre.*

Hania Luczak: Familien-Psychologie

Mein Karussell

Meine erste Reise machte ich mit einem Karussell. Das stand am Ententeichufer im Stadtpark, neben einem Berg, den meine Mutter »die große Warze« nannte. Ich zog meine Mutter förmlich den Drehorgelklängen entgegen. Wie immer, wenn wir spazieren gingen und mein Vater nicht dabei war, trug sie das Geblümte, ein zu beiden Seiten tief ausgeschnittenes Leinenkleid. Mich steckten meine Eltern in jenen Jahren in blauweiße Matrosenkleider. Meine immer wiederkehrende Hoffnung, endlich diesen maritimen Uniformen zu entwachsen, wurde jährlich zu Ostern durch ein noch blauer scheinendes Fabrikat zerstört. Wir liefen den Parkweg entlang. Von weitem sah das Karussel aus wie eine bunt bemalte rotierende Kugel. Wurde die Geschwindigkeit langsamer, schälten sich aus den roten, gelben, blauen Streifen Pferde, Autos, Kutschen. Ich legte die beiden Groschen, die meine Mutter mit spitzen Fingern aus ihrem Portmonee geklaubt hatte, auf die schwielige und doch weiche Hand des Karussellbesitzers, eines glatzköpfigen Mannes, der neben der Schaltertafel stand. Meine Mutter zeigte auf eine der beiden weißen Kutschen, daraufhin deutete der Mann eine Verbeugung an, packte mich unter den Achselhöhlen, schwenkte mich über die Feuerwehr und setzte mich sanft auf das weinrote zerschlissene Samtpolster. Verkrampft winkte mir meine Mutter zu, ihrem Gesicht sah ich die Angst an, ich könnte mich nicht entsprechend ihren Vorstellungen verhalten. Kurz hob ich die Hand zum Abschied, den Blick schon in Fahrtrichtung, erwartungsvoll auf das Kommende gerichtet.

Nach Kathrin Aehnlich: Wenn ich groß bin

▶ Kathrin Aehnlich schildert in ihrem heiteren Erinnerungsbuch Erlebnisse aus ihrer Kindheit in den 60-er Jahren in Leipzig. Ihre Erfahrungen mit Liebe und Geborgenheit sind oft mit Glücksgefühlen, aber auch mit nicht ausgesprochenen Fragen, Problemen und Ängsten verbunden.

Liebeserklärung an einen Sohn

Lieber Freund,

mir ist bei unseren vergangenen Telefonaten etwas aufgefallen. Und zwar: Fast immer kommt, nachdem du umfänglich von deinen Projekten und Reiseplänen erzählt hast, irgendwann die eine, höflich-gedehnte Frage: »Aber nun zu euch! Wie geht es euch denn mit dem Kleinen?« Meistens krame ich als Antwort irgendein Detail aus dem Alltag, in der schwachen Hoffnung auf Anschaulichkeit. Dass er jede Schublade auf-

macht. Oder dass er sein zahnloses RÖ-RÖ-Lachen lacht und dabei aussieht wie ein schnüffelndes Kaninchen. Komm uns doch mal für ein paar Tage (besonders Nächte) besuchen. Gewöhn dich an diesen dünnen, alarmbereiten Elternschlaf, wenn er die erste Erkältung seines Lebens durchmacht und plötzlich fieberglühend, so zart und verletzlich aussieht in seinem Bett und man, weil er sich schon dreimal erbrochen hat, mit einem Ohr immer an der Kinderzimmertür klebt. Ich kann dir sagen: Früher habe ich jedenfalls besser geschlafen.

Du sollst mich aber bitte nicht bemitleiden, als wäre das Elternsein eine Krankheit. Das ist es nicht. Es ist vielmehr ein großes Glück, das man allerdings auf dem Zahnfleisch genießt. »Vater werden ist nicht schwer«, zitierte mein Vater neulich altklug am Telefon: »Vater sein dagegen sehr«. Ich glaube, das ist von Wilhelm Busch. Überglücklich bin ich trotz Erschöpfung, wenn ich mit meinem Sohn zum tausendsten Mal seine Schlafengeh-CD höre: Lied 26 bis 28, wo der Mond die Sterne hütet. Und wenn ihm sein Kopf langsam auf meine Schultern rutscht und ich – schmerzhaft – bemerke, wie er sich mit seinem Händchen an meinem Ohr festkrallt, bin ich auch deswegen glücklich, weil mich mein Kind an Gefühle erinnert, an die ich sonst nicht gekommen wäre – weil er mich braucht.

Das war's, lieber Freund. Ich muss Schluss machen. Du ahnst, warum?
Dein Ralf

▶ Einfühlsam hat der amerikanische Psychologe Daniel N. Stern die Entwicklungsphasen eines Babys aufgezeichnet. In einem »Tagebuch« lässt er den kleinen »Joey« zu Wort kommen:

Mein Zimmer ist so still. Ich bin ganz allein hier drin. Ich möchte dahin gehen, wo Mami und Papa sind.
Wenn ich nicht hingehe, bleibe ich allein und alles ist still. Also gehe ich in ihr Zimmer und krieche zwischen sie, in das Tal. Dort hülle ich mich in die Wärme, die aufsteigt und fällt.
Ich tauche in die Seen warmer Düfte ein, in die Geräusche des Luftstroms, der in sie hinein und wieder aus ihnen herausweht, während das Tal sich füllt und wieder leer wird. Ich bade in den schwellenden Fluten unserer morgendlichen Welt.
Da schickt Papa einen vertrauten Klang in meine Welt – nur für mich. Seine Melodie lässt das warme Papa-Gefühl in mir aufsteigen.

1. Besprecht, was für Kathrin, Ralf und Joey jeweils »Liebe« und »Geborgenheit« bedeuten.
2. Schreibe in einem Brief deine eigenen Vorstellungen und Sehnsüchte zu Liebe und Geborgenheit auf.

»Heiter bis wolkig«: das Familienklima

Im Zusammenleben scheint nicht jeden Tag die Sonne. Unterschiedliche Interessen, Bedürfnisse und Lebensvorstellungen können aufeinander prallen. Es gibt Tage mit Tränen, Kälte und Streit. Das alltägliche Zusammenleben ist durch eingespielte Regeln und Routine, durch bestimmte Werte und Bedürfnisse der Beteiligten geprägt. Ob das Miteinander von Tabus oder Offenheit bestimmt wird, beeinflusst Stimmungslagen und Verhaltensweisen. Die Familienmitglieder, manchmal auch Außenstehende, können dieses Wechselspiel der Gefühle und Handlungen als die charakteristische »Atmosphäre« ihrer oder einer anderen Familie* spüren. Das Deutsche Jugendinstitut hat mehrere hundert Jugendliche und Erwachsene gefragt: *Was sind eure Erfahrungen mit Familie?* Die Antworten erlauben – aufgeschlüsselt nach Prozentzahlen – Einblicke in das durchschnittliche Familienklima in unserem Land:

▶ Wie die tägliche Wetterkarte unterliegt das Familienklima Schwankungen:
- ruhiges Heilklima;
- windiges Reizklima;
- muffige Bunkeratmosphäre;
- Dauertiefs/-hochs;
- unbeständiges Wetter;
- apathische Flauten;
- Wirbelstürme …

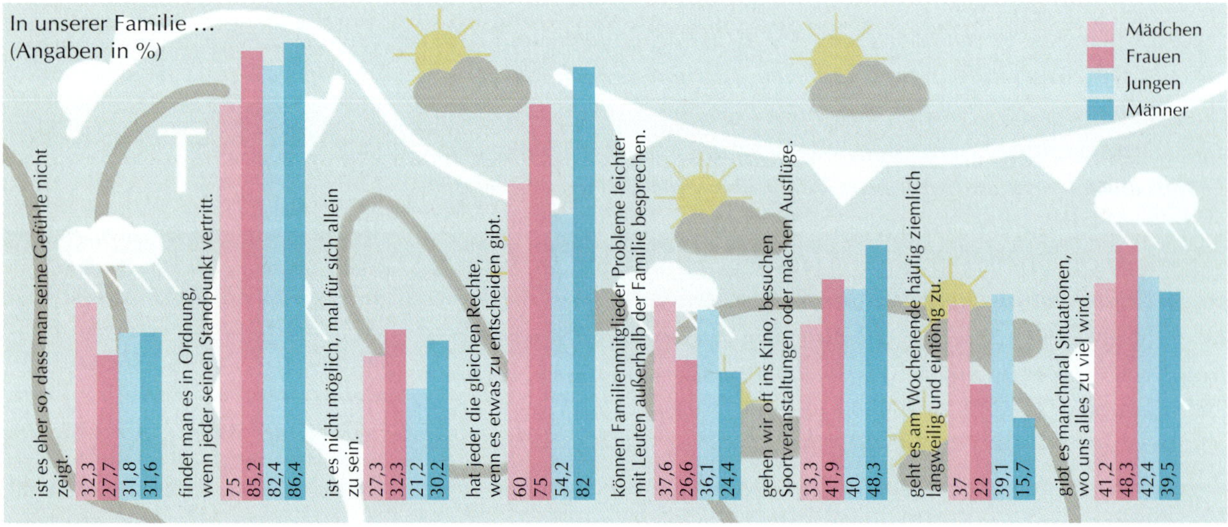

Auseinander gelebt

Die Familie ist im Idealfall ein Ort der Geborgenheit, Sicherheit, Liebe und des Vertrauens. In diesem Netz positiver gefühlsmäßiger Beziehungen nehmen die Eltern den höchsten Stellenwert ein. Dieses Beziehungsnetz zerbricht mit der Scheidung. Deshalb verhalten sich fast alle Kinder bei der Ankündigung einer Scheidung gleich: Sie empfinden tiefe Angst, reagieren mit Zorn, ja sogar Hass gegen die Eltern. Aber weil sie beide nach wie vor lieben, schämen sie sich ihrer Gefühle.

Scheiden tut weh ...

Traumhochzeit und danach immer währende Liebe, Verständnis für einander – so stellten wir uns unsere Partnerschaft vor. Auch wenn die Statistik jede dritte Ehe vor dem Scheidungsrichter erfasst, redeten wir uns ein, niemals davon betroffen zu sein.

▶ Die Familien-Wetterkarte untersuchen:

1. Findet heraus, worin sich Jugendliche und Erwachsene in ihren Einschätzungen ähneln und wo sie sich unterscheiden: Ihr könnt die Ergebnisse der Umfrage selbst überprüfen, indem ihr einige jüngere und ältere Menschen in eurer Umgebung befragt.
2. Besprecht, inwieweit männliche und weibliche Befragte, aber auch jüngere und ältere Befragte, von einander abweichende Empfindungen äußern: Welche Gründe vermutet ihr?

Es war ein nebliger Sonntag im Herbst, als ich einen Kasten leerer Bierflaschen vom Balkon der Wohnung meiner Ex-Frau Nina schmiss. Das ist der Moment gewesen, in dem ich kapiert habe, dass mein Leben im Eimer war. Nicht dass wir uns danach groß gestritten hätten. Das war doch einfach. Sie blieb und ich zog aus. Den Hausrat haben wir gerecht geteilt, das Finanzielle ebenfalls. Und wegen unserer Tochter Sabine haben wir uns sowieso nicht bekriegt: Die beiden blieben dort. Ich zog nur um die Ecke. Also ist doch alles ganz einfach, dachten wir.
Aus der geplanten gemeinsamen Erziehung ist natürlich nichts geworden. Dafür aber aus mir etwas, was ich nicht sein wollte: ein Wochenendpapa. Zu dieser Erkenntnis kommt noch ein viel größerer Einbruch. Damals zog Nina ausgerechnet mit meinem besten Freund zusammen. Ich Trottel hatte nicht mal geahnt, was da seit Wochen vorging. Dann fingen sie an, mich aus Sabines Leben zu entfernen. Immer seltener durfte ich sie sehen, der gemeinsame Urlaub wurde verschoben. Am Telefon wurde ich abgewürgt: »Nein, Sabine ist nicht da.« Bei wichtigen Entscheidungen wurde ich nicht mehr nach meiner Meinung gefragt. Ich hatte nicht einmal mehr das Recht, Sabines Zeugnis zu unterschreiben. Ich bekam das Gefühl, nicht wirklich der Vater meines Kindes zu sein, sondern ein anonymer Samenspender.
Ralf, 36 Jahre

1. Arbeitet heraus, wie sich das Beziehungsnetz der Familie von Ralf, Nina und Sabine durch die Scheidung verändert: Berücksichtigt dabei auch die wahrscheinlichen Gefühle von Nina und Sabine vor und nach der Trennung.
2. Überlegt, wie Ralf und Nina ihre Probleme besser hätten lösen können: In vorbereiteten Rollenspielen könnt ihr verschiedene Handlungsmöglichkeiten ausprobieren und zu Ende führen.
3. Nehmt mit einem Jugendamt oder einem Vormundschaftsgericht Kontakt auf, um zu erfahren, wie der Fall von Ralf und Nina nach der Reform des Kindschaftsrechts zu beurteilen ist.
4. Versetzt euch in Christophs besten Freund oder beste Freundin: Schreibt ihm einen unterstützenden Brief.

Alle reden vom Wetter, aber nicht unbedingt vom ›Klima‹ in der eigenen Familie. Aber beides – das Wetter am heutigen Tag und das Klima in der eigenen Familie – berührt unser Wohlbefinden.
Auch wenn die Familienformen heute vielgestaltiger geworden sind, hat die Kleinfamilie – mit Vater, Mutter und Kindern – ihre beherrschende Rolle nicht verloren. Trotz aller Krisen und »Verfalls«-Thesen lebt sie als intime Lebensform munter fort.

▶ Reform des Kindschaftsrechts
Am 1. Juli 1998 ist das neue Kindschaftsrecht in Kraft getreten. Es erwartet grundsätzlich von beiden Elternteilen, dass sie sich – auch ohne Trauschein – um die Kinder kümmern. Ein »Verfahrenspfleger« (Anwalt des Kindes) kümmert sich in familienrechtlichen Fragen um die Interessen des Kindes.

▶ *Mein Leben ist auseinander gefallen, wie ein sorgfältig aufgeschichteter Holzstoß. Gefühle, in eine Form gepresst, liegen kreuz und quer.*
Blick aus meinem Fenster: Wünsche ziehen vorüber, Tränen fallen auf den Boden, zubetoniert. Mich erschlägt die Erinnerung an dich.
Aus den Erfahrungen einer Diplom-Psychologin

▶ *Ich habe bis heute nicht verstanden, weshalb sich meine Eltern vor sechs Jahren scheiden ließen. Für mich brach eine Welt zusammen. Ich wollte mich wehren, aber ich wusste nicht, wie. Heute weiß ich, dass ich in der Schule deswegen oft Schlägereien hatte, die Noten immer schlechter wurden.*
Inzwischen haben beide wieder ihre »Neuen« geheiratet. Ich fühle mich in beiden Familien wohl. Mindestens zweimal im Monat unternehmen wir etwas gemeinsam. Sie bleiben ja meine Eltern.
Christoph, 15 Jahre

»Das Leben ist eine Baustelle«

Verliebt, verlobt, verheiratet? Standen die Lebenswege früherer Generationen weitgehend fest, so sind heutige Lebensentwürfe eher offen angelegt. Wenn immer mehr Menschen ihr Leben selbstbestimmt gestalten, will jeder Schritt zunächst bedacht und dann entschieden werden. Vor dir liegen vielleicht gerade Straßen, möglicherweise aber auch enge Kurven und holprige Umwege; Brücken, über die du eigentlich nicht gehen willst oder Wege, die im Nichts enden.

Jeder ist unterwegs und mit seiner eigenen »Baustelle« befasst. Was wirst du dort erleben? Freundschaft und Liebe? Vertrauen und Geborgenheit? Oder Missgunst und Neid? Streit um das Sorgerecht für die Kinder? Partnerwechsel? Alleinsein?

Niemand kann genau sagen, was später einmal sein wird. Aber du kannst dir heute schon Gedanken machen und gute Ideen zur eigenen Lebensplanung entwickeln. Die Projektvorschläge, die ihr in kleinen Gruppen bearbeiten könnt, wollen dabei helfen:

Partnerschaft und Familie

– Worauf kommt es bei einer guten Partnerschaft an? Schreibt das Alphabet von »A« bis »Z« untereinander auf ein Plakat und ordnet die gefundenen Begriffe den Anfangsbuchstaben zu.

– Sammelt Gedichte zum Thema »Liebe«. Tragt sie in der Gruppe vor und gestaltet mit den Gedichten eine Pinnwand.

– Ladet ein älteres Paar in den Unterricht ein. Überlegt euch Fragen, die ihr ihm stellen wollt.

– Untersucht Zeitschriften: Was für ein Bild von Liebe und Sexualität, Ehe und Familie vermitteln sie euch? Gestaltet mit den Ergebnissen die Pinnwand weiter aus.

– Nehmt Kontakt zu Angehörigen eines Schwulen- und Lesbenzentrums auf: Informiert euch, wie es um ihre rechtliche Gleichstellung mit heterosexuellen Ehepaaren steht.

– Viele Menschen verbinden »Familie« mit Geborgenheit, Sicherheit, Vertrauen und Liebe: Befragt Großeltern, Eltern, Freunde oder Bekannte, was sie unter »Familie« verstehen. Zählt die meistgenannten Begriffe aus und gestaltet mit den Ergebnissen ein Stimmungsbild.

– Überlegt euch typische Familiensituationen und stellt sie als Standbilder dar: Sprecherinnen oder Sprecher versetzen sich in die einzelnen Personen, indem sie deren Lebenslage und Gefühle sprachlich ausdrücken. Wenn in eurer Gruppe Vertrauen vorhanden ist, könnt ihr über die dargestellten Szenen offen reden.

– Viele Kinder und Jugendliche müssen heutzutage mit der Scheidung ihrer Eltern zurechtkommen. Angeblich ist es für sie neben dem Tod eines Elternteils das »Schlimmste, was sie sich vorstellen können«. Sprecht mit dem Mitarbeiter oder der Mitarbeiterin einer Familien- und Erziehungsberatungsstelle über alltägliche Erfahrungen mit Scheidungskonflikten.

– »Ich will einmal ganz anders leben.« Das haben viele von euch sicherlich auch schon einmal gedacht: »Mein Lebensweg bis zum Jahre 2020 - wie könnte er aussehen?« Schreibt die Texte auf ein Blatt und heftet die Blätter auf die große Pinnwand. Vergesst eure Passfotos nicht. (Übrigens: Bei einem Klassentreffen im Jahr 2020 könnt ihr die Ergebnisse wieder hervorholen und mit der Wirklichkeit vergleichen.)

jahrhundertausstellung

Gewebe: Arbeit, Beruf, Freizeit

Zeitfragen:
Hast du Zeit?
Nie und immer, Valeska.
Gut gesagt, Jochen.
So? Begründe doch mal.
Ganz einfach: Zeit ist Leben.

Arbeit – das Jahrtausendproblem

Ende der Arbeit – Vorstellung

Valeska: Das Bild müsste dir doch gefallen.

Jochen: Warum?

Valeska: Erstens hängst du doch gern mal so richtig herum. Zweitens stammt der Maler aus Holland, da kennst du, drittens, bestimmt das »Schlaraffenland« und kannst ein bisschen was dazu sagen.

Jochen: Dein »erstens« übergehe ich. Über »zweitens und drittens« lässt sich reden. Obwohl: Genau kenne ich das Bild nicht, das Original ist ja in München, wohin ich erst reisen müsste. Aber ich hatte es in einem Kinderbuch, wo ich es immer so grausig-komisch fand und natürlich in Kunst, wo wir viel aus ihm »herausarbeiteten«. Aber du siehst ja selbst: Friede unter den Ständen – gestreckte Waffen. Freude beim Schweinchen – gehorsam das Messer im Speck. Eierkuchen auf dem Dach – darunter ein Ritter, Visier und Maul weit auf.

Valeska: Das erinnert mich an »Hänsel und Gretel«.

Jochen: Klar. Das Knusperhaus mit den Edelsteinen darin ist auch so ein Traum, endlich mal etwas zu haben, ohne Mühe und Arbeit.

Valeska: Verständlich. Deshalb ja die vielen Bilder und anderen uralten Vorstellungen von Paradiesen und Wunderländern.

Jochen: Und Bauern-Bruegel, »mein« Holländer, malte das berühmteste »Schlaraffenland«. Aber jetzt bist du dran.

Valeska: Warum?

Jochen: Weil ein Deutscher das bekannteste Märchen dazu schrieb. Worin von Damenkleidern die Rede ist und vom »Kopfputz« mit Brillantkäfern und Kolibris drin. Darauf stehst du doch?

Valeska: Na schön, deine Anspielungen übergehe ich mal. Aber von Ludwig Bechsteins »Schlaraffenland« kann ich sagen:

Da sind die Häuser gedeckt mit Eierfladen und Türen und Wände sind von Lebzelten und die Balken von Schweinebraten. Um jedes Haus steht ein Zaun, der ist von Bratwürsten geflochten und von bayrischen Würsteln. Und süße Weine, auch Champagner, die rinnen einem nur so in das Maul hinein. Die Spanferkel geraten dort alle Jahr überaus trefflich; sie laufen gebraten umher und jedes trägt ein Tranchiermesser im Rücken, damit, wer da will, sich ein frisches, saftiges Stück abschneiden kann. Auch für die Schlafpelze, die hier von ihrer Faulheit arm werden, dass sie Bankrott machen und Betteln gehen müssen, ist jenes Land vortrefflich. Jede Stunde Schlafens bringt dort einen Gulden und jedesmal Gähnen einen Doppeltaler. Wer gern arbeitet, Gutes tut und Böses lässt, dem ist dort jedermann abhold, und er wird des Schlaraffenlandes verwiesen. Dem aber, welchen das allgemeine Stimmrecht als den Faulsten und zu allem Guten Untauglichsten erkannt, der wird König über das ganze Land und hat ein großes Einkommen.

▶ Sie sind über sieben Ecken verwandt: Valeska, Gymnasiastin aus Berlin, liest gern, liebt ausgedehnte Freundschaftsrunden sowie »gestylte« Tische; sie will Ärztin werden. Jochen, der im holländischen Groningen lebt, ist Film-«Freak«, liebt auch lange Gespräche unter Freunden sowie gestylte Frisuren. Er spricht deutsch, holländisch, ein wenig französisch und, da er von einer entsprechenden Schule kommt, viel englisch. Er wird ein Fach-College für Sozialberufe besuchen und will später europäisches Recht studieren.

Pieter Bruegel d. Ä.
Das Schlaraffenland, o. J.

Jochen: So ein Moralapostel, dein Bechstein.
Valeska: Du wirst auch nie ein Schlaraffe werden. Denn: Um das ganze Land herum ist eine berghohe Mauer von Reisbrei. Wer hinein oder heraus will, muss sich da erst »überzwerch« durchfressen.
Jochen: So viel Arbeit!

Ich träume von einem Land, in dem jeder genug zu essen hat, in dem jeder glücklich ist und in dem jeder nur arbeitet, weil er Spaß daran findet. Wir sollten auch an unser persönliches Wachstum denken, an die Reifung und an den Weltfrieden, der mit einer Gleichverteilung der Nahrungsmittel in greifbare Nähe rücken würde. Ich hoffe, meine Vision einer glücklichen Welt wird einmal wahr.
Andreas Kreuzer (23), Heidelberg

▶ *Über Jahrtausende hinweg galt Arbeit als Alptraum, als des Menschen unwürdig. Auf die »Maloche« werden viele verzichten können, aber nicht auf die Selbstachtung, die aus der Arbeit wächst.*
Paul-Josef Raue

1. Beschreibt Bruegels Bild auf eure Weise.
2. Jochen bezeichnet Bechstein als »Moralapostel«. Nennt Gründe dafür und dagegen.
3. Entwerft in Bildern oder Worten eure Visionen zum Thema »Ende der Arbeit«.
4. Sucht Mythen und Märchen über »Sehnsuchtsländer«. Zielen sie auf Faulheit? Auf Gerechtigkeit? Vergleicht sie mit euren Visionen.

Arbeit – ein Monolog aus Afrika

Ach, ist es schon Zeit aufzustehen? Ich habe so viel zu tun, bis die Sonne aufgeht. Hoffentlich ist von gestern Abend noch Wasser übrig, damit ich mich waschen kann.

Jetzt rasch das Feuer anzünden. Es bringt Wärme und Licht und es ist ein Zeichen dafür, dass in diesem Haus Leben ist. Während das Wasser für meinen Mann auf dem Herd warm wird, kehre ich in der Küche und vor der Tür, dann sehe ich nach den Hühnern und Ziegen. Da sind ein paar Eier, die kann ich heute auf dem Markt verkaufen.

»Aufwachen, Kinder, aufwachen! Die Sonne geht auf! Bringt das Baby her, es hat Hunger und wenn es weint, stört es den Vater. Meine Tochter, ich habe für dich und deinen Bruder etwas zu essen warm gemacht. Vergesst nicht, euch zu waschen, ehe ihr in die Schule geht. Kommt, ihr Kleinen, wir wollen zum Fluss.«

Wenn meine Tochter nicht zur Schule ginge, könnte sie mir bei der Arbeit helfen. Ich aber will, dass sie etwas lernt, ich will, dass sie ein besseres Leben führen kann als ich. Vielleicht wird sie in die Stadt gehen und dort Arbeit finden.

Gerade erst geht die Sonne auf und ich bin schon seit einer Stunde auf den Beinen. Und ich brauche noch eine Stunde, bis ich Wasser geholt habe. Aber jetzt sind wir da, am Fluss. »Beeilt euch, Kinder, macht die Behälter voll, während ich das Geschirr abwasche.«

Zu Hause bereite ich für meinen Mann und die kleineren Kinder das Essen zu. Wenn die Kinder gegessen haben, schicke ich sie zum Spielen zu meiner Schwiegermutter. Sie sind noch zu klein, um mir bei der Arbeit zu helfen. Ich habe den Korb geholt, den ich gestern Abend mit Erdnüssen, Gumbo und Tomaten gefüllt habe und habe noch die Eier von heute dazugelegt. Jetzt mache ich mich mit dem Baby auf den Weg zum Markt.

Ich hoffe nur, es dauert nicht zu lange, bis ich die Sachen verkauft oder gegen getrockneten Fisch und Salz getauscht habe. Aber jetzt bin ich wieder zu Hause.

Die Sonne steht schon hoch und ich muss mein Maisfeld jäten und das Baumwollfeld meines Mannes; er ist seit einigen Tagen krank.

Die Sonne geht schon wieder unter und ich muss noch Brennholz sammeln – der Vorrat geht zur Neige. Früher konnten wir Holz am Dorfrand schneiden, doch jetzt ist ein Teil des Landes gerodet worden, um mehr Baumwolle anbauen zu können. Der Häuptling hat die anderen Bäume in der Nähe zur eisernen Reserve erklärt, die wir nicht schneiden dürfen. Natürlich hat er die Frauen nicht gefragt, bevor er diese Entscheidung gefällt hat.

Es ist schon fast dunkel, als ich zu Hause ankomme, ich muss schnell das Abendessen zubereiten. Heute Abend kommt der Heiler, um meinem Mann zu helfen. Wir glauben, dass er von einem Feind vergiftet wor-

▶ Den Tag einer afrikanischen Bäuerin beschrieb Dr. Ruth Bamela Engo-Tjega. Die Sozialwissenschaftlerin aus Kamerun, Afrika-Expertin bei der Internationalen Arbeitsorganisation (ILO) sagt dazu:
Das kulturell spezifische afrikanische Verständnis von Arbeit ist nicht vertraut mit der Ego- und Ellenbogengesellschaft des Westens. Die westlichen Trommeln, die die Schlagzahl von Effizienz und Produktivität vorgeben, blieben in Afrika bisher vielerorts ungehört.

Erinnern euch die kleinen »Eroten« an etwas? Dann erzählt aus dem Stegreif darüber.

den ist, der es auf einen Teil unseres Landes abgesehen hat. Aber was ist das? Das Wasser ist alle. Begreift diese Familie nicht, wie weit es zum Fluss ist? Es bleibt mir keine andere Wahl. »Schnell, Tochter, hol die Kleinen, wir gehen zum Fluss.«

»Was ist mit dir, mein Kind? Warum stolperst du? Bist du krank? Oh, du hast Fieber! Es muss wieder Malaria sein. Tochter, nimm deinen Bruder mit ins Haus, damit er sich hinlegen kann; ich mache ihm Tee.«

Der Heiler war da und hat unseren Verdacht bestätigt, dass mein Mann vergiftet worden ist. Ich bereite ihm einen speziellen Trank zu. Inzwischen habe ich auch Fiebergras für mein krankes Kind aufgekocht und es ist eingeschlafen. Endlich schlafen alle und das Haus ist ruhig. Alles wird ein bisschen besser werden, wenn erst die Witwe des Bruders meines Mannes mit ihren Kindern bei uns lebt. Wir können uns dann gegenseitig bei der Arbeit helfen. Und vielleicht habe ich sogar Zeit für die Leseklasse. Ob ich es wohl noch lernen kann? Es wäre so schön, wenn ich mir die Arbeit mit jemandem teilen könnte.

Ruth Bamela Engo-Tjega: Die Zukunft Afrikas

Valeska: Afrika … die Frau unter der Sonne, immer auf Wegen … Schularbeit … Arbeit einer Tänzerin, Politikerin, des Sozialarbeiters, Pizzaausfahrers, des Obdachlosen in der S-Bahn, wie er kaum seine Zeitung loskriegt … ich frage mich: Was ist das – Arbeit, gibt es überhaupt – »die« Arbeit? Schön universal der Physiksatz: *Arbeit ist das Produkt aus der an einem Körper angreifenden Kraft und dem in Kraftrichtung zurückgelegten Weg* … So arbeiten auch Tiere – beim Jagen, beim Jungenaufziehen, denk ich mal …

1. Lasst die Sonne ins Klassenzimmer, hört Musik aus Afrika, lest den Haupttext und denkt einige Minuten nach – über den Tageslauf der afrikanischen »Frau unter der Sonne«.
2. Verfasst über Tätigkeiten (von Mensch oder Tier), die ihr als Arbeit anseht, Monologe; sprecht sie einander vor und begründet eure Sichtweisen.
3. Diskutiert die Aussagen zur Arbeit, wägt sie ab und entwickelt eure Standpunkte dazu.

▶ Was ist Arbeit?

Arbeitswissenschaftler sagen:
Arbeit schafft Ergebnisse (in Mark und Pfennig). Arbeit vermittelt soziale Beziehungen. Arbeit dient der persönlichen Weiterentwicklung.

Wirtschaftswissenschaftler betonen:
Arbeit ist jede Art manueller und geistiger Betätigung, die darauf abzielt, Einkommen zu erwirtschaften, selbstständig und unselbstständig verrichtete Erwerbsarbeit also.

Der Philosoph Karl Marx (1818–1883) erkannte:
Die Arbeit ist zunächst ein Prozess zwischen Mensch und Natur, ein Prozess, worin der Mensch seinen Stoffwechsel mit der Natur durch seine eigne Tat vermittelt, regelt und kontrolliert.

Arbeit – Fluch oder Wert? Provokation!

Gott der HERR,

der den Menschen aus Erde gemacht und in den Garten Eden gesetzt hatte, ihn zu bebauen und zu bewahren, gebot diesem: Du darfst essen von allen Bäumen im Garten, aber von dem Baum der Erkenntnis des Guten und Bösen sollst du nicht essen.

Doch der Mensch, verführt von Schlange und Frau, übertrat das Gebot. Und so sprach Gott der HERR zu ihm: Verflucht sei der Acker um deinetwillen! Mit Mühsal sollst du dich von ihm nähren dein Leben lang. Dornen und Disteln soll er dir tragen, und du sollst das Kraut auf dem Felde essen. Im Schweiße deines Angesichts sollst du dein Brot essen, bis du wieder zu Erde werdest, davon du genommen bist. Denn du bist Erde und sollst zu Erde werden.

Aus der Bibel, nach Genesis 2 und 3

Vater Jupiter
wollte den Feldbau schwierig gestalten, bewusst:
Er ließ als erster die Schollen
aufbrechen, wollte durch Nöte und Sorgen den Menschengeist schärfen,
duldete nicht, dass sein Reich in leidiger Trägheit erstarrte.
Jupiters Herrschaft erst nötigte Bauern zum Pflügen und Ernten.
Vorher galt es als Unrecht, die Flur durch Markierung von Grenzen
aufzuteilen; Gemeingut erstrebte man, freiwillig schenkte
alles der Erdboden, niemand brauchte sein Teil zu verlangen.
Jupiter lieh den schaurigen Schlangen die tödlichen Gifte,
lehrte den Wolf das Rauben, peitschte die Wogen mit Stürmen;
Blättern entriss er den Honig, erschwerte die Nutzung des Feuers,
brachte die überall rieselnden Bäche des Weines zum Stocken.
Sollten die Menschen doch schrittweise mittels des Denkens sich mühsam
Kenntnis und Fertigkeit schaffen, Getreide dem Boden entringen,
aus den geäderten Kieseln die tief verborgenen Funken
schlagen. Erst jetzt begannen die Flüsse Kähne zu tragen,
zählten die Seeleute Sterne und gaben den Sternbildern Namen,
so den Plejaden, Hyaden, der leuchtenden Bärin Lykaons,
lernte man, Wild in Schlingen, mit Leimruten Vögel zu fangen,
mächtige Waldstücke auch zu umzingeln mit Meuten von Hunden,
schleuderte mancher schon klatschend den Fangtrichter
tief in das Flussbett,
schleppte manch andrer auf See die Netze durch rollende Wogen.
Grausames Eisen gebrauchte man, kreischende Blätter der Säge –
spalteten doch die Menschen der Frühzeit die Stämme mit Keilen –,
übte sich in verschiednen Verfahren. Rastloses Schaffen
setzte sich durch und der Zwang des gnadenlos drängenden Mangels.

VERGIL: Lied vom Landbau

▶ Arbeit über Arbeit

Der derzeitigen Debatte über die Globalisierung haftet eine künstliche, fast surreale Note an: Die Sehnsucht nach einer unwiederbringlichen Vergangenheit und die starrsinnige Weigerung, sich einer Zukunft zu öffnen, die so vielen Menschen Aussicht auf ein besseres Leben bietet.
RENATO RUGGIERO, Generaldirektor der Welthandelsorganisation WTO.

»Arbeit« ist für Menschen, die sozioökonomischen Umbrüchen ausgesetzt sind, ein zentrales Thema.
Es gleitet auf dem Bogen zwischen Risiko und Chance, Angst und Herausforderung, Demütigung und Stolz.

»Arbeit« ist »geklautes Leben«, sagen die einen; »Arbeit« ist das orientierende Zentrum der Gesellschaft und Bestandteil der »Normalbiografien«, meinen die anderen. Worin (fast) alle übereinstimmen: ohne Arbeit keine Menschheit.

Die Leitidee der Vollbeschäftigung zerfällt:
Zwei Prozent Arbeitslose, Normalarbeit als Regelfall, soziale Identität und Sicherheit qua Job – das ist Geschichte.
Das entstehende Risikoregime der Arbeit steckt voller Zwiespältigkeiten: Niemals war die Kreativität der Menschen so wichtig wie heute, aber niemals auch waren die Arbeitenden so verletzlich wie heute, wo sie individualisiert und abhängiger denn je in flexiblen Netzen arbeiten, deren Regeln für viele unentzifferbar geworden sind.
Ulrich Beck: Schöne neue Arbeitswelt

Jochen: Provokationen – immer wieder aus dem »Paradies vertrieben« und immer wieder Neues machen und ständig arbeiten … und wie! Arbeit – Fluch oder Wert? Das ist meine Frage …

1. Lest die Haupttexte und überlegt: Was zwang die Menschen jeweils, ihr Dasein neu zu gestalten? Wurden sie dadurch freier oder unfreier, glücklicher oder unglücklicher, selbstbewusster oder ängstlicher?
2. Für Jochen sind die drei Texte »Provokationen«. Wie steht ihr dazu? Begründet eure Standpunkte.
3. Überdenke dein bisheriges Leben und beschreibe, welche »Paradiese« du verloren und welche du gewonnen hast.

▶ Und der Wert der Arbeit? Den sieht man unterschiedlich, je nach Sozialstatus, kulturellem und religiösem Hintergrund sowie historischer Epoche. Im antiken Griechenland und in Rom galten Tätigkeiten (von Sklaven, Frauen, Handwerkern, Bauern), die der Befriedigung materieller Bedürfnisse dienten, als weniger wert als das politische Wirken im griechischen Stadtstaat (Polis), die Pflege der Freundschaft oder das philosophische Gespräch. Doch die Arbeitsorganisation der mittelalterlichen Klöster sowie die Deutung der Arbeit als göttlichen Auftrag zur Bewahrung der Schöpfung verlieh ihr allmählich Wert. Und als nach weiteren Jahrhunderten entdeckt wurde, dass die Arbeit Werte schafft, erhielt sie höchsten Rang – in Ökonomie wie in Moral. Vielleicht erinnern sich einige an das Märchen von »Frau Holle« und auch daran, welch Lob erhält, wer fleißig, pünktlich und ohne Murren seine Arbeit tut …

▶ »Die Arbeit« ist zwiespältig, deswegen hat sie in manchen Sprachen zwei Namen. Sicher kennt ihr »labour« und »work«. Und außerdem?

Arbeit gesucht

Treffpunkt Hansebäckerei in der Hamburger Grindelallee. Hier beginnt am Vormittag der Tag von Christian Hauser (Name geändert). Der 35-Jährige ist arbeitslos. Zu Hause, in der Einzimmerwohnung, deren Miete das Sozialamt bezahlt, fällt ihm die Decke auf den Kopf. Deshalb zieht er sommers wie winters durch die Stadt.

In der Bäckerei ist Frühstück angesagt. Ein paar der übrigen Gäste kennt Hauser vom Sehen. »Arbeitslose wie ich«, weiß er, obwohl er nie ein Wort mit ihnen gewechselt hat. »Das sieht man eben.«

Nach einer guten Viertelstunde geht es weiter. Zielstrebig, als hätte er etwas vor, steuert der abgebrochene Student auf die Wirtschaftswissenschaftliche Fakultät zu, sucht einen Platz, abseits der Studenten, aber so, dass er die einstigen Studienkollegen gut beobachten kann. Er kennt hier niemanden mehr. Sein Studium, immerhin zehn Semester Volkswirtschaft, freilich ohne Abschluss, hat er schon Jahre hinter sich. »Es war einfach nichts für mich«. Eigentlich, erzählt der 1,90 Meter lange junge Mann mit dem dichten, braunen Haarschopf und den blauen Augen, wollte er Architektur studieren.

Für den Herbst hat er zwei neue Möglichkeiten: Bibliothekswesen in Hamburg oder Bauingenieur in Berlin – eine schwierige Entscheidung. Um zu probieren, ob er die Studiengebühren durch Nebenjobs finanzieren kann, durchbricht Hauser in diesen Wochen sogar sein Ritual, um morgens früh um 6 Uhr in der Jobvermittlung des Arbeitsamtes einen Tagesjob zu ergattern. Vorigen Donnerstag hat er zwar zusammen mit einem anderen Mann Arbeit für acht Stunden gefunden: Etiketten sollten sie in einer Expedition kleben, für 7,50 Euro die Stunde. Allerdings war der Job nach gut drei Stunden plötzlich erledigt und die Firma zahlte jedem gerade mal 18 Euro. »Der andere hat sich furchtbar aufgeregt, aber so was kommt öfter vor. Was soll man da machen?«

Durch den kleinen Universitätspark schlendert der Arbeitslose dann zum Dammtor-Bahnhof. Am Kiosk kauft er sich eine »Bild-Zeitung«, um sie bei »McDonald's« gleich nebenan bei einem Orangensaft und zwei bis drei Zigaretten zu lesen.

Von »McDonald's« zum Hanseviertel. An den schicken Auslagen in den feinen Geschäften geht er achtlos vorüber. »Das interessiert mich nicht«. Auch mit den Menschen, die ihm begegnen, will er nichts zu tun haben. Und obwohl einige der Bedienungen den ständigen Gast kennen, gibt es weder eine Begrüßung noch ein kleines Gespräch.

In der »Silberkugel«, dem Schnellrestaurant von »Mövenpick«, trinkt Hauser zur Abwechselung einen Tee. Einsam in seine Ecke gedrückt, raucht er seine Zigaretten. Nur ein kurzer Weg ist es von der »Silberkugel« in die »Thalia«-Buchhandlung. Dort, am Zeitungsstand, blättert Hauser in der »Frankfurter Allgemeinen Zeitung« und anderen Tageszeitungen. »Nichts Neues.«

▶ Kontraste
Das Institut für Arbeitsmarkt- und Berufsforschung (IAB) fand heraus: Mit der Dauer der Arbeitslosigkeit wachsen gesundheitliche und familiäre Probleme ebenso wie Alkohol- und Drogenabhängigkeit. Als Folgen von Isolation und Minderwertigkeitskomplexen registrieren Ärzte Depressionen und Antriebslosigkeit, Magen- und Kreislaufbeschwerden, Schlaflosigkeit und Aggressionen.

Walter Ballhause, *Arbeitslose (um 1930)*

▶ Wissenschaftler wiesen nach, dass die Immunabwehr bei Menschen nach neun Monaten ohne Job deutlich nachlässt. In England liegt die Selbstmordrate bei Erwerbslosen zwanzigmal höher als bei Vergleichsgruppen. In einer Untersuchung des IAB sagte ein Viertel der Langzeitarbeitslosen, dass sie »endlich mehr Zeit für Sachen hätten, die Spaß machen«. Zwölf Prozent fanden »es gar nicht so schlimm, arbeitslos zu sein«.

Langsam schreitet Hauser nun über den Rathausplatz. Übermorgen, fällt ihm ein, muss er die Route ändern. Dann hat er ein Vorstellungsgespräch bei einer Zeitarbeitsfirma in der Nähe. »In die Bewerbung habe ich meine ganzen Qualifikationen geworfen, Wirtschaftsenglisch, EDV-Kenntnisse, Führerschein für Laster bis 7,5 Tonnen. Aber da wird wohl auch nichts bei rauskommen.«

Gegen 20 Uhr, wenn die Geschäfte geschlossen haben, landet der Arbeitslose dann im »American Snack« im Hauptbahnhof und von da geht es zu Fuß zur Reeperbahn, wo Hauser einen Hamburger oder eine Wurst isst und über sich und die Welt sinniert. Alkohol trinkt er überhaupt nicht, auch den Damen schenkt er keine Aufmerksamkeit. »Das kann ich mir doch gar nicht leisten.« Aber unter Menschen will er schon sein, auch wenn er nach wie vor mit niemandem Kontakt sucht.

Etwa 15 Euro kostet Hauser der tägliche Trip durch die Imbissketten. Von der monatlichen Sozialhilfe ließe sich das nicht bewerkstelligen. Aber da der 35-Jährige jedes Wochenende zu Hause bei seiner Mutter in Lübeck verbringt und von ihr ab und an mal einen Fünfziger zugesteckt bekommt, »geht es irgendwie«. Und dann sind da ja auch noch die Gelegenheitsjobs für den Notfall.

In den frühen Morgenstunden wandert Hauser gemächlich nach Hause, guckt noch ein wenig fern und schläft bis zum späten Vormittag. Dann geht es wieder von vorne los: the same procedure as every day …

Nach Erika Martens: Verloren in der Zeit

… Konzepte auch

Jochen: …spiel. Was soll das noch werden? Ob der sich noch hochreißt?

Valeska: Am schlimmsten finde ich, dass er so allein ist.

Jochen: Das wäre das Letzte für mich; aber ich denke, ein paar Freunde hätte ich immer.

Valeska: Wenn du ewig ohne Job bist, der was bringt, wenn du ewig vom Sozialamt abhängig bist, ob du dann noch Kraft hast für Kontakte, für das Hin und Her?

Jochen: … ich würde … also bloß nicht allein … da bist du »out« … das müsste der Hamburger doch merken …

Valeska: Das wird er auch. Aber …

Jochen: … zum Handeln brauchst du Mut, klar, ein Licht im Tunnel …

Valeska: Ideen dazu gibt's ja. Wenn ich die mir so ansehe …

Vision: Weltbürgerschaft

Sie stammt von dem Soziologen Ulrich Beck und sieht im Kern so aus: Die Arbeitsgesellschaft gelangt technologisch und ökologisch an ihre Grenzen. Ihr Gegenbild ist die Stärkung der Individuen, der aktiven Bürgergesellschaft vor Ort, einer zugleich lokalen und übernatio-

▶ Arbeitslosigkeit und Unterbeschäftigung sind, historisch gesehen, der Normalfall. Um 1800 waren etwa zwei Drittel der Erwerbsbevölkerung ohne regelmäßige bzw. gesicherte Einkommensquellen. Tagelöhner dürften etwa die Hälfte ihrer Arbeitszeit ohne Einkommen gewesen sein und bis zu einem Fünftel der erwerbsfähigen Bevölkerung zog als Bettler und Vagabunden, mitunter auch als Diebe und Räuber, durch das Land. Armut und Hoffnungslosigkeit waren das »gottbestimmte Schicksal« von großen Teilen der Bevölkerung.

▶ *Das politische Projekt der Arbeits-Demokratie im Rahmen eines sozial abgepufferten Kapitalismus entstand erst nach dem Zweiten Weltkrieg. Es beruht auf der Einsicht: Nur Menschen, die eine Wohnung und einen sicheren Arbeitsplatz und damit eine materielle Zukunft haben, sind oder werden Bürger, die sich die Demokratie zu eigen und sie lebendig werden lassen.*

Nach Ulrich Beck: Schöne neue Arbeitswelt

nalen Bürgerdemokratie in Europa. An die Stelle der auf Erwerbsarbeit fixierten Gesellschaft sollen Schritt für Schritt selbstbestimmte Zeiteinteilung und erlebbare politische Freiheit in selbst organisierten Aktivitätsnetzen möglich werden. Dafür wären jedoch nötig:

1. Eine Arbeitszeitverkürzung im Bereich der Vollerwerbsarbeit für alle.

2. Jede und jeder, Frauen und Männer, sollen ein Bein in der Erwerbsarbeit haben, soweit sie das wollen.

3. Elternarbeit, die Arbeit mit Kindern, wird ebenso gesellschaftlich anerkannt wie künstlerische, kulturelle und politische Bürgerarbeit, indem beide beispielsweise Ansprüche an Rente und Krankenversicherung gewähren.

4. Das gleichzeitige Engagement in Erwerbs- und Bürgerarbeit setzt damit schließlich auch eine Umverteilung der Familienverpflichtungen zwischen Männern und Frauen voraus.

»Die Frage, ob eine europäische Weltbürgerbewegung wirklichkeitsmächtig wird«, so beendet der Vordenker Ulrich Beck seine Vision, »kann nur dort eine Antwort finden, wo sie hingehört, also im politischen Raum, mithin praktisch. Und zwar als Experiment: Weltbürger aller Länder – vereinigt euch!«

Ihr seht, der Mann hat Witz. Schon darum solltet ihr seine »Schöne neue Arbeitswelt« lesen.

Hans Rudolf Fitze, *Vollmond, 1995/97*

▶ Gedanken der Soziologin Dominique Schnapper:

Bereits 1830 beklagte man das »Ende der Arbeit«! Die Arbeiter zerstörten die Maschinen, durch die sie ersetzt wurden. Für die nächste Generation wurden neue Arbeitsplätze geschaffen. Nach dem Zweiten Weltkrieg machten Maschinen viele Bauern überflüssig. Das wurde von der Generation beklagt, die den Untergang der traditionellen bäuerlichen Welt erlebte. Manche schafften die Umstellung zu modernen Landwirten, andere wurden Arbeiter in den Städten. Ihre Kinder jedoch sind jetzt Techniker, Angestellte oder Lehrer. Diese allgemeine Entwicklung setzt sich offenbar fort; denn wieder produzieren weniger Arbeitskräfte mehr. Diejenigen, die von ihrer Arbeit »befreit« sind – auch »arbeitslos« genannt werden –, stellen in gewisser Weise eine geopferte Gruppe dar.

Modell: Gemeinschaftsleben

Jeremy Rifkin, Wirtschaftsjournalist in den USA, schreibt:

Die automatisierte Zukunft steht vor der Tür. Alle Staaten der Erde müssen eine Alternative zur Erwerbsarbeit finden. Das macht notwendig, den Dritten Sektor (Dienstleistungen) auszubauen und das Gemeinschaftsleben zu erneuern. Ist im marktwirtschaftlichen Bereich die Produktivität das einzige Kriterium, kommt es im Dritten Sektor auf menschliche Beziehungen, Einfühlungsvermögen, Solidarität und Verantwortung an – Eigenschaften, die Apparate nicht besitzen. Die Mittel dafür müssen von den Produktionszuwächsen, die die Dritte Industrielle Revolution dem Marktbereich beschert, abgezweigt werden.

Ihr seht, der Mann hat Fantasie. Schon darum solltet ihr sein Buch »Das Ende der Arbeit und ihre Zukunft« lesen.

Utopie: Erneuerte Arbeitsgesellschaft

Der Gewerkschafter Klaus Zwickel sagte 1998:

Mehr als 4,8 Millionen registrierte Arbeitslose in Deutschland und knapp 20 Millionen in Europa sind ein politischer Skandal, eine Katastrophe für die Betroffenen und eine Bedrohung für die Entwicklung unserer Gesellschaften. Bezieht man auch jene mit in die Statistik ein, die die Arbeitssuche frustriert aufgegeben haben, vorzeitig in den

Ruhestand gingen, in Arbeitsbeschaffungsmaßnahmen tätig sind oder an Qualifizierungs- und Sprachlehrgängen teilnehmen, dann fehlen sieben bis acht Millionen Arbeitsplätze.

Doch wendet sich ZWICKEL gegen »Maßnahmen« zur Verbesserung der Beschäftigungslage, die »letztlich auf eine Ausweitung von ›einfachen, personenbezogenen Diensten‹ und von ›Bürgerarbeit‹ als angebliche Ergänzung oder als Ersatz von Erwerbsarbeit hinauslaufen.« Die Konsequenzen sind klar: *zunehmend schlechtere Arbeits- und Einkommensbedingungen für viele und gute Bedingungen für immer weniger. Größere Ungleichheit und damit weniger Wohlstand und Lebensqualität im Durchschnitt. Solidarität wird zugunsten weitgehender Individualisierung aufgegeben. Unter den Bedingungen des Marktes setzt sich nur der Stärkere durch.*

Der Gewerkschafter ringt um ein neues »Bündnis für Arbeit«, für das er eine Reihe von Projekten vorgeschlagen hat, u. a. zu den Themen »Arbeitsumverteilung«, »Bildung und Qualifizierung«, »Ökologische Erneuerung«, »Gerechtigkeit«, »Europa«. Und er bekennt:

Meine Zukunftsvision ist die konkrete Utopie einer erneuerten Arbeitsgesellschaft mit einer gerechteren Verteilung von Erwerbsarbeit, mehr Eigenarbeit und kultureller, sozialer sowie politischer Teilhabe in einem sozial und ökologisch regulierten Kapitalismus.

Ihr seht, der Mann glaubt an etwas – an soziale Gerechtigkeit. Schon darum solltet ihr sein »Streiten für Arbeit« lesen.

OTTOHANS BEIER, *Der Ausblick* , *o. J.*

▶ Viele in Wirtschaft, Politik und Wissenschaft, die die »flexible Dienstleistungsgesellschaft« als Ausweg aus der Arbeitslosigkeit sehen, beklagen die Mentalität speziell von uns Deutschen, die wir gern mitternächtlich einkaufen, aber höchst ungern verkaufen würden. Sie meinen auch: Durch motiviertere Dienstleistungsanbieter kämen wieder mehr Sonntagskinder zur Welt. Der Zusammenhang? Dreimal dürft ihr raten!

1. Lest die Reportage über Christian Hauser: Bildet seinen Tageslauf als Kurve ab und beschreibt an markanten Punkten die Empfindungen des Mannes.
2. Diskutiert Valeskas und Jochens Reaktionen auf Hausers Verlorenheit und auf das Problem der Arbeitslosigkeit. Berücksichtigt dazu die Randnotizen.
3. Untersucht die Konzepte zur Bekämpfung der Arbeitslosigkeit: Entwickelt selbst Ideen – in den Rollen von Arbeitgeber(inne)n und Arbeitnehmer(inne)n.
4. Auf den Seiten 50 bis 53 stehen wichtige Moralbegriffe, z. B. »Gerechtigkeit«. Sucht diesen und weitere Begriffe in Partnerarbeit heraus und notiert, was ihr darunter versteht.

Über Arbeit wird gestritten – seit Jahrtausenden. Ist sie Qual, ist sie Werk? Braucht sie Leben, raubt sie Leben, gibt sie Leben? Die Antworten sind so verschieden wie unser Dasein. Ob aber negativ oder positiv besetzt, die Arbeit gehörte bisher zur conditio humana* und prägte das jeweilige Menschenbild. Bleibt es dabei?

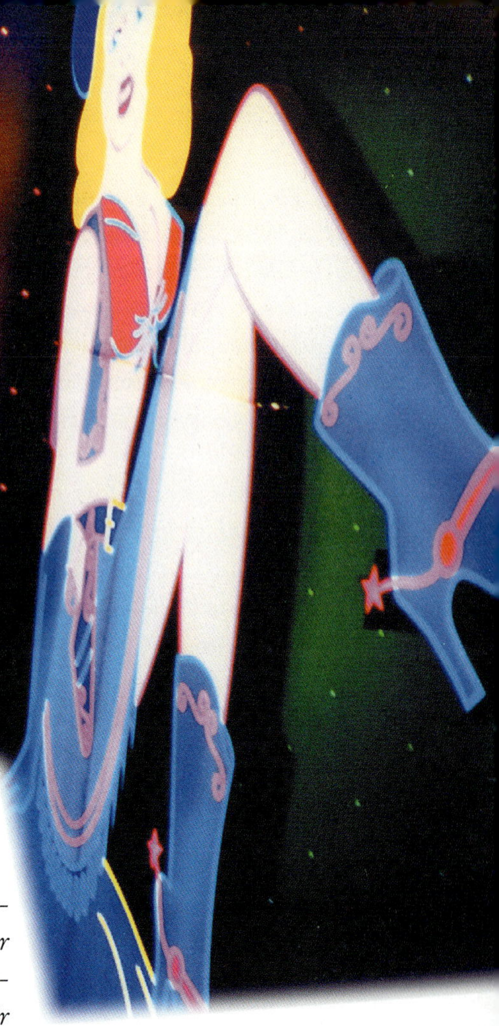

Beruf, Job, Lebensfragen

Der missglückte Milliardär

Wenn in den Großstädten etwas los ist – ein Schwimmfest, ein Boxkampf, ein Fußballmatch –, dann finden sich, umgehend, die Vertreter der fliegenden Berufe ein: Zeitungsverkäufer, Brezelhändler, Wurstmänner und was es sonst gibt. Das Erstaunlichste dieser Art erlebten wir neulich nach einem großen Fußballkampf. Tausende der Zuschauer strömten nach dem Vorortbahnhof, um wieder nach Haus zu fahren.

In langen Schlangen standen wir vor dem Fahrkartenschalter. Endlich kam ich an die Reihe (...). Plötzlich merkte ich, dass sich jemand an meinen Schuhen zu schaffen machte. Es war klar, dass mir sie jemand putzte! Aber wo und wer? Nirgends war ein Stiefelputzer zu sehen und nirgends wäre Platz für ihn gewesen (...). Ich bückte mich, um dem geheimnisvollen Phänomen auf die Spur zu kommen. (...)

Und da kniete, unter dem Schalter, unansehnlich und den Fußtritten Hunderter ausgesetzt, ein ganz kleiner Junge, kaum zu erkennen, mit einem Wischtuch und bearbeitete die vom Sportplatz verstaubten Damenschuhe und Herrenstiefel. Hunderte verließen ihn gesäubert.

Ich bekam meine Fahrkarten, gab dem Jungen etwas von dem Schalterkleingeld und suchte meine Bekannten. Ich erzählte ihnen von dem winzigen Stiefelputzer und sie traten näher, um ihn zu besehen.

»Ein raffinierter Knabe«, sagte der Eine. »Wenn ihm jeder auch nur fünf Pfennige gibt, bekommt er jetzt in einer halben Stunde –« und er begann erstaunliche Ziffern zu nennen.

»Er hat natürlich von dem Fußballspiel gehört und sich hier postiert, wo alle Zuschauer hintereinander vorbei müssen. So ähnlich haben die meisten Milliardäre begonnen«, meinte der Zweite.

▶ Beruf, Berufung und Dienstleistung
In dem Alltagswort »Beruf« schwingt ein ethischer Klang mit. Das geht auf Martin Luther zurück, der den religiösen Begriff des »Rufs« bzw. der »Berufung« (lateinisch: »vocatio«) nicht nur für die Werke der Mönche, sondern für jeden Stand und jedes Amt in Anspruch nahm. Mittlerweile haben sich durch Arbeitsteilung und Rationalisierung die Begriffe »Beruf« und »Berufung« weit voneinander entfernt. Doch beinhalten Begriffsbildungen wie »Berufsmedizin«, »Berufspsychologie«, »Berufspädagogik«, »Berufsberatung« usw. nicht weiterhin eine überindividuelle, allgemeinmenschliche oder, wenn ihr so wollt, eine göttliche Note?

»Und wollen wir wetten, dass er fast nichts verdient? Der Schalterbetrieb geht so rasch. Und die Leute haben es so eilig, zum Zug zu kommen. Und kein Mensch sieht nach, was da im Dunkel an seinen Stiefeln vorgeht. Gebt nur Obacht!«, sagte der Dritte.

Wir sahen genau hin. Der Dritte hatte recht. Der kleine Stiefelputzer wurde von den wenigsten bemerkt. Und diese wenigen gaben auch nicht immer! Er arbeitete, was das Zeug hielt. Er arbeitete trotzdem fast vergeblich. Und wie klug hatte er zu sein geglaubt, als er sich unter dem Schalter postierte. Und wie klug hatte ich seinen Einfall gefunden. (…)

»Das wird kein Milliardär«, sagte der Erste.

»Und wie sehr hätte ich's ihm gegönnt«, sagte der Zweite.

Dann gingen wir eilig nach dem Bahnsteig.

ERICH KÄSTNER: Gemischte Gefühle

Valeska: Traurig, der Kleine mit seiner Schuhbürste …
Jochen: Traurig? Der ist doch clever.
Valeska: Aber …
Jochen: Der hat doch Ideen. Der wird sich durchsetzen.

---

1. Beschreibt oder zeichnet als Bildgeschichte, was der kleine Dienstleister zu Füßen der Fußballfans erlebt.
2. Listet auf, was unter »Dienstleistung« zu verstehen ist und wohin sich Dienstleistungen entwickeln.
3. Auf der Randspalte rechts oben ist ein Zusammenhang zwischen Dienstleistung, Ich-Du-Bezogenheit und Menschlichkeit hergestellt. Erläutert diesen Zusammenhang und findet Argumente, warum ihr zustimmt oder nicht.

▶ *Dienstleistungsberufe regeln traditionell Grundbedürfnisse des Menschen: Die Amme und die Totenschwester, der Arzt und der Polizist, der Älteste und der Pfarrer, der Anwalt und die Lehrerin, der Schneider, der Schuster, die Telefonistin und der Schaffner und hinter jedem dieser Worte steht ein ganzer Lebensbereich. Der Dienst aneinander und füreinander ist vielleicht die praktische Lebenstugend schlechthin, die Menschlichkeit als Du-Bezogenheit erkennbar werden lässt, weil das Ich den anderen, die andere braucht.*

FRIEDRICH SCHORLEMMER, Theologe (Wittenberg)

▶ Manager meinen:

1. Personenbezogene Dienstleistungen werden hierzulande zu wenig genutzt, weil viele Deutsche Scheu haben, sich bedienen zu lassen. Dabei könnten gerade weniger Qualifizierte in diesem Bereich Beschäftigung finden.

2. Die globale Dienstleistungsindustrie (dazu gehören u. a. Finanzgeschäfte, Produktgestaltung, Service- und Transportleistungen) wird zu einer Wirtschaft, die auf Wissen basiert. Informationen und Ideen werden zu ihren wertvollsten Ressourcen.

3. Dienstleistungen sind ein wichtiges Stück Zukunft für den Wirtschaftsstandort Deutschland. Der Potsdamer Platz – ein Dienstleistungszentrum im Herzen Berlins – ist ein Beitrag zum Aufbruch in die Arbeitswelt des 21. Jahrhunderts.

Traumberufe – Wunsch und Wirklichkeit

Valeska und Jochen haben ihre Berufswünsche schon genannt – ihr wisst ja, auf Seite 44. Mehr darüber könnt ihr jetzt lesen.

▶ Traumberufe
von 13-Jährigen aus Bielefeld: Fußballprofi, Tennisprofi, Profihandballspielerin, Hacker, Testspieler und Designer für Computerspiele, Schauspielerin, Hundeführerin bei der Polizei/dem Bundesgrenzschutz, Hundeausbilderin, Physiotherapeutin für Tiere, Altenpflegerin, Lehrerin, Erzieherin, Dachdecker, Kfz-Mechaniker. Ihre Begründungen: *Macht Spaß; ist sowieso mein Hobby; ich möchte gerne was mit Tieren/Kindern machen; stelle ich mir spannend vor; möchte meine Angst überwinden.* Einzeln oder in Gruppen beschäftigten sich die Jugendlichen mit den gewünschten Berufsbildern bzw. holten sie sich Informationen (im Stadion von »Arminia Bielefeld«, bei einer Hundezüchterin, von Mitarbeitern der Polizeischule) und produzierten Ton-Dia-Shows. Das machte Spaß und die Schüler/innen gewannen realistische Einblicke in die Berufsmöglichkeiten.
GABRIELE HEYMANN: Mit dreizehn hat man noch Träume

Informieren nimmt Angst

Valeskas Interesse gilt dem Menschen, speziell dem Wechselspiel von Körper, Seele und Sozialität. Deshalb will sie Ärztin werden. Es bestärkt sie, dass viele aus der Klasse zu ihr kommen, wenn sie ganz »down«, wenn sie völlig fertig sind. Warum sie es sind? Valeska macht kaum Andeutungen – doch schon darüber verlangt sie Schweigen.
Valeska hat sich im Berufsinformationszentrum über das Medizinstudium sachkundig gemacht. Deshalb ist ihr klar: 1. Sie muss jetzt in der 13. ihre Leistungen noch verbessern – nur ein sehr gutes Abi eröffnet Chancen. 2. Wie gut das auch sein mag, gleich danach wird sie schwerlich einen Studienplatz bekommen. Also wird sie in Krankenhäusern nach einer Praktikumstelle suchen. Ob das gleich klappt, ist ebenfalls fraglich: Auch diese Plätze sind rar und begehrt. Jedenfalls wird sich Valeska nach einer Arbeit umsehen, die ihrem Berufsziel dient, denn: »Auf jeden Fall will ich Medizin studieren!«, sagt sie.
Den ersten Härtetest hat sie bestanden – am Tag der Offenen Tür in der Berliner Uni: Sie musste in die Anatomie und fiel nicht um, weder beim Geruch dort oder beim Anblick dessen, was in Gläsern verwahrt wurde noch bei dem, was unter Tüchern zum Vorschein kam …
Auch andere aus Valeskas Klasse erkunden Wege zu ihren Traumberufen. So will eine Freundin ins Hotelwesen: Dafür lernt sie – über den Schulstoff hinaus – intensiv ungarisch, französisch, englisch. Eine andere möchte ins Pflegemanagement. Weil das einen Pflegeberuf voraussetzt, bemüht sie sich schon jetzt um eine entsprechende Stelle. Ein Junge mit dem Berufsziel »Offizier für Schiffsversorgung« recherchiert, wo und wie in seiner Bundeswehrzeit er sich am besten darauf vorbereiten kann.
Valeskas Resümee: »Ob es beruflich kommt, wie man möchte, weiß keiner. Aber ich finde es gut, früh über seinen Beruf Bescheid zu wissen. Dadurch verliert man die Angst vor später. Ich dachte vorher immer: Die anderen wissen alles und ich gar nichts.«

Träume durchsetzen

Auch Jochen interessiert sich für Menschen; darum wollte er früher Hotelier werden, was sich allmählich wandelte – hin zum Politiker, genauer zum Sozialpolitiker. Jochens Begründung: »Ich will den Schwachsinn vertreiben, den die Politiker vorführen, das Getanze um den heißen Brei, das viele Reden und wenige Tun.«
Jochen will etwas durchsetzen und zwar hierbei: gleiche Bildungschancen für alle Schüler/innen; Integration sowie gute, zumindest ver-

nünftige Einstellungen zu Ausländer(inne)n; Abbau überzogener Gehälter; Verringerung des starken Gefälles zwischen armen und reichen Menschen. Und seinen Berufstraum, wie setzt Jochen den durch?
Er arbeitete schon früh in der Schülervertretung mit: »Viel haben wir da nicht erreicht. Wir zogen meistens den Kürzeren. Das Sagen hatte doch die Schulleitung – sie hatte die Macht.« Deswegen will er einen Schritt zulegen, nämlich eine Schüler/innen-Gewerkschaft gründen: »Da ist man souveräner.«
Gründungsort wird vermutlich das »Noorderpoort-College«, eine Fachschule in Holland, wo Jochen jetzt – nach Abschluss der Realschule – die Fächer »Administration«, »Soziales« und »Rechtswesen« erlernt. In vier Schuljahren (davon ein Jahr Praktikum) und nach einem Jahr Vorunterricht kann Jochen die Hochschulreife erlangen: »Das will ich schaffen und dann europäisches Recht studieren – am liebsten in Berlin.«
Und das sind Berufsziele von Jochens Klassenkamerad(inn)en: Edwin, Marwin und Parsia wollen Informatiker werden; die Zwillinge Femke und Wytze Grundschullehrer/in; Irene und Corneel gehen zur Berufsarmee, und zwar ins Marine-Korps; viele Mädchen und Jungen erlernen Pflegeberufe, u. a., weil sie damit in ihrer Stadt mit dem größten Krankenhaus Nordeuropas gute Arbeitsperspektiven haben; Paul wird Automechaniker und Jochens Freund Pascal will Philosophie studieren und Bücher schreiben.
»Wir haben uns schon früh damit beschäftigt, was wir werden wollen und wie«, sagt Jochen. Sie gingen in der 6. Klasse mit Eltern oder Bekannten zum »Mit-zur-Arbeit-Tag«, später zu den Berufs- und Ausbildungsmessen. Sie hörten sich an, was die Bundeswehr, die großen Konzerne und kleinen Betriebe über Berufsaussichten sagen konnten. So erfuhren sie, ob und wie ihre Berufswünsche erfüllbar sind.
Jochens Resümee: »Träumen und sich durchsetzen!«

▶ Eine Studie an allgemeinbildenden Schulen in München und Duisburg ergab u. a.:
– Jugendliche begreifen die berufliche Eingliederung als Voraussetzung für gesellschaftlichen Status und Teilhabe an materiellem Wohlstand.
– Der starken Arbeits- und Berufsorientierung am Schulschluss entspricht bei Jugendlichen der Wunsch nach einer anerkannten Berufsausbildung, um die sie sich auch sehr bemühen.
– Im Gegensatz dazu gibt es Orientierungs- und Hilflosigkeit, wenn der Berufseinstieg konkret anzugehen ist – speziell bei sozial schwachen Jugendlichen.
– Jugendliche lassen sich auf eine Vielfalt unterschiedlicher Wege in den Beruf ein. Die Normalbiografie des direkten Berufseinstiegs (Schulabschluss -> Ausbildung -> Arbeit im erlernten Beruf) wird immer seltener.
Nach Erich Raab: Jugend sucht Arbeit

1. Notiert in Partnerarbeit Valeskas und Jochens Motive für ihre Traumberufe: Erörtert, welche der Motive für euch spezifisch »ethisch« sind. Begründet das im Plenum.
2. »Träumen und sich durchsetzen!«, heißt es auf Blatt zwei. Bildet aus dem Stegreif selbst so genannte Mutmachersätze.
3. Schreibt eine kurze Geschichte darüber, welche Rolle Berufsziele im Lebensgefühl junger Menschen spielen – oder spielen könnten.

Berufe leben

»Ständig muss ich dazulernen oder umlernen, sonst bin ich weg vom Fenster, bin 'raus aus dem Beruf.« Mal stolz, mal klagend geäußert, hört man diesen Satz oft. Deswegen haben Valeska und Jochen ihn hinterfragt und Folgendes gehört.

▶ Es gibt in Deutschland etwa 450 Ausbildungsberufe (sinkend), ausdifferenziert in rund 22.000 Berufstätigkeiten (steigend). Vermutlich bleibt diese Tendenz trotz der ›Geburt‹ neuer Berufe wie Automobilkaufmann/-frau, IT-System-Elektroniker/in, Fachinformatiker/in, Mediengestalter/in in Bild und Ton usw.

Märchenhaft – die Hannoveranerin Marlies erzählt:

Es war einmal … da war ich Tippse. Und das hieß: In Steno aufnehmen, was mir die Chefs hoch wichtig diktierten, es hurtig in eine Ratterkiste hämmern und hernach die Fehlerchen mit Radiergummi oder Tippex korrigieren. Tag ein, Tag aus. Doch da ich alles brav und schnell erledigte und sicher auch wegen des Kaffees, den ich so nett zu servieren verstand, vor allem aber, weil mir die neuen Bürotechniken scheinbar zuflogen (Abendkurse brachten's), verwandelte ich mich allmählich – in einen Drachen, einen Vorzimmerdrachen. Ja, das ganze Drum und Dran einer Chefsekretärin macht schon mehr Spaß. Da ist z. B. selbstständig der Briefverkehr zu erledigen, sind Arbeiten an den Schreibpool zu delegieren, Verhandlungen mit anderen Firmen zeitlich festzulegen, Kundengespräche zu führen, Betriebsabläufe zu koordinieren und es sind berechtigte Begehren von Kolleginnen im richtigen Moment an die richtige Stelle weiterzuleiten. Es ist doch so, dass meine ehemals vorrangig tippenden, dann textbearbeitenden Kolleginnen mehr und mehr zu Sachbearbeiterinnen werden. Das muss ›man‹ doch ›oben‹ sehen und – honorieren.
Wenn ich recht überlege, modeln uns die neuen Medien ganz schön um. Die Aufgaben driften in Richtung Kommunikation. So könnten aus den hierarchischen Verhältnissen – hier Chef, da Schreibkräfte – Teams werden. Jedenfalls prophezeite ein Bürotechnikfan mir schon die nächste Verwandlung – in eine »Office Managerin«.

Mit Blick zurück nach vorn

Annette aus Berlin, gelernte Friseuse, stieg auf zur »Visagistin«; zum einen infolge von Technik und Techniken, die auch ihr Gewerbe veränderten – z. B. haben Scheren und Messer heute raffinierte Schliffe, sind Fönbürsten aus witzigen Materialien und mit Abteilern versehen, entwickelten sich Schnitt-, Locken- und Färbetechniken; zum anderen dadurch, dass sie sich neben der üblichen Weiterbildung meditative Kopfmassagetechniken aneignete und Kurse für »Make up« und »Maske« besucht. Zum Dritten wurde Annette zur Visagistin durch ihre Vision. »Die Friseursalons in den 20er Jahren«, sagt sie, »die hatten etwas. Da gab es echte Dienstleistung: Das neueste internationale Styling und wer 'reinkam, fühlte sich fürstlich empfangen, wer hinausging, gut gelaunt und gepflegt. Dahin wollen wir – Stefanie, Civan und ich, unser Team. Wir wollen uns einen Namen machen.«

▶ Der Wandel in traditionellen Berufen durch moderne Technik bringt Chancen: Post-, Sparkassen- und Bankangestellte z. B. haben weniger Routineschreibarbeiten per Hand zu erledigen und dadurch mehr Zeit für Kundenberatung sowie für kreatives Mitgestalten von Betriebsabläufen. Der Wandel birgt aber auch Risiken – beispielsweise den Verlust von Arbeitsplätzen und eine Überlastung der Weiterbeschäftigten durch immer höheres Arbeitstempo.

Steine tragen oder Häuser bauen – eine Alternative?

Dr. Detlef Gietzel und Wolfgang Jehlicka sind in einem Institut für berufliche Bildung im Land Brandenburg beschäftigt. Sie kennen ähnliche Berufsbiografien wie die von Marlies und Annette – u. a. aus der Metallverarbeitung, dem Bau- und Druckereigewerbe, der Lebensmittelindustrie, der Gastronomie – und finden sie gut. So werden die Beiden oft gefragt: »Wenn das so gut ist, diese Berufsdynamik, hat da die Erstausbildung nach alter deutscher Tradition noch Aussichten für das 21. Jahrhundert?«

Ihre Antwort: »Ja«. Ihre Begründung: »Die solide Berufsausbildung bleibt wichtig. Sie befähigt die Mädchen und Jungen zu flexiblem Einsatz, zu sozialen Arbeitstechniken, zur Teamarbeit, Selbstfindung und Fortbildung, zu lebensbegleitendem Lernen – auch über das fachliche Wissen und Können hinaus.«

Auf die Frage »Flexibler Einsatz auf wechselnden Feldern – genügt da nicht ein kurzes Anlernen und bringt das nicht das Jobben?«, antworten Gietzel und Jehlicka: »Klar, Jobbing bringt etwas: Du verdienst schnell Geld – solange du jung bist. Aber in zehn Jahren, da bist du ›out‹, da lernst du nicht mehr, da hast du das Lernen verlernt.«

Doch da sie nicht verbissen sind, raten sie, sich umzusehen, was man beim Jobben macht: »So bekommt man Einblicke, die helfen beim Entscheiden: Entweder ich bringe Steine oder ich baue Häuser.«

Und derweil sie über »Umsehen« und »Einblicken« sprechen, entpuppen sich Detlef Gietzel und Wolfgang Jehlicka als eingespieltes Philosophenteam. Es geht ihnen – das Informieren über Berufe am »Tag der offenen Tür« in Betrieben, bei Freunden, Eltern, in Banken sowie Verkaufsketten vorausgesetzt – um das »Informiertsein«. Was sie darunter verstehen? »Informiertsein«, so definieren sie, »wäre in etwa die Verarbeitung der vielen Informationen zu einer persönlichen Kompetenz, zu einem inneren Wert.« Jedenfalls sehen die Beiden ein Wechselwirken zwischen Informiertsein und eigener Lebensperspektive und sagen: »Informiertsein, das ist Lebenshilfe. Informiertsein bedeutet: Ich weiß, was ich will. Ich weiß besser, was mich erwartet«.

1. Arbeitet aus den Berichten von Marlies und Annette heraus, inwiefern ihre Berufe »leben«.
2. Ordnet eure Ergebnisse aus Aufgabe 1 nach sach- und persönlichlichkeitsbezogenen Merkmalen und tauscht euch darüber aus, welche Bestandteile das Berufsleben besonders stark prägen.
3. Befragt Menschen, deren Beruf sich durch moderne Technik wandelte, inwiefern dieser Prozess ihre Lebensansprüche beeinflusst.
4. Setzt euch in die Runde und philosophiert über »Berufe leben«. Nutzt dazu auch Fakten und Gegenpositionen in den Randspalten.

▶ Es wird gesagt …:
Der Berufsmensch geht. Das Zeichen dafür ist, dass die Berufsbezeichnung aus dem Personalausweis verschwand – ebenso von den Grabsteinen. Es kommt der »homo disponibilis« (deutsch: »der verfügbare Mensch«). Sinnvoll sei daher nicht Persönlichkeits-, sondern Personalentwicklung, nicht Unersetzbarkeit, sondern Austauschbarkeit, nicht Selbstbewusstsein, sondern Flexibilität.
Karlheinz A. Geissler: Zukunft ohne Berufe

▶ Es wird gesagt …:
Die moderne Technik bietet mehr Spielraum für persönliche Entfaltung. Deswegen sollte die Ausbildung Wissen und Können vermitteln sowie die Bereitschaft, sich dauernd weiterzubilden und weiterzuentwickeln.

Zwischen Kollegialität und Ellenbogen

Hans Klein, Fachmann für Elektronische Datenverarbeitung, 52 Jahre alt, ist seit fast 25 Jahren in einem Konzern beschäftigt. Über viele Jahre ist es nie zu besonderen Vorkommnissen gekommen. Vor drei Jahren allerdings teilte die Geschäftsleitung mit, dass immer mehr Arbeitsplätze eingespart werden sollen. Seitdem wird Klein unaufhörlich drangsaliert. Kollegen versuchen, sein persönliches und berufliches Ansehen zu zerstören. Üble Gerüchte werden verbreitet, ihm wird unterstellt, Alkoholiker zu sein.

Ständig wird bei seiner Arbeitserledigung nach Fehlern gesucht und ihm werden immer unsinnigere Arbeiten zugeteilt. Dauerkontrolle wird abgelöst durch Isolation. Immer wieder will man Klein Fallen stellen (Verleitung zum Diebstahl). Später wird die Zukunft seines Arbeitsplatzes als »bedroht« hingestellt, sein Tätigkeitsfeld taucht in den Planungsunterlagen des Betriebes nicht mehr auf. Ihm wird nahe gelegt, selbst zu gehen, »bevor er gegangen wird«.

Inzwischen ist der Informatiker aus psychosomatischen Gründen mehrfach erkrankt. Hans Klein fürchtet eine dauerhafte Schädigung und ringt verzweifelt in dem Konflikt, seinen Arbeitsplatz zu erhalten oder seine Gesundheit endgültig zu ruinieren.

▶ Wissenschaftler bezeichnen das, was Hans Klein erlebt, als »Mobbing«. Sie verstehen darunter *eine konfliktbelastete Kommunikation am Arbeitsplatz unter Kollegen oder zwischen Kollegen und Vorgesetzten, bei der die angegriffene Person unterlegen ist, von einer oder mehreren anderen Personen systematisch und oft, während längerer Zeit und mit dem Ziel oder der Wirkung des Ausstoßes aus dem Arbeitsverhältnis direkt oder indirekt angegriffen wird und dies als Diskriminierung empfindet.*

Schule ohne Mobbing und Schikane?!

Jochen: Mmh. Ich glaube, an meiner Schule gibt's kein Mobbing – höchstens mal einen Streit untereinander.

Valeska: Bei uns in Berlin höre ich immer wieder von gezielten Schikanen gegen einzelne Schüler/innen, die irgendwie »anders« sind; in Einzelfällen sind sogar Lehrer/innen betroffen. Eine Schule hat kürzlich eine »Anti-Mobbing-Konvention« eingeführt – mit zehn Artikeln:

Wir achten in Wort und Tat die Würde unserer Mitmenschen.

Wir leisten jedem Mitmenschen, der darum bittet, Beistand gegen Schikanen und stellen uns demonstrativ an seine Seite, auch wenn wir nicht in allem seine Meinung teilen.

Wir wollen den Anfängen von Psychoterror an unserer Schule wehren, von wem er auch ausgeht.

Wir wollen uns in Toleranz und Zivilcourage üben.

Wir begegnen fremden Fehlern mindestens eben so nachsichtig wie unseren eigenen.

Wir wollen uns nicht an der Entstehung und Verbreitung von Gerüchten beteiligen. Unser Grundsatz soll sein: Mit den Menschen reden, nicht über sie.

Wir erklären ausdrücklich, dass wir uns an die Gesetze zum Schutz der Schwachen halten wollen.

Wir erklären, dass wir niemanden schikanieren. Niemand soll andere bewusst Situationen aussetzen, denen sie nicht gewachsen sind.

▶ Bevor man sich mit einem Mobbing-Verdacht an Vertrauenslehrer/innen (oder Personalräte) wendet, sollte man seinen Verdacht erhärten:

1. Datum des Ereignisses
2. Person(en) des Angriffs
3. Sachverhalt (worum es ging, warum es zu einem Konflikt kam, wer sich wie verhalten hat, wer was gesagt hat, welche Umstände zu beachten sind)
4. Welche Art des Angriffs?
5. Was wurde bei mir ausgelöst?
6. Wie habe ich reagiert?
7. Wer oder was hat mich unterstützt?
8. Wer war Zeuge?
9. Welche Beweismittel gibt es?

Tipp: Vielleicht hilft es, wenn du ein Mobbing-Tagebuch führst.

Wir geben uns Mühe, mit jedermann in der Schule höflich und offen umzugehen, dabei jedoch Problemen nicht aus dem Wege zu gehen. Wir verpflichten uns, mit anderen gemeinsam gegen Mobbing und Psycho-Terror vorzugehen.

Für die Schüler *Für die Eltern* *Für die Lehrer*

▶ Wer sich mit Mobbing nicht abfinden will, braucht »Zivilcourage«: Es gehört Mut dazu, gegen Unrecht vorzugehen, besonders wenn die Mehrheit anders denkt.

1. Beziehe die Definition von »Mobbing« auf den Fall des EDV-Fachmannes Hans Klein. Schreibe ein erdachtes Tagebuch für ihn. Benutze dabei die Abbildungen.
2. Diskutiert, ob an eurer Schule eine »Anti-Mobbing-Konvention« eingeführt werden sollte. Wie müsste sie aussehen, damit sich viele Schüler/innen und Lehrer/innen daran halten?

Flexibilität und Jobben – Charakterkiller?

Jochen: »Flexibilität«, was heißt das eigentlich?
Valeska: Das Wort wurde im 15. Jahrhundert Teil des englischen Wortschatzes. Seine Bedeutung kam aus der Beobachtung, dass ein Baum sich im Wind biegt, aber wieder zu seiner Ausgangsgestalt zurückkehren kann. Also: »Flexibilität« bezeichnet ebenso die Fähigkeit des Baumes zum Nachgeben wie die sich zu erholen, sowohl die Prüfung als auch die Wiederherstellung seiner Form. Im Idealfall sollte menschliches Verhalten dieselbe Dehnfestigkeit haben und …
Jochen: Mach mal eine Pause. Woher …
Valeska: Gelesen, bei einem Amerikaner.

Auf der Suche … wonach?

»Der flexible Mensch« heißt das Buch, woraus Valeska zitiert hat. Es beschreibt die Folgen der computerisierten Arbeitsabläufe für den menschlichen Charakter. Der Autor, der Soziologe Richard Sennett, untersuchte sie in einer Bäckerei in Boston.
Zum ersten Mal war er 1970 dort. Die Bäckerei trug einen italienischen Namen und produzierte italienisches Brot. Die Bäcker waren meist griechischer Abstammung und die Söhne von Bäckern, die auch hier gearbeitet hatten.
Das Brotbacken war eine ballettähnliche Tätigkeit, deren Beherrschung jahrelange Übung erforderte. Die Bäckerei war laut und heiß. Die Hände der Bäcker waren ständig in Mehl und Wasser getunkt und sie benutzten ihre Nasen ebenso wie ihre Augen, um festzustellen, ob das Brot gut sei. Ihr Handwerkerstolz war groß, aber sie sagten, ihre Arbeit mache ihnen keinen Spaß: Das Hantieren an den Öfen führte oft zu Verbrennungen, die primitive Teigrührmaschine strapazierte die Muskeln, und es war Nachtarbeit, was ergab, dass diese familienorientierten Menschen ihre Familien außer am Wochenende nur selten sahen.
Die Männer mussten eng zusammenarbeiten, um die unterschiedlichen Tätigkeiten beim Backen zu koordinieren. Ihr Charakter drückte sich in ehrlicher Arbeit aus und in der Solidarität mit den anderen.

1995 schaute Richard Sennett wieder in die Bäckerei. Sie gehört nun einem Nahrungsmittelkonzern. Sie arbeitet nach dem Prinzip der flexiblen Spezialisierung und mit hochentwickelten, vielfältig einsetzbaren Maschinen. Je nach Nachfrage stellen die Bäcker heute 1.000 Baguettes her, morgen 1.000 Bagels. Es riecht nicht mehr nach Schweiß, die Räume sind kühl, unter beruhigendem Licht ist es still.
Die Bäcker von damals sind in Pension. Jetzt arbeiten hier ein paar junge Leute italienischer Abstammung, zwei Vietnamesen, ein unfähiger weißer Hippie, mehrere Leute ohne feststellbare Zugehörigkeit und zwei Frauen. Den ganzen Tag herrscht ständiges Kommen und Gehen, denn die Bäckerei ist ein kompliziertes Netz von Teilzeitarbeit; eine fle-

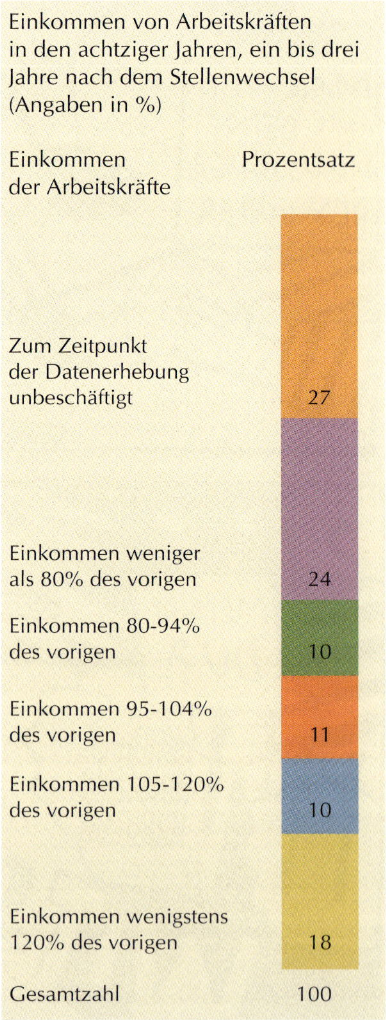

xible Arbeitszeit (oft das Lockmittel für schlechtbezahlte Jobs) löste die alte Nachtschicht ab. Da die Bäckergewerkschaft keine Macht mehr hat, arbeiten die Leute nicht mehr nach ausgehandelten Verträgen. Sie bleiben nicht lange in der Bäckerei. Der Grad der Solidarität ist niedrig. Das computergesteuerte Backen hat das ballettähnliche Arbeiten verändert und die Bäcker kommen nicht mehr mit den Zutaten für die Brotlaibe in Berührung: Sie überwachen den Backvorgang mit Hilfe von Bildschirmsymbolen – russisches und italienisches Brot, französisches Bâtard sind durch Mausklick möglich und dies in hervorragender Qualität. Die Bostoner schätzen es.
Doch Automaten sind keine Wunder: Sie informieren oft falsch über die Laibe im Ofen, sodass diese dann schwarz in riesige Mülltonnen wandern. Zwar können die Arbeiter die Fehlinformationen teilweise per Bildschirm ausgleichen, sie können aber nicht die Maschinen einstellen. Als programmabhängige Arbeitskräfte wissen sie darüber nichts – ebenso wenig darüber, wie Brot eigentlich gebacken wird.

Job – fliegende Kugel, Seifenblase oder was?

Richard Sennett sieht das so: *Die berufliche Identität driftet.*
Er stellt fest: *Der flexible Produktionsprozess gibt über seine Hightech zwar gebraucherfreundliche Anweisungen, seine innere Logik aber ist für die meisten Anwender/innen undurchschaubar.*
Woraus er folgert: *Diese Trennung macht es den Menschen schwer, die Welt um sich herum und auch sich selbst zu »lesen«, d. h. sie wissen zu wenig über sich selbst. Dies und die mangelnde Möglichkeit, langfristige Ziele zu verfolgen, behindert die Ausprägung von Charakter.*

▶ »Job« hieß im Englischen des 14. Jahrhunderts »Klumpen« oder »Ladung«, die man »hin und herschieben« kann. Die »Flexibilität« bringt diese vergessene Bedeutung zu neuen Ehren: Die Menschen verrichten Arbeiten wie Klumpen, mal hier, mal da.

1. Formuliert eure Sicht zu den Veränderungen der Bostoner Bäcker/innen. Stimmt sie mit der von Richard Sennett überein?
2. Vergleicht die ursprüngliche Bedeutung von »Flexibilität« mit ihrer heutigen und erörtert den Zusammenhang zwischen »Flexibilität« und »Charakter«.
3. Malt, textet Songs oder schreibt Geschichten zum Thema: »Hightech – Liebe im 21. Jahrhundert«.
4. Interpretiert schriftlich die Tabelle und tauscht eure Meinungen aus.

▶ Charakter, schrieb der römische Dichter Horaz vor etwa 2.000 Jahren, hängt von den Verbindungen eines Menschen zur Welt ab: Charakter drückt sich aus in Treue, gegenseitiger Verpflichtung sowie in Verfolgung langfristiger Ziele. Er ist durch Erziehung und Selbsterziehung gestaltbar.

Was lange Zeit im Wort »Beruf« aufklang, wandelt sich. War es eben noch der Dreiklang »Berufung – feste Lebensplanung – Stetigkeit«, dominieren nun die Töne »Flexibilität – Mobilität – Disponibilität«, hervorgerufen durch Umwälzungen in Technologie und Ökonomie. Darin liegen Chancen und Risiken für das individuelle wie gemeinschaftliche Leben. So sind gefragt: persönliches Informiertsein und soziale Verantwortung.

Das süße Wort »Freizeit«

Muße, »Fun« und eine Tugendpredigt

Valeska, kurz vor Mitternacht diverse Gespenstergeschichten durchblätternd (Deutsch-Leistungskurs), hört plötzlich etwas ... Signale ... Vom Telefon ... Ein Fax ... Handgeschrieben ... Genial krakelig. »Typisch Jochen.« Valeska atmet auf. Sie liest:

Hallo Leska.

Also »Freizeit«. Dauerthema zu Hause. Ich soll sie besser nutzen, sinnvoller. Mir soll nicht erst um zehn (abends) einfallen, Freunde zu »überfallen«. Ich soll nicht nur über Gott und die Welt reden und über die Sieben Tugenden theoretisieren, sondern sie öfter praktizieren, auch in der Freizeit. Zum Beispiel »Gerechtigkeit« gegenüber Pflichten im*

▶ Anmerkung: Jochen erwähnt »Sieben Tugenden«. Er bezieht sich auf die religiösen Tugenden »Glaube – Hoffnung – Liebe« und die ethischen Kardinaltugenden »Klugheit – Besonnenheit – Tapferkeit – Gerechtigkeit«.

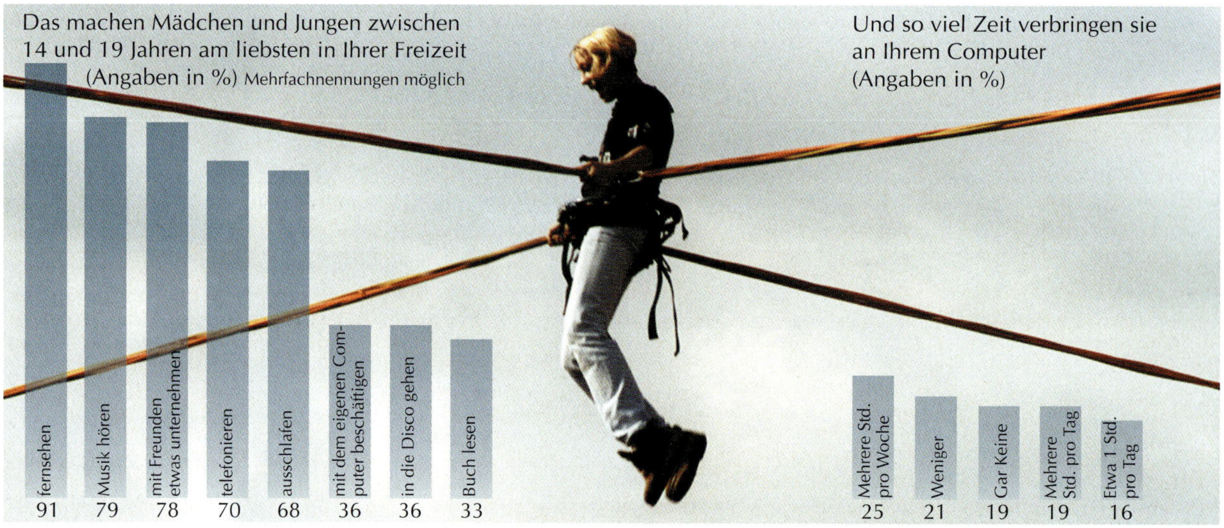

Haushalt und »Mäßigung« in Diskos und auf Feten üben usw.

Also »Freizeit«. Dauerthema in Medien. Aus einer Umfrage habe ich mir Daten kopiert und zu der obenstehenden Tabelle geordnet.

Also Freizeit. Was meinst du, Valeska: Stimmt die Tabelle? Bei mir jedenfalls käme Fernsehen weiter nach hinten und mein Sport ziemlich nach vorn. Und was meinst du: Wie sehen eigentlich die aggressiven Typen ihre Freizeit, die »Faschos«? Was machen die, wenn man/frau sie nicht sieht? – Mail mal. Jochen

▶ Aristoteles* meint:
Ein gutes Leben in der Gemeinschaft bedarf besonders der auf die Muße bezogenen Tugenden »Weisheit – Mäßigung/Besonnenheit – Gerechtigkeit«. Fehlen sie, wird Muße durch die Fülle der äußeren Güter zu Übermut. Sind die Tugenden vorhanden, lernt man mit den Gütern umgehen.

Hey Jochen!

Also »Freizeit«. Na gut. Ich jedenfalls habe nie genug davon. Warum manche sich da langweilen, nichts mit sich anzufangen wissen, kann ich mir nicht erklären. Du vielleicht? Auf deine letzte Frage gehe ich bei der nächsten E-Mail ein. Für heute erst ein paar Sachen (allerdings ziemlich unsortiert), die ich mir kopiert bzw. herausgeschrieben habe:

– *Die ganze Welt ist eine Party – und die Love Parade in Berlin längst das Routine-Fest der Epoche. Infernalisch lärmend, nackt, grell bunt und schwer gut drauf trat die Jugend am Wochenende abermals an, die Hauptstadt in einen hippen Hoppelgarten zu verwandeln. Traditionell treiben kiloweise Aufputschdrogen, Unmengen von Powerdrinks und Alkohol die Jubelfeier der schieren Selbstbegeisterung an, das Zucken Hunderttausender Arme und Beine in Ekstase. Motto des gigantomanen Liebesspektakels am Abend: Music is the key.*

- *»Gib Gas – Ich will Spaß« ist nicht das programmatische Bekenntnis der Jugend der Jahrtausendwende. Es gibt kein einigendes Symbol. Auch nicht in der Freizeit.*

– *Musikalisch sind die Leute nicht mehr so festgelegt. Überall entwickeln sich Mischformen wie Jazz-Jungle oder Surf-Jungle. Man hält auf Individualität.*

– *»Jungen vertrödeln ihre Zeit mit sinnlosen Dingen wie Computerspielen. Das ist einseitige Kommunikation, also gar keine.«* Heike Makatsch, 27, Schauspielerin

– *Ich habe oft Langeweile. Dann gehe ich shoppen. Habe ich Geld, in Szeneläden. Ist es alle, in Kaufhäusern.* Sabrina, 17, Azubi

– *Ich bin gern mal für mich allein – auf unserem großen Balkon. Da blättere ich Zeitschriften durch, lese auch. Aber noch lieber bin ich in der Clique. Wir lachen da viel, einfach über alles.* Jenny, 16, Schülerin

– *Mittwochs trainiere ich im Club (Tennis); auch am Wochenende bin ich häufig da (Turniere; zwischen Älteren und Jüngeren, Mädchen und Jungen, Anfängern und Könnern usw.; ziemlich lustig und anstrengend). Mit meiner Familie – einer Art Großfamilie – bin ich auch oft zusammen. Da gibt's die großen Themen, großen Kuchen und viel Wanderungen (Wiese, Wald, Museum).* Willem, 15, Schüler

Freizeit. »Nutzt sie sinnvoll.« Ich kann's nicht mehr hören. Was heißt denn, Freizeit sinnvoll gestalten? Wer weiß denn, was für andere sinnvoll ist? Darüber sollte doch jeder selbst entscheiden. Schließlich ist Freizeit Freiraum. Oder?

Ruf mal an. Valeska

---

1. Befragt euch untereinander, was ihr am liebsten in der Freizeit macht. Vergleicht die Ergebnisse mit den Tabellen auf der linken Seite.
2. Interpretiert die Tabelle über »Computerfreaks« und nehmt Stellung zur Meinung von Heike Makatsch über Computerspieler.
3. Diskutiert in Rundtischgesprächen die von Jochen und Valeska aufgeworfenen Fragen.
4. Beschreibt in Briefen an Aristoteles eure Positionen zum Thema »Die Freizeit – (k)ein Tugendreich«.

Vergnügen in der Zukunft?

Patricia Schmidt hat einen Gleittag genommen, um auszuspannen. Als sie sich zum Frühstück an den Tisch setzt, klappt auf Knopfdruck das flache Multifunktionsdisplay aus der Tischplatte heraus, das Mikro in der Deckenlampe richtet sich nach ihrer Sitzposition aus. Patricia lässt sich, während sie ihren Milchkaffee trinkt, erst einmal die über Nacht eingegangenen E-Mails von ihrer Lieblingsstimme vorlesen. Danach ruft sie ihren persönlichen Info-Ticker auf, der die interessanten Themen des Tages zusammengestellt hat. So entgeht ihr nicht, was z. B. am Wochenende geboten wird. Hier ein Open-Air-Konzert, das via Web-Cam übertragen wird. Warum nicht ein paar Freunde einladen und das Konzert auf dem riesigen Plasmadisplay anschauen? Oder vielleicht einen Besuch im virtuellen Cyber-Museum? In ihrem Info-Ticker hat sie auch vier Tageszeitungen abonniert. So erfährt sie vom geplanten Börsengang eines aufstrebenden Supraleiter-Herstellers.

Am Nachmittag gönnt sich Patricia einen Besuch im Hydrodrom, einer überdachten Poollandschaft. Wieder zu Hause, startet sie mit ihrem User-Interface zu einem Einkaufsbummel im Web. Ihre Stamm-Boutique begrüßt sie an der virtuellen Eingangstür und schlägt ihr neue Outfits vor. Da das Geschäft alle Maße und ein Ganzkörper-Portrait seiner Kunden gespeichert hat, führt das virtuelle Ebenbild Patricias auf dem Bildschirm die neueste Kollektion vor. Patricia hat ein passendes Stück gefunden und weist die Cyber-Verkäuferin per Sprachbefehl an, das Kostüm ihr nach Hause zu schicken.

Patricia möchte sich ein neues Auto zulegen. Dazu werden mehrere Preisagenturen via Internet über bevorzugte Modelle, Ausstattungswünsche und Konditionen gebrieft. Am frühen Abend wird Patricia ihr Traumauto per 3D-Animation ausprobieren: Ein Händler aus Bologna kann es ihr binnen vier Wochen zu einem besonders günstigen Preis liefern.

Als Patricia aus der Shopping Mall zurückkehrt, findet sie auf ihrem Display eine Voice Mail ihres kleinen Bruders, der sie zu einem Strategie-Duell bei ihrem Lieblingsspiel herausfordert. Um die Sache spannender zu machen, beschließt sie, noch 2 Freunde aus New York und Seattle per Videokonferenz hinzuzuziehen. Nach einer halben Stunde hat Patricias deutsch-amerikanisches Team ihren Bruder und seine Freunde vernichtend geschlagen. Als Trost schickt sie ihm per Datenhighway den neuesten 3D-Film seines bevorzugten Schauspielers.

Für den Abend hat sie Gäste geladen. Sie gibt deren Profile an ihr intelligentes Hausmanagement weiter, damit alles für sie bereitsteht: Vom Parkplatz in der Tiefgarage bis zur passenden Musik. Weil sie keine Lust zum Kochen hat, studiert sie die Web-Speisekarte ihres Lieblingsitalieners und bestellt für 20 Uhr ein feudales Fünf-Gänge-Menü. Der Abend wird ein voller Erfolg.

▶ Nebenstehendes Szenario kann bald Realität sein, meint der Telekommunikationsfachmann WOLFGANG KEUNTJE. Allerdings seien einige Voraussetzungen nötig, z. B. breitbandige Übertragungswege zu den einzelnen Haushalten, eine vorurteilsfreie Zusammenarbeit zwischen Medienkonzernen und Medienschaffenden, zwischen Hard- und Softwareproduzenten sowie Endgeräteherstellern, zwischen Architekten, Inneneinrichtern und Bauunternehmern. Schließlich müsse die Politik günstige Rahmenbedingungen für das Ganze schaffen.

Schöpfung Nr. 2?

▶ Wie man gemeint hat, schrieb der Franzose MARCEL PROUST, sollte »die Eisenbahn der Kontemplation ein Ende bereiten – es habe keinen Zweck mehr, der Zeit der Postkutsche nachzutrauern – und doch hat dann das Automobil ihre Aufgabe übernommen und gibt den Touristen von neuem die Möglichkeit, vor verlassenen Kirchen betrachtend zu verweilen«.

Sophia macht mit

Valeska: Patricias Freizeit … also perfekt. Ich denke …
Sophia: Schön, dass du denkst, Valeska. Und da ich unter meinem deutschen Namen »Weisheit« auf Seite 64 von Aristoteles* schon mal ins Spiel gebracht wurde, vermute ich, dass ich mitdenken soll.
Jochen: Richtig.
Sophia: Also: Ihr Menschen seid weit gekommen. Ihr habt, wie mein Freund Aristoteles sagen würde, »mächtige Mittel und Güter«. So müsst ihr nicht eure ganze Zeit mit dem Erwerb von Notwendigem zubringen. Denn ihr habt euch Zeiten geschaffen, wo ihr frei seid von ökonomischen Tätigkeiten oder Staatsgeschäften. Ihr habt scholê.
Valeska: Wie?
Sophia: Scholê. Ja, das griechische Wort für »Muße«. Oh, es sagt viel: Zeit zum Philosophieren und zur Schau in die Dinge – meine Sprache nennt das »Theorie«; Feste feiern und Freude haben; vor allem aber ist Muße Bedingung für das Transzendieren* der Menschen über sich hinaus, wo sie Übermenschliches berühren, ja Göttliches …
Jochen: Also, Patricia Schmidt …
Valeska: Patricia, na gut. Aber du und ich? Transzendieren?
Sophia: Schauen wir mal – in Muße. Da sehen wir, wie bei dieser und jenem, wenn sie musizieren oder malen oder träumen, sich Eigensinn entfaltet, eigener Sinn – das zu tun, was glücklich macht. Da spüren wir doch, wie hier und da die eine oder der andere, wenn sie in Selbstvergessenheit schwelgen, das Universum …
Jochen: Total ausgeflippt, die Sophia.

1. Tragt zusammen, inwieweit Patricia Schmidt an ihrem Gleittag »Zeit« gestaltet oder verliert und tauscht euch über eure Einschätzungen aus.
2. Malt Bilder, schreibt Geschichten und Lieder über eure Mußestunden und stellt sie auf einer »Philosophie-Tagung« vor.
3. Erarbeitet Positionen zu Sophias »ausgeflippter« Auffassung von Eigensinn und Selbstvergessenheit. Gestaltet das als Dialog.
4. Entwickelt eure Gedanken über das Verhältnis von Zeiten, über die ihr selbst bestimmt, und Zeiten, die euch von vielen Seiten vorgeschrieben werden.

Die Freizeit als Zeit für Muße und für Tätigkeiten, die nicht auf den unmittelbaren Erwerb von Lebensnotwendigem gerichtet sind, beruht auf harter Arbeit in der nicht freien Zeit, oft genug auf harter Arbeit anderer Menschen. Freie Zeit ist kostbar und den mit ihr gegebenen Spielraum zum Guten zu nutzen, ein Moralgebot.

▶ Buchautor Michael Ende (Momo) lässt Meister »Hora« und »Momo« folgendes Gespräch führen: »Meine Pflicht ist es, jedem Menschen die Zeit zuzuteilen, die ihm bestimmt ist.« – »Könntest du es dann nicht ganz einfach so einrichten«, fragte Momo, »dass die Zeit-Diebe den Menschen keine Zeit mehr stehlen können?« - »Nein, das kann ich nicht«, antwortete Meister Hora, »denn was die Menschen mit ihrer Zeit machen, darüber müssen sie selbst bestimmen. Sie müssen sie auch selbst verteidigen.«

Muße – Zeit zum Ich- und Anderswerden?

Wir nehmen uns Zeit

»Hast du Zeit?«, fragte Valeska auf der Auftakt-Doppelseite, worauf Jochen, etwas rätselhaft, antwortete: »Nie und immer.«
So begannen die Beiden einen Dialog über »Arbeit, Beruf und Freizeit«. Ihre Reden und Gegenreden hoben aus der Vielfalt unseres Lebens allmählich das Gewebe hervor, das die drei Begriffe bewirken.
Was konntet ihr erkennen? Beispielsweise, dass menschliche Lebenszeiten die Kettfäden des Gewebes bilden, dass also jedes Produkt – das Brot, die schützende Kleidung, das Dach überm Kopf – Aufwand an Lebenszeit erfordert. Je kürzer die Zeit dafür ist, das heißt je professioneller diese eingesetzt wird, desto mehr Zeit bleibt für Spiel, Tanz, Muße. Das ethische Problem dabei ist, wie die Produktion erfolgt, wem die gewonnene Zeit zu Gute kommt, wozu sie genutzt wird.
So ist nicht nur Jochens Antwort rätselhaft, sondern viele Stellen im »Gewebe« von »Arbeit, Beruf und Freizeit« sind ungeklärt.
Sie warten auf euer Einwirken.
Dazu folgen einige Tipps.

Arbeit und Beruf stehen in Rede:
– anklagend, wenn frühere Sklaven- und Fronarbeit oder Ähnliches heute auf Feldern, in Bergwerken und Fabriken bestimmter Weltregionen debattiert werden; stolz, wenn es sich um gute Arbeit handelt; wütend, wenn zuviel Arbeit, traurig, wenn keine Arbeit da ist.

– Sucht in drei Gruppen Material über Arbeit: 1. in der Literatur (z. B. Bibel, Hesiods »Werke und Tage«, Märchen, Gedichte von Heine und Brecht); 2. in aktuellen Reportagen und Filmen; 3. in der bildenden Kunst. Analysiert, was darin über die arbeitenden Menschen ausgesagt wird. Gestaltet danach die jeweiligen Menschenbilder und stellt sie einander vor.
– Entwerft von einer Welt mit Arbeit oder einer Welt ohne Arbeit eure Visionen in Bildern, Liedern, Gedichten und Märchen. Ladet Gewerkschafter/innen und Politiker/innen ein und konfrontiert sie damit.
– Wer von einem Traumberuf »besessen« ist, könnte darüber nachdenken, wozu das motiviert:

Zu Engagement für ein Schulfach? Zu außerschulischem Eifer? Zum Betreiben einer Sportart oder einer »Muse«? Vielleicht hat der Traumberuf auch anderes bewirkt – Hoffnungen, die kaum zu erfüllen sind, können traurig stimmen … Auch darüber solltet ihr reden, um euch zu ermutigen.
– Den passenden Beruf zu finden, ist stressig: Die eigenen Begabungen, Neigungen und Schwächen sind einzuschätzen; Information über Trends in Wirtschaft, Sozialbereichen, Kultur und Wissenschaft sowie über Ausbildungs- bzw. Studienmöglichkeiten in der Region, in der Europäischen Union, ja in anderen Erdteilen wird gebraucht. Wer hat das schon drauf? Sicherlich Fachleute aus den genannten Bereichen. Ladet sie zu einem Expertengespräch ein. Das kann, wenn von eurer Seite gut vorbereitet, Ordnung ins Berufswahlchaos bringen und Stress abbauen – auch in der Familie.

»Wer sich Zeit nimmt, gibt sich Zeit«

– Fach- und klassenübergreifend könntet ihr etwas zur Freizeitgestaltung unternehmen. Erkundet dazu in mehreren Klassenstufen die Wünsche der Schüler/innen und vergleicht sie mit den Freizeitangeboten in eurer Umgebung. Überlegt: Wo bestehen Missverhältnisse? Worin liegen sie? Was könnte verändert werden? Was schlagen wir vor? Fasst die Ergebnisse eurer Untersuchung sowie eure Vorstellungen zusammen. Schickt das Ganze dem Kulturressort eurer Kommune und eurer Regionalpresse.
– In Sonne und Wind auf der Wiese liegen, den halben Sonntag im Bett verdösen, mit angezogenen Knien im Sessel hocken – gammeln, träumen, nichtstun. Wie schön, wie gut, wie richtig für das Ich. Etwa nicht? Sprach doch auf der Vorseite Sophia über die Entfaltung von eigenem Sinn, ja Eigensinn in solchen Mußezeiten, vom Transzendieren* des Menschen über sich hinaus, vom Berühren des Göttlichen. Eine uralte Erfahrung klang da an: Wer sich Zeit nimmt, gibt sich Zeit. Denkt darüber in einer Philosoph(inn)enrunde nach.

Glück ist …

Ein Gut, das alle wollen, das ist »Glück«, hieß es schon im alten Athen. Doch woher es kommt, von göttlichen Mächten oder menschlichen Kräften, wo es wohnt, im Jenseits oder im Ich, was sein Wesen ist, Zufall oder Lohn für rechtes Tun – dazu gab es damals wie heute höchst unterschiedliche Sichten.
So wartet das Glück noch immer auf Antwort. Auch auf deine. Leg doch fürs erste eine Folie auf die Seite und male oder schreibe darauf, was für dich Glück ist. Denn: Das Glück wartet auf dich.

Sehnsucht und Liebe

Liebe Saikana,

wie betäubt war ich, als wir uns am Flughafen verabschiedet hatten. Als du schon über den Wolken – irgendwo über dem Mittelmeer – schwebtest, irrte ich stundenlang in der Stadt herum. Im Reisebüro hinter dem Alten Markt blätterte ich in Prospekten für Keniareisen. Am Ende aber zog es mich wieder in den Schlosspark von Sanssouci – an die Stelle, wo wir uns immer nach der Schule getroffen hatten.

Ach ja, du merkst, um die Schule habe ich heute einen weiten Bogen gemacht …

Du fehlst mir. Was ich verloren habe, wird mir erst jetzt so richtig bewusst. Ich vermisse dein verträumtes Lächeln, deine zarten Hände …, überhaupt die lebhafte Ausstrahlung, die von dir ausgeht. Der zurückliegende Sommer gehört zur glücklichsten Zeit meines Lebens.

Ob du mich irgendwann vergessen wirst?

Eigentlich habe ich nichts davon, wenn du am Strand des Indischen Ozeans die Sonne genießt. Und doch macht es mich irgendwie froh, wenn du dabei an mich denkst. Ich glaube, es ist leichter glücklich zu sein, wenn man jemandem zum Lieben hat. Jetzt fragst du dich bestimmt, ob ich mich im Ganzen unglücklich fühle. – Ich weiß es nicht, ich weiß nur: Ich habe Sehnsucht nach dir. Ob ich dem Glück jemals wieder so unmittelbar begegne wie in den letzten Monaten?

Es ist ein kleiner Trost, dass wir uns wenigstens E-Mails hin- und herschicken können.

Verliebte Grüße von Christian

P. S.: Wie gehst du überhaupt mit unserer Trennung um?

▶ Christian und Saikana sind befreundet. An ihrer Schule ist es passiert: Dort haben sie sich kennen gelernt – und auf der Stelle verliebt … Saikana stammt aus Kenia. Von 1995 bis 1999 lebte sie in Potsdam; Saikanas Vater arbeitete dort für ein internationales Unternehmen. Jetzt ist die Familie wieder in ihre Heimat zurückgekehrt – in die Hafenstadt Mombasa. Christian dagegen bleibt bei seiner Familie in Potsdam wohnen.
Ein Problem plagt die beiden: Wie soll es weitergehen, wenn sie künftig so weit auseinander leben müssen? Hat ihr Glück eine Zukunft? Was macht überhaupt glücklich …? Telefonieren oder gar hinüber jetten in den Ferien ist nicht drin, wegen der Kosten. So tauschen sie ihre Gedanken und Gefühle per E-Mail aus.

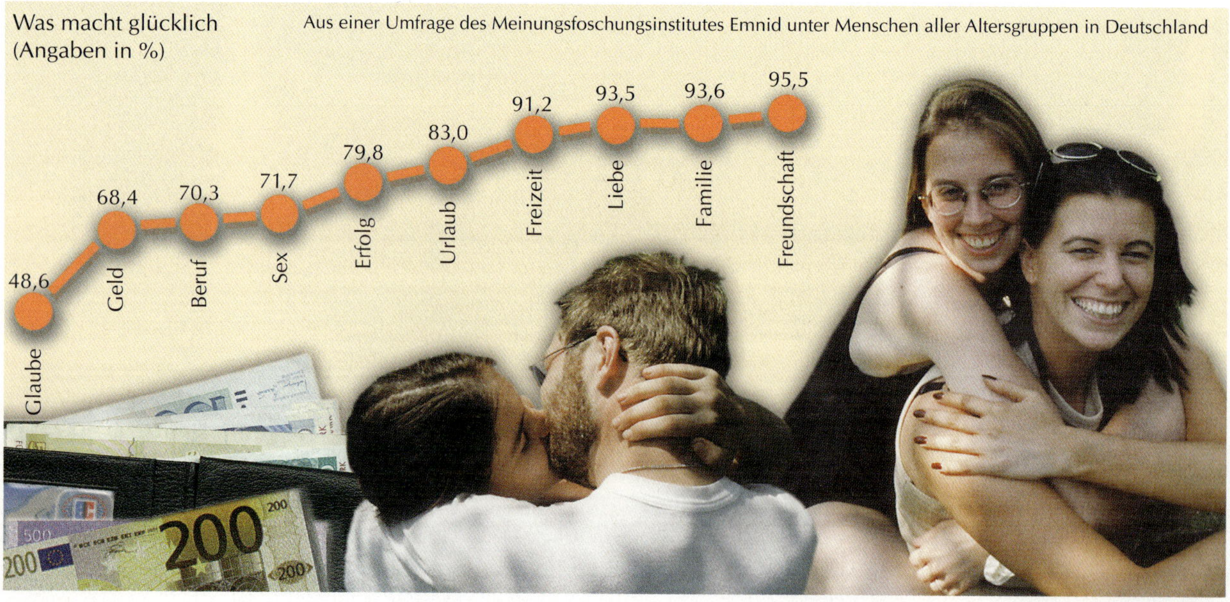

▶ *Ziemlich viel Glück*
Gehört dazu,
Daß ein Körper auf der Luft
Zu schweben beginne
Mit Brust, Achsel und Knie,
Und auf dieser Luft
Einem anderen Körper begegne,
Wie er
Unterwegs.

Die Atmosphäre macht
Zwei innige Torsen aus ihnen.
Unbemerkt beschreibt ihr Entzücken
Zärtliche Linien in Baumkronen.
Eine ganze Zeit noch
Ist ihr Flüstern zu vernehmen,
Und wie sie einander
Das schenken,
Was leicht an ihnen ist.

Glücklichsein beginnt immer
Ein wenig über der Erde.

Aber niemand hat es beobachten
können.

Karl Krolow: Ziemlich viel Glück

1. Diskutiert mit Hilfe der Emnid-Umfrage, ob Christian glücklich ist.
2. Was macht dich glücklich? Stelle deine Vorstellungen in einer Grafik oder Skala dar und vergleiche sie mit den Antworten deiner Mitschüler/innen.
3. Startet eine Glücksumfrage unter Erwachsenen: Inwieweit unterscheiden sich ihre Antworten von euren Vorstellungen?

Glück kann sich unterschiedlich anfühlen und ebenso beständig wie flüchtig sein: Manche Menschen »schweben« über dem Erdboden oder »fliegen« gar in die Wolken; andere genießen ihr Glück ruhig und gelassen.
Vor allem menschliche Beziehungen machen glücklich, sagen Glücksforscher – Glück besteht auch aus »Sehnsucht und Liebe«. Nur: Warum sieht man so selten glückliche Menschen auf der Straße?

Occasio, die günstige Gelegenheit, um 1500 von Andrea Mantegna *gemalt, galt in der Renaissance als Symbol für Glück: Die Haare vorn machen es schwer erkennbar, der Kahlkopf hinten kaum greifbar. Zudem: Das Glück rollt …*

Elan, Rätsel und Geheimnis

Lieber Christian,

zuerst, zu allererst Dank für deinen Brief! Kaum war ich in Mombasa, meiner glutheißen, über 2000 Jahre alten, märchenschönen Heimatstadt, kam er schon an. Ich riss ihn auf, las, las noch mal und … tanzte. Zuerst in meinem Zimmer, dann die Treppe herunter, durch den Hof, wo mein kleiner Bruder spielte, griff mir Blüten vom Hibiskusstrauch, tanzte wieder nach oben. Ich hörte nicht auf. Schließlich sprang alles, was von der Familie da war, um mich herum. Ich war glücklich.

Ich bin glücklich. Endlich weiß ich, was ich so gehofft habe: Du liebst mich. Das und anderes (mein verträumtes Lächeln, meine Ausstrahlung), worüber du schreibst, hast du mir doch nie gesagt.

Ich bin glücklich. Das fühle ich. Das merke ich, denn ich tanze und singe und mache Sachen mit »Lust und Liebe« (meine Mutter), vor denen ich sonst weglief: Aufräumen, Staubwischen, abends meine kleinen Geschwister behüten. Und ich denke (du nanntest mich oft »Philosophine«) manchmal nach über Glück: Ob es wohl Zufall ist, ein Geschenk aus heiterem Himmel? Oder eine besonders schöne Belohnung für besonders gute Taten? Philosophisch gefragt: Ist Glück für uns Menschen unverfügbar oder von uns beeinflussbar? Was meinst du, Christian?

Ganz, ganz früh wurde ja geglaubt, Glück (oder Unglück) schicken die Götter, ist also »Geschick«. Davon handeln die mythischen Weltbilder. Aristoteles gliederte später diese Sicht in sein wissenschaftliches Weltbild ein. Er schrieb ungefähr folgendes:*

»Soll das menschliche Leben gelingen, braucht es günstige Umstände, zum Beispiel Gesundheit, Reichtum, Ehre, Freunde. Deshalb ist ›wohl-

gesagt‹, wenn die Überlieferung das Glück eine ›Gabe des Gottes‹ nennt. Aber dies allein reicht nicht. Entscheidend für gelingendes, glückliches Leben ist Tätigsein gemäß der Tugend und Tüchtigkeit.«

Schließlich beschrieb der alte Grieche drei Formen des Glücks: Die erste Form – ein Leben in Lust und Vergnügungen; die zweite Form – ein Leben als freier, verantwortlicher Bürger; die dritte Form – ein Leben als Forscher und Philosoph. – Was hältst du davon?

Denn noch immer – ob an Götter oder einen Gott oder an keinen glaubend – befragt der Mensch das Glück: Liegst du außerhalb von mir – im Paradies oder in anderen begehrten Gütern? Oder wohnst du in mir – als stolze Unabhängigkeit von äußeren Umständen und Zufällen, als Selbstmächtigkeit?

Von dieser Selbstmächtigkeit (Autarkie) her erklärte übrigens der römische Stoiker Seneca das Glück: »Am glücklichsten ist, wer Glück nicht nötig hat.« Und du, Christian, was fragst, was sagst du?*

Jetzt Schluss mit Philosophieren (für diesmal).

Stop, noch zwei Bilder, die ich dir mitschicke. Das eine: Frau Fortuna, die altbekannte Symbolfigur für Glück. Das andere: Tegla, die Kenianerin. Tegla, das Mädchen aus Afrika, Tegla in Bewegung. Ein neues Symbol des Glücks – jedenfalls für mich.

Nun wirklich zum Schluss meine Botschaft vom Glück für dich – geschrieben mit verborgenen Zeichen, was dir, dem Computerfreak, doch kein Problem ist.

Saikana

P. S. Du fragst, wie ich mit unserer Trennung umgehe. Wir haben uns doch erst richtig gefunden, Christian. Was machen da die paar 1000 Kilometer aus? Anlauf nehmen, Christian, Anlauf …

Tegla Loroupe,
Marathonläuferin aus Kenia

1. Notiert in Partnerarbeit, mit welchen Worten und Begriffen Saikana das Glück beschreibt und wie sie ihr Glück ausdrückt. Tauscht euch anschließend in der Klasse darüber aus.
2. Gestaltet mit Hilfe von Saikanas Brief ein philosophisches Stegreifspiel: Fragen an das Glück – Antworten des Glücks.
3. Betrachtet und besprecht die beiden Symbolfiguren für Glück – das alte Symbol und das von Saikana geschaffene. Dann malt oder beschreibt eure Symbole für Glück.

Wer glücklich ist, strahlt auf und aus, reißt alles mit. Er oder sie braucht dann keine Worte. Doch weil das Glück ein Gut ist, das alle Menschen möchten und zwar möglichst immer, rätseln sie seit je, woher es denn komme und wie es zu fassen sei. Das Glück – ist es Zufall oder Belohnung?

mehr als Genuss und Chemie

Ach Saikana,
deine »verborgenen Zeichen« habe ich sofort decodiert. Nicht auszudenken, wenn mein neugieriger Bruder etwas mitbekommen hätte.
Was Aristoteles über »Glück« geschrieben hat, sollten sich unsere Mitmenschen mal hinter die Ohren schreiben. Von den drei Formen des Glücks ist bei vielen nur eines übrig geblieben: »Saufen, Fressen, F…!« Aber glücklich soll auch sein, wer »freier, verantwortlicher Bürger« oder »Forscher und Philosoph« ist: Kennst du so jemanden? Günter Grass vielleicht, der einen Nobelpreis bekommen hat, weil er vor vielen Jahren ein berühmtes Buch geschrieben hat und sich noch nie gescheut hat, gegen den Strom der Mehrheit zu schwimmen? Nur, sehr glücklich sieht der Alte auch nicht aus, eher etwas grantig!

▶ Auf der Suche nach dem Glück flüchten manche Leute in eine chemische Traumwelt. Wer Drogen einnimmt, dessen Gehirn schüttet so genannte Endorphine aus, die Glücksgefühle auslösen – für kurze Zeit.

Wofür Philosophen nicht alles gut sind. Neulich lese ich im Prospekt einer Hauswurfsendung: »Neun Zehntel unseres Glücks beruhen auf der Gesundheit – so hat es einmal der Philosoph Schopenhauer formuliert.« Und dann überfliege ich die Angebote, für die eine »schnelle, bequeme und diskrete Lieferung« zugesagt wird: Gesundheitssalben, Zellkuren, Potenzdragees, ausgeklügelte Vitaminsäfte und vieles mehr. »Aha«, denke ich: »Glück ist käuflich!« Ob es das ist, was die cleveren Werbeleute vom Gesundheits-Versand ihre Kunden glauben machen wollen?
Übrigens: Kennst du den englischen Schriftsteller Aldous Huxley? Er hat vor etwa 70 Jahren einen Sciencefiction-Roman geschrieben: »Brave New World«. Darin erzählt Huxley, wie in einer modernen Weltdiktatur das »Glück« völlig neu definiert wird. Ganz schön aktuell – findest du nicht?
Christian

Schon beim Jogging, aber auch beim Genuss von Schokolade oder Kaffee regt die körpereigene Chemie die kleinen ›Glücklichmacher‹ an. Modische Designer-Drogen und »Schnüffelstoffe« dagegen sind auch deshalb gesundheitsschädlich, weil sie die Produktion körpereigener Endorphine nach und nach durch die chemische ›Keule‹ ersetzen.
Ein Drogenentzug hinterlässt bei den Betroffenen über längere Zeit ein Gefühl tiefsten Unglücks.

Schöne neue Welt?

Die Welt ist jetzt im Gleichgewicht. Die Menschen sind glücklich; sie bekommen, was sie begehren und begehren nichts, was sie nicht bekommen können. Es geht ihnen gut; sie sind geborgen, immer gesund, haben keine Angst vor dem Tod. Leidenschaften und Alter sind diesen Glücklichen unbekannt, sie sind nicht mehr von Müttern oder Vätern geplagt, haben weder Frau noch Kind, noch Geliebte, für die sie heftige Gefühle hegen könnten, und ihre ganze Normung ist so, dass sie sich kaum anders benehmen können, als sie sollen. Und wenn wirklich einmal etwas schief geht, gibt es die Glückstablette »Soma«. (...)
Man muss zwischen dem Glück und dem wählen, was die Leute »hohe Kunst« zu nennen pflegten. Wir haben die hohe Kunst geopfert. Dafür haben wir »feelies« (Fühlfilme) und die Duftorgel. (...)
Wirkliches Glück sieht immer recht jämmerlich aus, verglichen mit den Überkompensationen für Elend. Und Beständigkeit bietet natürlich bei weitem kein so packendes Schauspiel wie Unbeständigkeit. Zufriedenheit hat nichts vom Ruhmesglanz eines tapferen Kampfes gegen Pech, nichts vom malerischen Reiz eines Ringens mit der Versuchung oder eines völligen Zusammenbruchs wegen Leidenschaft oder Zweifel. Glück ist niemals erhaben.

Mustafa Mond, in ALDOUS HUXLEY: Schöne neue Welt

▶ Wie lebt es sich unter einer Gewaltherrschaft, in der die Menschen sozial betäubt und chemisch derart abgerichtet werden, dass sie ihre Persönlichkeit verlieren?
John, der »Wilde«, antwortet Mustafa Mond, dem »Weltkontrolleur«:
Aber ich möchte kein bequemes Leben. Ich will Gott, ich will Poesie, ich will echte Gefahren, ich will Freiheit, ich will Tugend. Ich will Sünde.*

Die Wissenschaft vom Glück

In Amerika ist vor einiger Zeit die »Happyologie« begründet worden: als »Lehre vom Glück«. Forscher/innen bemühen sich um objektiv feststellbare, vielleicht sogar messbare Befunde. Ob sie dem wahren Glück auf die Spuren kommen werden?

Ausschnitt aus LUCAS CRANACH D. Ä. *Das goldene Zeitalter (um 1530)*

1. Beruht Glück auf Chemie? Sammelt Argumente dafür und dagegen.
2. »Schöne neue Welt« oder Horror? Beschreibt und beurteilt HUXLEYS Sciencefiction-Welt.
3. Entwerft Pläne, wie sich Menschen gegen ihre eigene Entmenschlichung wehren können.

Wer versucht, sein Lebensglück zu erzwingen, wird Schiffbruch erleiden, denn Glück ist mehr als Genuss und Chemie, die den Einzelnen ruhig stellen. Ob du auf den Zufall warten oder aber doch etwas für jenes Glück tun möchtest, das in deiner Persönlichkeit schlummert, liegt an dir.
Der Philosoph JOHN STUART MILL erkannte: *Es ist besser, ein unzufriedener Mensch zu sein als ein zufrieden gestelltes Schwein; besser ein unzufriedener Sokrates als ein zufriedener Narr.*

ein weites Feld

Christian, mein Lieber,

dein Brief! Schon sein Anfang (»Ach Saikana«) macht mich glücklich, glücklich, glücklich. Ich brauche keine Happy-Droge – zum Glück gibt's dich! Was du dann schreibst, finde ich neu an dir und … stark. Zum Beispiel, dass du auf John, »den Wilden«, verweist, der Gott will und Poesie und echte Gefahren und Freiheit und Tugend und Sünde. John will LEBEN. John will wählen und entscheiden. Ich auch. Deshalb also: Leidenschaften sollte man von Gott erbitten, falls man ihn um etwas zu bitten wagte, und vom Papst Versuchungen fordern statt Ablässe. Nein, das stammt nicht von deiner Philosophine; das schrieb Emilie Châtelet, eine Freundin Voltaires, der sie hochpries und bewunderte, in ihrem Aufsatz »Über das Glück«.

Ach Christian … das Voltaire-Zimmer im Schloss Sanssouci … die langatmige Führerin dort … wir schienen ihr zu lauschen … doch du bandest meinen Zopf um dein Handgelenk …

»Ich hab dich geliebet und liebe dich noch!
Und fiele die Welt zusammen,
Aus ihren Trümmern stiegen doch
Hervor meiner Liebe Flammen.«
Heinrich Heine. – Ja. Wie der mich kennt.

Ach Christian. Leidenschaften? Ich muss darum nicht bitten … Neulich hielt ich's nicht mehr aus. Ich plünderte meine Sparbüchse, borgte mir von meinen Cousinen die fehlenden Shillings, fuhr mit dem Zug nach Nairobi, von dort per Anhalter (obwohl ich striktes Verbot habe) in Richtung Mount Kenya, rannte schließlich hinauf in das Dorf zur Mutter der Mutter meiner Mutter. Als erwarte sie mich, stand sie vor ihrer Hütte. »Ich weiß,« sagte sie, »Glück kennt Unglück.«

Getragen von dem Zauber der alten Frau bin ich wieder zurück, nach Mombasa, etwas beruhigt. Ich lese viel, oft Philosophisches, noch öfter Gedichte. Und, natürlich, ich denke nach. Hier nun, was ich mir bei Emilie Châtelet angestrichen habe:

Über das Glück

»Man glaubt gemeinhin, dass es schwierig ist, glücklich zu sein und es gibt nur allzu viele Gründe für diesen Glauben. Aber es fiele leichter, glücklich zu werden, wenn die Menschen ihrem Tun Überlegungen und einen Plan für die Vorgehensweise vorausgehen ließen (…).

Um glücklich zu sein, muss man sich von Vorurteilen befreit haben, tugendhaft sein und bei guter Gesundheit, Neigungen und Leidenschaften haben und für Illusionen empfänglich sein (…).

Doch machen die Leidenschaften nicht mehr Menschen unglücklich als glücklich? Ich habe nicht die Waage, um das Gute und das Schlechte, das sie den Menschen bescheren, allgemein abzuwägen. Doch ist zu bedenken, dass man von den Unglücklichen weiß, weil sie die anderen brauchen, gern ihre Leidensgeschichte erzählen und darin Heilmittel und Erleichterung suchen. Die glücklichen Menschen dagegen suchen nichts und werden den anderen ihr Glück nicht kundgeben. Die Unglücklichen sind interessant, die Glücklichen unbekannt.
Daher sind zwei Liebende, wenn sie sich versöhnt haben, wenn ihre Eifersucht verflogen ist, wenn die trennenden Hindernisse überwunden sind, nicht mehr für das Theater geeignet (…).
Aber für einen Augenblick angenommen, die Leidenschaften machten mehr Menschen unglücklich als glücklich, so sage ich, dass sie immer noch wünschenswert wären, weil sie Vorbedingungen sind, ohne die es keine großen Freuden geben kann (…).
Eine andere Quelle des Glücks ist die Freiheit von Vorurteilen und es liegt an uns, sie abzuschütteln. Wir haben alle die notwendige Portion Verstand, um zu überprüfen, was man uns zwingen will zu glauben, um beispielsweise zu wissen, ob zwei mal zwei vier macht oder fünf (…).
Man darf die Vorurteile nicht mit den guten Sitten verwechseln. Die Vorurteile haben keinen Wahrheitsgehalt und können nur schlechten Seelen nützlich sein. Die guten Sitten haben Wahrheitsgehalt durch Übereinkunft. Sie sind verschieden je nach Stand, Alter, Umständen. Wer auch immer nach dem Glück strebt, darf sie niemals verletzen. Die genaue Beachtung der guten Sitten aber ist eine Tugend. Unter Tugend verstehe ich alles, was zum Glück der Gesellschaft beitragen kann und folglich zu unserem, da wir Mitglieder der Gesellschaft sind.
Schließlich sage ich, dass man für Illusionen empfänglich sein muss, wenn man glücklich sein will. Aber, werdet Ihr mir entgegnen, Ihr habt gesagt, dass der Irrtum immer schädlich sei; ist die Illusion denn kein Irrtum? Nein. Zwar zeigt uns die Illusion die Dinge nicht so, wie sie sind, aber sie zeigt sie uns, wie sie sein sollen (…).
Es ist gewiss, dass die Gelehrsamkeit für das Glück der Männer weit weniger wichtig ist als für das der Frauen. Jenen stehen ganz andere Wege offen, zu Ruhm zu gelangen. Aber die Frauen sind durch ihre Stellung von jeder Art des Ruhms ausgeschlossen, so bleibt nur das Studium, um sich über all die Aussperrungen und all die Abhängigkeiten hinwegzutrösten.«

Was hältst du von Emilies Philosophie, Christian – gedacht vor etwa 250 Jahren?
Für heute soll Schluss sein, Christian, du meine Liebe und Leidenschaft. Morgen aber ist Sonntag und da schreibe ich weiter. Inwischen werde ich träumen. Wovon? Ach Christian …

▶ Das 18. Jahrhundert, die Zeit der Aufklärung also, erlebte eine Explosion von Reden und Schriften über das Glück, allein in Frankreich gab es mehr als 50 Abhandlungen dazu. Zwänge und Ketten für Individuum und Gesellschaft sollten gesprengt, historische Veränderungen angestrebt werden. Teilweise wurden maßlose Erwartungen hinsichtlich von Lust und Glück erzeugt. Dagegen brachten die Philosophen KANT und FICHTE vor, die Menschen müssten sich würdig erweisen, Glück zu empfangen. Das sei Zweck des moralischen Daseins.

▶ *Wäre die Gegenwart unser einziges Gut, so wären unsere Freuden begrenzter, als sie tatsächlich sind. Wir sind im gegenwärtigen Augenblick nicht nur durch unsere jetzigen Genüsse glücklich, sondern auch durch unsere Hoffnungen und Erinnerungen. Die Gegenwart bereichert sich um die Vergangenheit und die Zukunft.*
EMILIE CHÂTELET

▶ *Allen ist klar, dass der materielle Fortschritt den Menschen kein Glück bringt. Dennoch vergrößern wir wie Besessene seine »Errungenschaften«.*
ANDREJ TARKOWSKIJ, russischer Filmregisseur

▶ *Aus gutem Werk entsteht Glück, aus bösem Werk entsteht Leid.*
Aus dem Mahabharata, dem indischen Nationalepos

Risiken, Chancen, Wünsche

Lieber Christian,
nach quälend-schöner Traumnacht und einem Frühspaziergang zu meiner kleinen Lieblingspalme beim Fort Jesus am Indischen Ozean die versprochenen Sonntagszeilen. Ich schrieb gestern von meiner Urgroßmutter, die sagte: »Glück kennt Unglück.« Ja, sie wusste sofort, weshalb ich zu ihr gerannt kam … mein Kummer, mein Unglücklichsein über unsere Trennung! Ja, die alte Frau hat viel erlebt. Das Glück und Unglück, das jede Afrikanerin durchmacht, das eigene Leid und das unseres Kontinents: Versklavung, Hunger, Krieg, Dürre, Hitze, Überschwemmungen, Aids … und immer wieder die Hoffnung auf Frieden und Glück.
Wir sprachen lange miteinander. Erst »vernünftig«: Wir überlegten meine Wege zu dir, also es ging um meinen Beruf. In unserem Land sind die Risiken in allen Wirtschaftszweigen sehr hoch; es gibt wenige Arbeitsplätze, kaum Ausbildungsplätze (und für Mädchen noch weniger und an den Unis findest du uns auch nicht allzu häufig). Zum Glück hat Kenia schneebedeckte Gipfel am Äquator, den Indik mit seinen Koralleninseln und die großen Fünf: Büffel, Nashörner, Elefanten, Löwen und Leoparden. Damit ziehen wir Touristen an. Das ist unsere Chance … meine persönliche vielleicht auch. Ich werde deshalb alte und neue Geschichte und Sprachen studieren – für internationale Kontakte und damit für meine zu dir.
Das zur »vernünftigen« Seite unseres Gesprächs, was mich schon beruhigte. Und weiter? Die Urgroßmutter suchte Kräuter, kochte Tee daraus, flößte ihn mir ein und murmelte, murmelte, murmelte. Afrikas Zauber. Ich fühlte wieder Glück.
Saikana, deine, for ever?
P.S. Im Anhang die Zukunftswünsche zweier »Schwestern« von mir.

▸ *»Die Armen sind selbst schuld an ihrem Elend. – Die wollen es ja gar nicht anders haben. – Jeder ist seines Glückes Schmied. – Wer was leistet, der bringt es auch zu was …« Lasst uns schreien, wann und wo immer uns diese verkommenen, herzlosen Märchen aufgetischt werden. Lasst uns schreien, weil sie von der Verlogenheit allgemeiner Chancengleichheit ausgehen, von einer Haltung, die nichts anderes bezweckt als die Verweigerung der eigenen Anteilnahme zu rechtfertigen und beruhigten Gewissens auf tatkräftige Unterstützung zu verzichten.*
Ralph Giordano

▸ *Ich denke nie an die große Menschenmenge, sondern an den Einzelnen. Wenn man an die Masse denkt, würde man gar nicht erst anfangen können. Für mich ist der Einzelne wichtig. Ich glaube an die Begegnung von Mensch zu Mensch.*
Mutter Teresa

Zukunftswünsche

Schon seit ich acht oder neun bin, träume ich davon, Botschafterin zu werden. Ich liebe es zu reisen, fremde Menschen zu treffen und herauszufinden, was sie denken. Ich lebe noch bei meinen Eltern in einem kleinen Haus in Nairobi. Ich schlafe mit meinen vier Schwestern in einem Zimmer, aber ich ziehe aus, sobald ich einen Job bekomme. Ich bin Tourismus-Kauffrau, ich denke, das ist der richtige Einstieg in eine internationale Karriere. Manchmal gehe ich nur so in eine Botschaft und rede mit den kenianischen Angestellten über ihre Arbeitsbedingungen. Die Botschafter werden bei uns vom Präsidenten ernannt – nach welchen Merkmalen, weiß ich allerdings nicht. Ich weiß nur eines: dass ich es schaffen werde, auf welche Art auch immer.
Sarah Mutwota, Nairobi

Ich habe einen Traum: Ich möchte meinen Leuten helfen, ihr Leben zu verbessern. Ich will Brücken bauen zwischen Schwarz und Weiß, traditionelles und modernes Leben miteinander verschweißen. Ich bin die erste ausgebildete schwarze Stahlbau-Ingenieurin und ich bin auch Künstlerin. Ich habe viele Preise bekommen. Aber das alles bedeutet mir sehr viel weniger als den Menschen zu helfen. Der Alkohol macht das Leben vieler Aborigines kaputt. Ich bin überzeugt, dass eine Ausbildung ihnen helfen würde, aus der Misere herauszukommen. Im Moment bin ich aufgeregt, weil eine Firma mir einen Job angeboten hat, zwischen weißem Management und schwarzen Arbeitern zu vermitteln. Ich wage kaum, darauf zu hoffen, dass es wahr wird. Ich habe mir fest vorgenommen, Erfolg zu haben, mit der Kunst und mit dem Stahl. Und das werde ich auch! Jedenfalls habe ich eine feste Devise: Gib in allem, was du tust, dein Bestes. Mehr kann man nicht tun.

June Djiagween, Aborigine im Nordwesten Australiens

▶ Wer Glück sucht, wird auf Risiken und Chancen stoßen und merken: Ein Risiko ist nicht unbedingt Gefahr. Es ist eine Art Ungewissheit. Es ist der Unterschied zwischen angestrebtem Ziel einer Handlung und möglicher Vorhersage ihres tatsächlichen Eintreffens. Durch geschickte Handlungsstrategie kann das Risiko minimiert werden.
Und die Chance? Sie ist so etwas wie ein Riss in festgefügt scheinender Mauer, gegen die wir ankämpfen, wie ein Rettungsseil in großer Not. Chancen wollen erahnt, erspürt, ergriffen werden. Sie sind ›Glücksboten‹.

1. »Glück ist ein weites Feld«, heißen die beiden Doppelseiten. Stellt in Partnerarbeit zusammen, welche Aspekte des Lebens ihr ›darauf‹ gefunden habt.
2. Knüpft als Tafelbild ein Netz von Begriffen, mit dem sich das Glück beschreiben lässt.
3. Schreibt eine kleine Abhandlung: »Glück, das ich meine«.
4. Diskutiert anhand der vorliegenden Materialien über das Verhältnis von persönlichem und gesellschaftlichem Glück.

Glück gleicht einem Edelstein mit strahlenden Facetten und dunklen Einsprengseln. Deshalb sagt die alte Afrikanerin: »Glück kennt Unglück.« Die Frage war und ist, wie Menschen mit eigenem und fremdem Glück und Unglück umgehen – und wie sie für das Glück ihre Mittel einsetzen: Vernunft und Zauber.

Emil Nolde, *Verlorenes Paradies, 1921*

wechselhaft

Du liebe Saikana, heute bin ich gleich zweifach glücklich: Am Nachmittag fand ich in unserer Mailbox zwei Briefe vor – vielen Dank!
Vieles von dem, was du mir über Emilie Châtelet geschickt hast, leuchtet mir ein: Wer die Hände in den Schoß legt, verpasst das Glück. Dem Glück muss man nachhelfen – einverstanden! Allerdings bin ich nicht der Meinung, dass das Glück nur eine Frage der richtigen Planung und Organisation ist. Wer strategisch berechnend sein Glück anstrebt, wird vielleicht irgendwann ein erfolgreicher Manager oder Politiker – aber ein glücklicher Mensch? Überhaupt scheint mir die gute Frau ein wenig voreingenommen zu sein, wenn sie meint, dass kranke Menschen nicht glücklich sein könnten. Mir geht eine Schulstunde nicht aus dem Sinn (das passiert mir, wie du weißt, nicht so häufig!): Wir beschäftigten uns mit der taubstummen und blinden Helen Keller. Sie muss eine sehr glückliche Frau gewesen sein – hätte sie sonst so vielen Menschen Mut zum Leben machen können?
Je länger ich versuche, »Glück« allgemeinverbindlich zu definieren, um so schwerer fällt mir die Antwort. Ganz bestimmt hat »Glück« etwas mit der Befriedigung grundlegender Bedürfnisse zu tun. Aber so verschieden wie die Menschen und ihre Umstände fallen doch auch die Bedürfnisse aus: Wenn mich heute eine E-Mail aus Mombasa glücklich stimmt, kann ich die Nachricht morgen schon fast belanglos finden – spätestens, wenn ich dich (hoffentlich bald!) persönlich umarme.
In einem Jugendmagazin las ich neulich einen Bericht über »Bedürfnisse im Wandel der Zeiten«. Von Abraham Maslow, dem Begründer der modernen Bedürfnistheorie, stammt die Pyramide der Bedürfnisse, von der er annimmt, dass sie für Menschen aller Kulturen gilt.

▶ Glück – auf Rezept?

Jemand fragte Sokrates, wie ein Mensch reich werden könne. Er antwortete: »Wenn er arm wird an Wünschen.«
Wenn sich Sokrates das reichhaltige Warenangebot in Athen ansah, sagte er oft zu sich selbst: »Wie viele Dinge gibt es doch, die ich nicht brauche.«
Der griechische Philosoph Platon* über seinen Lehrer Sokrates

Wer freudig tut und sich des Getanen freut, ist glücklich.
Johann Wolfgang von Goethe

Die Absicht, dass der Mensch 'glücklich' sei, ist nicht im Plan der 'Schöpfung' enthalten.
Sigmund Freud

Glück zwischen Schicksal und Entscheidung

Liebe Saikana: Meinst du, die Menschen in Kenia stimmen mit der Rangordnung der Maslow'schen Pyramide überein? Wer in Deutschland Hunger und Durst hat, mag Brot und Wasser verschmähen, weil er sich Kaviar und Wein leisten kann; in so genannten Entwicklungsländern kann die Schale Reis dagegen höchste Glücksgefühle auslösen – vielleicht, weil der Mangel die Empfänglichkeit für die kleinen alltäglichen Glücksmomente schärft?

Ich frage mich manchmal, ob wir unser gemeinsames Glück irgendwie festhalten können. Oder müssen wir uns damit abfinden, dass das Glück unstet ist – wie unsere Bedürfnisse: Ich hier im relativ wohlhabenden Potsdam (trotzdem mit einer ungewissen Perspektive) – du in Mombasa mit einer mindestens ebenso unsicheren Zukunft. Aber ich sehe für uns auch gute Chancen – so wie wir ›gestrickt‹ sind! Vielleicht möchtest du in ein paar Jahren zum Studium nach Deutschland zurückkehren? So oder so, denke ich, ist jede Entscheidung ein Risiko – auch das Nichtstun bietet keine letzte Sicherheit.

Da fällt mir ein Song der DDR-Band »Karat« ein, dessen erste Zeile mein Vater ständig im Mund führt – wenn ich an unsere Beziehung denke, finde ich den Text trotzdem cool:

Manchmal scheint die Uhr des Lebens still zu stehn,
manchmal scheint man immer nur im Kreis zu gehn.
Manchmal ist man wie vom Fernweh krank,
manchmal sitzt man still auf einer Bank.
Manchmal greift man nach der ganzen Welt,
manchmal meint man, dass der Glücksstern fällt.
Manchmal nimmt man, wo man lieber gibt,
manchmal hasst man das, was man doch liebt.

▶ Die Gruppe »Karat« gehörte zu den bekanntesten DDR-Bands. Ihr größter Erfolg »Über sieben Brücken« (1978) von Helmut Richter wurde bald danach auch in Westdeutschland sehr populär, besonders der Kehrreim:

Über sieben Brücken musst du gehn,
sieben dunkle Jahre überstehn,
siebenmal wirst du die Asche sein,
aber einmal auch der helle Schein.

1. Besprecht, warum Lebensglück oftmals so wechselhaft ist.
2. Stelle deine Bedürfnispyramide auf und vergleiche sie mit der deiner Mitschüler(innen). Versucht anschließend mit mathematischen Mitteln, eine Bedürfnispyramide eurer Gruppe zu ermitteln. Diskutiert die Gründe für ähnliche oder unterschiedliche Ergebnisse.
3. Nimm Stellung zu den beiden Thesen: »Glück ist Sicherheit« – »Glück ist Risiko«.

Die Bedürfnisse, die ein Mensch hat, wechseln im Laufe der Zeit. Was sich nicht ändert, ist die Sehnsucht nach einem Lebensglück, das das Gewöhnliche des Alltags übersteigt: Es ist von persönlichen Launen und Grundeinstellungen mindestens ebenso abhängig wie von äußeren Lebensbedingungen.

aktive Hoffnung

Bedingungen des Glücks

Der russische Dichter Lev Tolstoj (1828-1910) schrieb, dass es gerade der materielle Reichtum sei, der dem Glück im Wege stehe. Was aber führt nach Tolstojs Meinung zum Glück?

Eine der ersten und von allen anerkannten Bedingungen zum Glücke ist ein Leben, in welchem der Zusammenhang des Menschen mit der Natur nicht zerstört ist, das ist ein Leben unter freiem Himmel, bei Sonnenlicht und freier Luft; Gemeinschaft mit der Erde, mit Pflanzen und Tieren. Alle Menschen haben stets die Entbehrung alles dessen für ein großes Unglück angesehen (…). Eine andere unzweifelbare Vorbedingung zum Glücke ist – Arbeit: erstens angenehme und freie Arbeit; zweitens physische Arbeit, die Appetit und festen, beruhigenden Schlaf gibt (…). Die dritte zweifellose Bedingung des Glücks ist eine freie, liebevolle Gemeinschaft mit allen den verschiedenartigen Menschen der Welt …
Die fünfte Bedingung des Glücks ist endlich: Gesundheit und ein schmerzloser Tod.

Glücksideen

1. Untersucht und diskutiert Tolstojs »Bedingungen des Glücks«: Welchen Aussagen stimmt ihr zu? Wo habt ihr Einwände? Überprüft auch, ob euch Glücksaspekte fehlen.

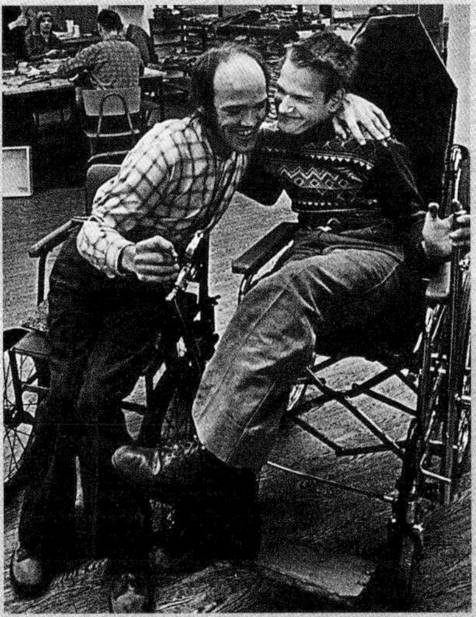

2. Bildet Kleingruppen und versucht, die drei folgenden Glücksaussagen in Szene zu setzen – als Pantomime oder Rollenspiel. Besonders Kreative können auch eine passende Kurzgeschichte schreiben:

Oh Pfirsichbaum, wie beneide ich dich um dein Glück!
Julien Offray de La Mettrie

Das hohe Glück des Augenblicks ist nicht, dass zwei Menschen sich innerlich geloben: wir wollen füreinander leben, sondern, dass dies in ihren Gedanken zugleich bedeutet: wir wollen miteinander für etwas leben.
Albert Schweitzer

Glück ist ein Parfüm, das man nicht über jemanden verschütten kann, ohne selbst etwas abzubekommen.
Ralph Waldo Emerson

3. Startet eine Befragung unter Mitschülerinnen und Mitschülern, Freunden und Freundinnen sowie Eltern: *Was ist für dich/euch »Glück«?*
Eine verantwortliche Gruppe dokumentiert die originellsten Einfälle (höchstens zwei Sätze) in einer Sammlung (Collage).

4. Entwirf und gestalte deine persönliche Glücksdefinition:
Glück ist, wenn, … oder:
Für mich bedeutet »Glück« …
Zusammen mit der obigen Sammlung aus der Befragung könnt ihr eure Vorstellungen in einer Glücks-Ausstellung präsentieren.

5. Abschluss-Diskussion:
– Bildet euch ein Urteil, wie sich im Kapitelverlauf Saikanas und Christians Glück entwickelt. Begründet eure Einschätzungen.
– Überlegt, unter welchen Voraussetzungen die beiden Verliebten ihre örtliche Trennung überwinden können. Stellt Vermutungen an, ob sie durch eine ›Wiedervereinigung‹ in jedem Falle glücklicher würden.

CORDOBA
ARGENTINA
SILVIO
From
MESSINA-ITALY

Werte und Normen

Freiheit – Risiko und Chance

Pressefreiheit oder Verletzung der Persönlichkeitsrechte?

In der Schule herrscht große Aufregung. Was ist passiert? In der Schülerzeitung ist ein Bild veröffentlicht worden – nicht irgend eines: Dort steht der Direktor der Schule nackt in seinem Garten, in seiner Hand hält er einen plätschernden Gartenschlauch und schaut über den Zaun einigen Schülerinnen nach. Das Bild wirkt auf den ersten Blick sehr provozierend. Bei genauerem Hinsehen ist allerdings erkennbar, dass der Kopf in das Bild hineinkopiert wurde, denn die Verbindungslinien zwischen Kopf und Körper sind unterbrochen, die Körperteile wirken zueinander versetzt, die Proportionen stimmen auch nicht ganz. Als Titel steht unter dem Bild: *Ein Bekannter bereitet sich auf Sommerspiele vor …*

Die Zeitung hat einen reißenden Absatz. Nach der zweiten großen Pause sind alle Zeitschriften verkauft. Die »Redakteure« sonnen sich in ihrem Ruhm. Doch die Freude dauert nicht lange. Lehrer und Lehrerinnen sind verärgert über die Taktlosigkeit; der Direktor ist tief betroffen und verletzt. Einig sind sich alle darin, dass die Schülerredakteure den Bogen überspannt haben.

Bald zirkulieren die ersten Zeitungsausgaben in der Stadt. In der Öffentlichkeit und in der Schule entbrennen Diskussionen: *Handelt es sich bei der Fotomontage noch um einen Spaß? Sind die Würde des Direktors und das Ansehen der Schule verletzt? Haben die Schüler das Recht der Pressefreiheit missbraucht?*

Auch die zehnte Klasse diskutiert, ob die Schülerzeitung das Recht hatte, dieses Bild zu montieren und zu veröffentlichen. Einige meinen, das Grundgesetz gewähre »Meinungsfreiheit« und damit sei der Fall klar. Die Öffentlichkeit habe ein Recht auf Information; außerdem bestehe ja auch künstlerische Freiheit. Andere halten dagegen, dies treffe hier nicht zu. Es gebe keine Rechtfertigung, die »Würde«* des Schulleiters zu verletzen. Die Bildmontage zeige »Boshaftigkeit« und verbreite einen Eindruck von dem Direktor, der nicht zutreffe.

Das Lehrerkollegium, die Schülervertretung und die Elternschaft treten zusammen und beraten …

▶ Ein Dialog – vielleicht an eurer Schule?

L.: Was versteht ihr unter »Meinungsfreiheit«?

Sch.: Ist doch klar. Hier kann jeder sagen, was er will.

A.: Wirklich? Ist die Meinungsfreiheit grenzenlos?

▶ Werte und Normen:

Was sagt das »Grundgesetz«?

Artikel 1

(1) Die Würde des Menschen ist unantastbar. Sie zu achten und zu schützen ist Verpflichtung aller staatlichen Gewalt.

Artikel 2

(2) Jeder hat das Recht auf Leben und körperliche Unversehrtheit. Die Freiheit der Person ist unverletzlich.

Artikel 5

(1) Jeder hat das Recht, seine Meinung in Wort, Schrift und Bild frei zu äußern und zu verbreiten und sich aus allgemein zugänglichen Quellen ungehindert zu unterrichten. (…)

(2) Diese Rechte finden ihre Schranken in den Vorschriften der allgemeinen Gesetze, den gesetzlichen Bestimmungen zum Schutz der Jugend und in dem Recht der persönlichen Ehre.

Grundgesetz für die Bundesrepublik Deutschland (Auszug)

Warum Werte* so wertvoll sind

Wie kommen Menschen zu der Gewissheit, dass Rechte wie »Meinungsfreiheit«, »Gleichheit«, »Religionsfreiheit«, »freie Berufswahl« oder »soziale Gerechtigkeit« für alle Menschen gelten?
Diese und andere Rechte werden als »Menschenrechte« betrachtet. Sie beruhen auf Wertvorstellungen, von denen man annimmt, dass sie jedem Menschen unmittelbar einleuchten müssten. In unserer Kultur gehen die meisten Menschen davon aus, dass diese Rechte »naturgegeben« bzw. von »Gott« verliehen sind, gleichgültig wie und wo man lebt. Zwar nehmen die Menschenrechte zu verschiedenen Zeiten und in verschiedenen Kulturen unterschiedliche Ausdrucksformen an, aber grundsätzlich gelten sie immer. Meinungsfreiheit ist in der Zeit des Internets anders zu deuten als im 18. Jahrhundert. Damals verbot der Fürst vielleicht die freie Meinungsäußerung; heute könnte sie bedroht werden, wenn eines Tages ein einziges technisches System die globale Medienwelt beherrschen würde. Schwierig wird es besonders dann, wenn ein Grundrecht (z. B. die »Meinungsfreiheit«) das Grundrecht eines anderen Menschen (etwa den Schutz seiner »Würde«) bedroht.

▶ »Von welcher Zukunft ich träume«
Die Menschenrechte sind universell und nicht teilbar. Unteilbar ist auch die menschliche Freiheit: Wenn sie irgend jemandem auf der Welt bestritten wird, wird sie damit dem Menschen als solchem bestritten und damit indirekt allen Menschen. Deshalb ist es unmöglich, zu Bösem oder Gewalt zu schweigen. Schweigen ist deren Unterstützung.
VÁCLAV HAVEL, tschechischer Bürgerrechtler und Politiker (1996)

Was sind Normen?

Werte werden häufig mit Normen verwechselt. Aus dem Wert des Lebens lässt sich aber zum Beispiel nicht ableiten, wie viele Kinder eine Familie haben sollte. Normen dagegen sind wie »Messlatten«, die von der Mehrheit der Gesellschaft aufgestellt werden und an denen »richtiges« oder »falsches« Verhalten gemessen wird. Sie haben zwar eine Beziehung zu Wertvorstellungen, können aber auch aus Gewohnheiten oder praktischen Vereinbarungen entstehen. So sind im technischen Bereich die DIN-Normen allgemein bekannt.
Normen beanspruchen einen unterschiedlichen Grad an Verbindlichkeit. Sie werden landläufig abgestuft nach: »Muss«-, »Soll«- und »Kann«-Normen.

1. Nehmt Stellung zu dem Streit um die Schülerzeitschrift: Auf welche Werte berufen sich die Redakteure, welche Werte betonen dagegen ihre Kritiker?
2. Formuliert jeweils ein Beispiel für eine »Muss«-, »Soll«- und »Kann«-Norm.
3. Teilt euch in Zweiergruppen auf: Die einen schreiben zwei Werte auf, die für sie persönlich die wichtigsten sind. Die anderen notieren zwei Werte, die in der Gesellschaft die wichtigsten zu sein scheinen. Ordnet die Rückmeldungen an der Tafel und sucht nach Erklärungen für mögliche Übereinstimmungen oder auch Abweichungen.
4. Formuliert je zwei Normen, die auf den Werten beruhen, die in den drei Artikelauszügen aus dem Grundgesetz zum Ausdruck kommen.

Dahingleiten und genießen?

Die Schülerin Nicole lebt mit ihren Eltern und Geschwistern in Friedrichsdorf. Ihre Lieblingsbeschäftigung ist der Besuch von Techno-Discos und Rave-Veranstaltungen. Dieses Hobby bestimmt ihr Leben, denn so oft wie möglich geht sie mit ihren Freunden aus: *Ich muss immer weg, ich kann es einfach nicht zu Hause aushalten.*

Das Verhältnis zu ihren Eltern und zu ihren Geschwistern ist gespannt, da sie Nicoles Vorliebe nicht nachvollziehen können. Sie werfen ihr vor, nächtelang auf Partys herumzutanzen und dabei ihre Pflichten ihrer Familie gegenüber zu vernachlässigen:

Ich bleibe am Wochenende meistens bis 7.00 oder 8.00 Uhr in Technoclubs, weil diese erst gegen 1.00 Uhr öffnen. Meine Eltern verstehen nicht, dass ich erst morgens nach Hause komme und dann den ganzen Sonntag im Bett verbringen möchte um auszuschlafen.

Ich engagiere mich nicht in der Politik oder in einem Verein. Die Umwelt ist mir zwar wichtig, jedoch habe ich das Gefühl, dass es den meisten Leuten egal ist, was mit der nächsten Generation passiert. Die Aktivitäten von Greenpeace finde ich gut, glaube aber, dass sich zu wenige dafür einsetzen und daher nicht soviel bewirken können. Im Grunde genommen denkt doch jeder nur an sich selbst.

Nicole macht sich über ihr weiteres Leben im Moment keine Gedanken: *Am liebsten würde ich die Zeit anhalten und immer so jung bleiben wie jetzt. Ich habe keine Lust, mal Verantwortung zu übernehmen, da würde ich mich eingeschränkt fühlen …*

Shell Jugendstudie '97 (Ergänzungsband)

▶ Braucht »Freiheit« einen Kompass?

Kamikazefliege
Ich will alles haben,
ich will alles sehn,
ich will überall hingehn,
ich will alles verdrehn
JUDITH HOLOFERNES,
Sängerin (1999)

Dem Leben eine Richtung geben?

Jana lebt in München. Sie hat den Techno-Gottesdienst mit aus der Taufe gehoben und dafür gesorgt, dass eine Vision in die Tat umgesetzt wurde – »ein erfolgreicher Versuch, Amtskirche und Jugendmusikszene unter einen Hut zu bringen«, findet sie.

Ich muss nicht jedem mit der Bibel übern Kopp hauen. Ich habe mir immer gewünscht, dass man das an meinem Leben sieht, dass ich Christ bin. In der Bibel schaue ich nach, was Gott will.

Spaß im Leben muss sein, aber Spaß ohne einen Sinn macht weder Spaß noch Sinn. Vielen Leuten reicht es zu wissen, wo sie heute Abend hingehen, dass sie einen Freund haben und dass sie ihre Schule schaffen. Die sagen: »Hauptsache, ich habe Spaß in meinem Leben.« Die fragen gar nicht mehr weiter.

Es gibt keine Werte mehr, die allgemein für jeden gelten. Es heißt heute nicht mehr »Das ist gut und das ist schlecht«, sondern »Ja, okay, wenn es dich glücklich macht, dann mach es so, ich mach es eben anders, aber beides ist genauso gut.« Die Wertung fällt heutzutage weg.*

Aus der Shell-Studie »Jugend '97«

1. Spielt den Konflikt zwischen Nicole und ihren Eltern nach: Welche Argumente sprechen für Nicole, welche für ihre Eltern?
2. Worin unterscheidet sich Jana von anderen Jugendlichen?
3. Beschreibe und vergleiche Nicoles Lebensstil mit Janas Lebenseinstellung: Wie stehst du dazu?
4. Diskutiert, inwiefern die Zugehörigkeit zu einer Gruppe Gleichgesinnter eine Hilfe für ein sinnvolles und zielgerichtetes Leben ist.
5. Die Tabelle stammt aus den Jahren 1993/94: Überlege, welche Ziele und Werte dir wichtig sind und welche du eher ablehnst.

▶ *Abschied*
Die Krähen schrei'n
Und ziehen schwirren Flugs zur Stadt:
Bald wird es schnei'n –
Wohl dem, der jetzt noch – Heimat hat!
FRIEDRICH NIETZSCHE, Philosoph (1884)

Der römische Wahlspruch »Brot und Spiele« ist so aktuell wie nie zuvor. Auch bei uns gelten Freizeit und multimediale Unterhaltung, das »tägliche Brot« und ein Mindestmaß an sozialer Sicherheit als vorrangige Lebensziele. Ob diese Ziele ausreichen, um auf Dauer Lebenszufriedenheit zu erlangen?
Werte und Normen begleiten unser Leben – auf der ewigen Suche nach einem besseren Leben. Einige Werte sind schon sehr alt und gelten immer noch, manche Werte und viele Normen verändern sich im Laufe der Zeit. Aber wer weiß schon, was »richtig« oder »falsch« ist? Die Eltern, die so häufig »anders« denken und fühlen? Mitschüler/innen oder Lehrer/innen? Die Gesellschaft? Parteien, Weltanschauungen und Religionen?
Die im Grundgesetz verankerten Grundrechte fordern dazu auf, das Leben in Freiheit zu gestalten – unter Berücksichtigung der Menschen, mit denen wir zusammenleben. So muss jeder für seine persönlichen Entscheidungen die Folgen auf sich nehmen – im Gelingen wie im Scheitern.

Welche Werte und Normen?
Vorgaben – Freiräume – Entscheidungen

Menschen sind ohne Werte*, die ihr Selbst- und Weltverständnis prägen, nicht vorstellbar. Seit frühgeschichtlichen Zeiten leiten sie daraus Normen für das Zusammenleben in Familie, Sippe oder Großgemeinschaft ab. Einerseits erleichtern Normen das Miteinander, weil alle Beteiligten wissen, wie sie sich in Alltag und Beruf verhalten oder kleiden sollen; andererseits unterdrücken manche Normen die persönliche Selbstbestimmung. Wenn Normen oder Tugenden* nur für bestimmte Menschengruppen gelten, grenzen sich diese Menschen von den anderen ab: Wer »oben« oder »unten« ist, kann dann auch schon äußerlich erkennbar werden – zum Beispiel durch eine bestimmte Kleidung. Werte, Normen und Tugenden bleiben selten wie sie sind: Dabei wandeln sich Normen und Tugenden noch rascher als die Werte, zu denen sie in Beziehung stehen.

▶ Im Mittelalter waren die »Ritter« adlige Kriegsleute; sie traten auch als Sänger in Erscheinung. In großen Turnieren kämpften Ritter – auf Pferden sitzend und gut gerüstet – gegeneinander. Die Verfeinerung ihrer Wettkampfregeln wurde sprichwörtlich (»Rittertugenden«) und beeinflusste die Lebensart aller Adligen. Drei »Tugenden« standen im Mittelpunkt: der bewaffnete Kampf für den Lehnsherrn, die Verteidigung der christlichen Kirche und die Verehrung von Frauen – z. B. im Minnesang (= Liebesgedichten).

Die Tugenden des Ritters

Ihr habt alle schönen Gaben des Leibes, um Herr eines Volkes sein zu können. Ist Eure Wesensart so eine hohe und soll sie sich noch erhöhen, so vergesst nie, dass Euch das Heer der Notleidenden erbarmen soll. Seid mit Verstand arm und reich zugleich. Denn wo der Herr alles vertut, da herrscht kein Herrengeist. Wenn er aber nichts anderes tut als Schätze zu häufen, so gereicht ihm das nicht weniger zur Schande. Gebt rechtem Maß, was ihm zukommt.

Ich habe wohl bemerkt, dass Ihr guten Rat braucht. Nun macht Euch frei von allem ungebührlichen Benehmen. Fragt nicht zu viel und lasst Euch eine wohl überlegte Antwort auf die Frage dessen nicht verdrießen, der Euch mit Worten ausspähen will. Ihr könnt sehen, schmecken und riechen – das sollte Euch langsam zu Verstande bringen. Lasst bei der Kühnheit stets das Erbarmen stehen. Wenn Euch einer im Streite Sicherheit bietet, so nehmt sie an und lasst ihn leben, wenn er Euch kein Leid getan und Euer Herz nicht mit Not und Pein erfüllt hat. Ihr müsst oft Waffen tragen, wenn Ihr sie ablegt, so wascht Euch Gesicht und Hände – der Rost der Rüstung macht es nötig –, nur dann gewährt Ihr einen liebenswerten Anblick und die Frauen sehen so etwas. Seid ein Kerl und seid immer wohlgemut, dann werdet Ihr hohen Preis gewinnen. Und lasst Euch die Frauen lieb sein, das verschönt des jungen Mannes Leben. Habt wache Sinne gegen alles falsche, listige Gebaren. Seid nie wankelmütig den Frauen gegenüber – nur das ist rechter Mannessinn. Wenn Ihr sie belügen wollt, so wird es Euch ein Leichtes sein, viele zu betrügen, aber Falschheit in Liebesdingen hat Hochachtung und Ansehen noch nie lange erhalten.

Nach Wolfram von Eschenbach: Parzival 3. Buch

Ritter von heute? Vorbilder, Leitbilder, Stars und Idole

Vorbilder müssen nicht als ganze Personen allumfassend verklärt werden – ihre Vorbildfunktion kann sich auf bestimmte Eigenschaften konzentrieren, zum Beispiel: »Unser Hausmeister in der Schule. Er ist gerecht. Er lässt keinen vor, wenn wir am Kiosk in der Schlange stehen«. Verglichen mit Stars und Idolen stützen sich Vorbilder stets auf konkrete, nachprüfbare Faktoren.

Dennoch ziehen Jugendliche häufig allgemeine Leitbilder personenbezogenen Vorbildern vor: Eine Umfrage unter 2.034 Jugendlichen zwischen 14 und 29 Jahren ergab, dass bei den so genannten glaubwürdigen Organisationen »Greenpeace« (64 Prozent der Stimmen) und »amnesty international« (50 Prozent) mit Abstand an der Spitze stehen. Es ist kein Zufall, dass die beiden genannten Vereine ganz bewusst auf herausgehobene Vertreter in der Öffentlichkeit verzichten bzw. »Greenpeace« seinen Aktivisten bei spektakulären Aktionen Anonymität verordnet; diese Zurückhaltung gilt bis heute.

Während die Vorbilder immer rarer werden, haben die Stars Hochkonjunktur. Stars sind Ausdruck unserer Sehnsüchte. Während Vorbilder eher unsere eigenen realistischen Anstrengungen um bestimmte Eigenschaften ansprechen, verkörpern Stars unerreichbare Vorstellungen. Stars strahlen einen außergewöhnlichen Glanz aus. Der offensive Sex einer Schauspielerin, die Härte eines Helden oder die jungenhafte Ausstrahlung eines Sportlers – sie sind weit weg, leuchten aber sehr hell: Sterne eben. Und jede Zeit und jede Generation hat die Sterne, die sie sich wünscht.

Wer ein Star ist, hat es schon weit gebracht. Aber er kann es noch weiterbringen: Er kann ein Idol werden. Wichtig ist bei Idolen, dass diese Verehrung ins Irrationale, ins Mystische gleitet. Ein Idol ist kein Mensch aus Fleisch und Blut mehr: Marlene Dietrich, James Dean, Che Guevara (…). Anhänger von Idolen weisen erstaunliche Parallelen zu religiösen Eiferern auf. Sie sammeln sich in sektenähnlichen Fanclubs und pilgern gern zu Wohnsitzen oder Grabstätten ihrer Idole.

Nach Klaus Janke: Stars, Idole, Vorbilder

▶ *Wie geht es deinem Star heute?*
Diskutiert, warum sich viele Fans für das Privatleben »ihrer« Stars brennend interessieren – z. B. für Meldungen wie diese:
– *Mario von der Erkältung genesen*
– *Billy hat Diätprobleme*
– *Sybille F. ist von John T. enttäuscht: Verlobung geplatzt*
– *J. Roberton erklärt Ehemüdigkeit*
– *Gabi F. hat neuen Millionenvertrag*

1. Beobachtet und vergleicht die Werte und Normen der »Ritter« von gestern und heute. Ihr könnt dazu auch eure eigenen Eindrücke aus populären Filmen, aus der Star- und Musikszene und aus dem Internet einfließen lassen.
2. Welche anderen Leitvorstellungen – von berühmten oder unbekannten Menschen – kennt ihr? Haben sie für euch Bedeutung? Welche Vorbilder sind euch wichtig – und warum?
3. Diskutiert, ob Vorbilder zunehmend durch Leitbilder oder gar Stars ersetzt werden.

Erziehung zum Gehorsam

Als der Vater mit seinem Messer auf den ersten Buchstaben im Alphabet zeigte und fragte: »Wie heißt dieser Buchstabe, Hans?«, bekam er keine Antwort. »Mein Sohn«, sagte der Vater freundlich, »du kennst doch den Buchstaben ›A‹.« – »Ich kann nicht ›A‹ sagen«, antwortete Hans. »Du musst«, antwortete der Vater in einem ernsten und bestimmten Tone. »Was ist das für ein Buchstabe?« Hans antwortete nicht. Der Vater nahm Hans mit in sein Zimmer und züchtigte ihn. Danach ging er zurück und zeigte Hans den Buchstaben erneut, aber Hans wollte ihn nicht nennen. Darauf züchtigte ihn der Vater noch strenger. Aber auch das half nicht. Da schlug der Vater so, dass der ganze Körper des Jungen zitterte und trotzdem weigerte sich das Kind, dem Befehl des Vaters nachzukommen.

Die Mutter saß bewegt dabei, aber überzeugt, dass es unsere Pflicht ist, Kinder zu zähmen und dass die Gefühle einer Mutter in einem so entscheidenden Augenblick nicht in Betrachtung kommen können. Mit schwerem Herzen ergriff der Vater die Hand seines Sohnes, um ihn hinauszuführen, um ihn abermals zu strafen, aber zu seiner unbeschreiblichen Freude war der Kleine erschrocken und sagte: »Lieber Vater, vergib mir, ich will sagen, was das für ein Buchstabe ist.« Nun nannte Hans alle Buchstaben, die ihm die Eltern zeigten. (…)

Hans hatte einen Denkzettel bekommen, den er nicht vergaß. Er lernte, das Beste, was er machen konnte, war zu gehorchen. Man muss nicht einwenden, dass es grausam ist, Kinder so streng zu züchtigen. Grausam! Das war Liebe und Barmherzigkeit. Es würde in Wahrheit grausam gewesen sein, wenn der Vater in dieser Stunde seine unangenehme Pflicht und Schuldigkeit vergessen hätte.

Es ist keineswegs unwahrscheinlich, dass der Charakter des Kindes und sein Glück für das ganze Leben, ja für die Ewigkeit, auf der Standhaftigkeit des Vaters in der entscheidenden Stunde beruht.

Aus einem Buch für Eltern aus dem Jahre 1851

▶ *Umgeben von seiner Familie saß ein Hausvater am Kamin. Der Vater bekam den Einfall, dass einer seiner kleinen Söhne für ihn lesen solle. Hans war ungefähr vier Jahre alt. Er konnte die Buchstaben lesen, aber heute war er schlecht aufgelegt und hatte keine Lust seinem Vater zu gehorchen …*

Abbildung:
Lothar Meggendorfer,
»Die bösen Buben I und II«

Ein Gelöbnis

Kinder wissen noch nicht viel und darum müssen sie unterrichtet werden und lernen. Dadurch werden sie verständig. Ich bin meinem Lehrer Dankbarkeit und Gehorsam schuldig. Ein guter Schüler ist aufmerksam; er hört nur auf das, was der Lehrer sagt und denkt nur an das, was er tun oder begreifen und behalten soll.

F. P. Wilmsen: Schülergelöbnis (1888)

Erziehung zur Menschlichkeit

Sind so kleine Hände, winz'ge Finger dran.
Darf man nie drauf schlagen, die zerbrechen dann.
Sind so kleine Füße mit so kleinen Zeh'n,
darf man nie drauf treten, könn'n sie sonst nicht gehn.

Sind so kleine Ohren scharf, und ihr erlaubt.
Darf man nie zerbrüllen, werden davon taub.
Sind so schöne Münder, sprechen alles aus.
Darf man nie verbieten, kommt sonst nichts mehr raus.

Sind so klare Augen, die noch alles sehn.
Darf man nie verbinden, könn'n sie nichts verstehn.
Sind so kleine Seelen, offen und ganz frei.
Darf man niemals quälen, gehn kaputt dabei.

Ist so'n kleines Rückgrat, sieht man fast noch nicht.
Darf man niemals beugen, weil es sonst zerbricht.
Grade, klare Menschen wär'n ein schönes Ziel.
Leute ohne Rückgrat hab'n wir schon zuviel.

Bettina Wegner: Kinder (1979)

1. Erklärt das Verhalten von Vater und Mutter in dem Elternbuch.
2. Welche Auswirkungen hat diese Erziehung auf das Leben von Hans? Setzt in Kleingruppen einen stichwortartigen Lebenslauf auf, der auch Hans' Verhältnis zu seinen Eltern sowie zu seinen künftigen Kindern einschließt.
3. Wägt ab, inwieweit ihr mit dem Schülergelöbnis und seiner Begründung übereinstimmt oder abweicht.
4. Diskutiert folgende Meinungsäußerungen: *Eine schlechte Erziehung ist besser als gar keine. – Erziehung zur Menschlichkeit heißt: Kinder können tun und lassen, was sie wollen.*
5. Ein Schüler und/oder eine Schülerin kommen häufig zu spät in den Unterricht: Führt Rollenspiele auf, wie wohl ein Lehrer vor 100 Jahren reagiert hätte. Wie geht ein Lehrer oder eine Lehrerin von heute mit unpünktlichen Schülern um?

▶ Immer gehorchen?

Im Gehorsam reiht sich der junge Mensch ein in die göttlichen und menschlichen Ordnungen, denn wem das Gebot der Eltern und Lehrer nichts galt, dem gelten später auch die Gesetze des Staates nichts. Der Gehorsam will von klein auf geübt sein. (...)

N. N.: Die Pflicht zum Gehorsam und seine Pflege (1878)

▶ *Unbedingter Gehorsam setzt Unwissenheit des Gehorchenden voraus.*

Montesquieu, Staatstheoretiker im 18. Jahrhundert

▶ *Wer gehorchen musste*
durfte nicht fühlen
hat das Fühlen verlernt
ist sich der eigenen Gefühle nicht sicher
misstraut ihnen
nimmt die Gefühle anderer
wichtiger als die eigenen.
(...)
Wer gehorchen musste
läuft Gefahr
den Kreis wieder zu schließen

Udel Best/Ute Emrath: Verbal-Gewaltig

Kleider – mehr als Textilstoffe?

Kleidung war ursprünglich nur Schutz vor den Unbilden der Witterung. Ebenso alt wie sie ist aber auch ihre symbolische Bedeutung. Kleidung wurde zum festen Bestandteil verschiedener Zeremonien. Bei Krönung oder Amtseinführung war sie äußeres Zeichen für die übertragene Macht. Im Fall der Absetzung oder Amtsenthebung wurde sie dem Betroffenen abgenommen. Unsere Sprache hat in einigen Redewendungen die Erinnerung an diese Bräuche bewahrt, spricht man doch vor allem im amtlichen, militärischen und geistlichen Bereich davon, dass jemand eine Stellung »bekleidet« oder seines Ranges »entkleidet« wird. Das Strafrecht früherer Zeiten sah auch das Tragen bestimmter Kleidung als Strafe vor.

Ein Beweis dafür, wie eng auch heute noch Kleidung im Zusammenhang mit der Staatsmacht steht, ist der § 132a des Strafgesetzbuches. Er untersagt das unbefugte Tragen von Uniformen, Amtstrachten oder spezifischer Berufskleidung. Rang, Stellung und Vermögen eines Menschen durch die Art der Kleidung, auch nach außen und für jedermann sichtbar, zu dokumentieren, war demnach von jeher und bei allen Völkern Sitte und Brauch. Im Laufe der Zeit erfuhr die Kleidung in Form, Material und Ausgestaltung (Mode) vielfache Veränderungen.

Kriminalmuseum Rothenburg o. d. T. (Hrsg.): Justiz in alter Zeit

▶ Beispiel Mützenhierarchie (um 1900)

Die nächsthöhere Klasse setzte sich stets durch ein optisch wirksames Zusatzsignal zu der Mützenfarbe von der vorangegangenen ab: goldene Streifen, rote Streifen. So hatten die Mützen in der Öffentlichkeit nicht nur die Wiedererkennungsfunktion, den Gymnasiasten einer ganz bestimmten Schule vor sich zu haben; sie ließen auch den Klassenfortschritt deutlich erkennen und veröffentlichten gewissermaßen die Blamage der »Sitzenbleiber«. Sie unterstützten also das Leistungsstreben ebenso wie den ständischen Hochmut.

Ingeborg Weber-Kellermann: Die Kindheit

Ordnung im großbürgerlichen Haus

Wenn auch die junge Hausfrau in Verhältnissen lebt, in welchen sie keine der hier erwähnten Arbeiten mit eigener Hand zu verrichten hat, so wird es doch keineswegs überflüssig sein, das Hauswesen wenigstens in den Hauptzweigen zu erlernen, um nötigenfalls der Dienerschaft Anleitung geben zu können, nicht von dieser lernen zu müssen, was stets auf Kosten der Autorität geschieht.

Das Dienstmädchen soll reinlich, nett und pünktlich gekleidet und sorgfältig frisiert sein. Putz im Hause oder am Arbeitskleid darf nicht gestattet werden. Ein Wettstreit in Kleidung und Haartracht mit der Herrin oder der Tochter des Hauses werde niemals geduldet.
Dem Anruf der Dienstboten ist sofort, doch nicht nur mit »ja« oder »nein«, sondern mit der höflichen Form: »Ja, gnädige Frau!« – »Nein, gnädiges Fräulein«, zu antworten. Jede Auskunft sei präzis, freundlich, bescheiden.
FRIDA VON KRONOFF: Lebensart. Ein Wegweiser des feinen Taktes (1910)

Wieviel Ordnung braucht die Schule?
Der Schüler ist zum regelmäßigen und pünktlichen Besuch des Unterrichts und der für verbindlich erklärten Schulveranstaltungen verpflichtet. Für die Erfüllung der Schulpflicht sind die Erziehungsberechtigten, mit zunehmender Reife auch die Schüler verantwortlich.
Die schulische Entwicklung des Schülers sollte von den Erziehungsberechtigten mit Interesse und Aufmerksamkeit verfolgt werden. (...)
Aus einer bestehenden Rahmenschulordnung in Berlin

1. Verständigt euch darüber, welche der Ordnungsregeln heute zeitgemäß sind und welche es nicht mehr sind.
2. Worin ähneln sich die Kleider,- Haus- und Schulordnungen?
3. Überlegt, ob es auch in einer demokratischen Gesellschaft noch so genannte ständische Unterschiede gibt, die sich in Kleiderordnungen oder Umgangsformen äußern. Bezieht dabei auch eure Beobachtungen im Unterricht, auf dem Pausenhof und bei Schulfesten ein.

Jede menschliche Gemeinschaft orientiert sich an bestimmten Werten. Auf ihrer Grundlage entstehen Normen, die das Alltagsverhalten fast gewohnheitsmäßig steuern. Menschenfreundliche Werte* und Normen vertragen sich aber nicht mit blindem Gehorsam, sondern lassen Freiräume zum Handeln.
Vordemokratische Tugenden und Leitvorstellungen von »Ritterlichkeit« und »Gehorsam« sowie ständische Kleider- und Hausordnungen gehören der Vergangenheit an. Viele der damit verbundenen Einschränkungen haben die Menschen hierzulande überwunden – in Anlehnung an Werte wie »Freiheit«, »Gleichheit« und »Solidarität«. Doch bleibt noch viel zu tun:
So verfügt ihr als Jugendliche einerseits über mehr Freiheitsrechte als eure Altersgenossen in früheren Zeiten; andererseits müsst ihr mehr denn je um eure Selbstbestimmung kämpfen – z. B. gegen die feinmaschigen Netze der Werbung und der Medien.

▶ Ordnungen: für das Leben!?

(...) alles menschliche Leben, weil zeitlich und gesellschaftlich, kann nur in und durch Institutionen gelebt werden, durch Ordnungen und Regelungen, die ihm Dauer geben und die es auf dauerhafte und übersichtliche Weise verbinden mit dem Leben der anderen Menschen.
HELMUT GOLLWITZER (1979)

Die größte Gefahr, die einem freiheitlichen Regime in Deutschland droht, geht von der übertriebenen Ordnungsliebe unseres Volkes aus.
Amtsblatt des Hessischen Kulturministeriums (1948)

Jugendbewegungen zwischen Freiheitssuche und Missbrauch

▶ Jugend im Aufbruch
Im Herbst 1913 kamen Angehörige von Jugendverbänden auf dem Berg »Hoher Meißner« zusammen. Als gemeinsames Programm formulierten sie die »Meißner Formel«:
Die Freideutsche Jugend will aus eigner Bestimmung, vor eigner Verantwortung, mit innerer Wahrhaftigkeit ihr Leben gestalten.

Die »Wandervögel«: »Mit uns zieht die neue Zeit«

Um die Wende des 19. zum 20. Jahrhundert begannen Jugendliche, Gruppen zu gründen, um ein Leben nach eigenen Wertvorstellungen zu führen. Sie wollten nicht mehr ein Abbild der »spießigen« Gesellschaft ihrer Zeit sein, sondern in die Natur ziehen, sich nicht mehr in »steife Kragen« und Jacken zwängen, nicht mehr von den »Häuserfluchten erdrückt« werden, sondern bei Sonne, Wind oder Regen wandern, in Zelten oder im Stall bei einem Bauern übernachten, auf Holzfeuern abkochen, erzählen und singen. Sie waren anspruchslos und genügsam, aber forderten von sich Mut und Selbstüberwindung. Sie sahen sich in der Tradition mittelalterlicher »Scholaren« (Studenten), die damals durch Europa zogen und ein armes, aber freies und abenteuerliches Leben führten.

Im Gefolge der »Jugendbewegung« entstanden Jugendherbergen für die wandernden Jugendgruppen. Sie wurden vielfach in romantischen Burgen untergebracht, in denen man einfach leben konnte, sich selbst versorgte, abends in der Gemeinschaft zusammentraf und spielte.

Als erste Gruppe entstand in Berlin-Steglitz der »Wandervogel«: Der Name wurde einem alten Grabstein entnommen, den die Jugendlichen auf einem Kirchhof gefunden hatten. – Ein Augenzeuge berichtet:

Des Sonntagmorgens um 7 Uhr sah man in Steglitz gewöhnlich nur ein paar Gendarmen auf und ab gehen oder Milchjungen und Semmelfrauen frostig von Tür zu Türe laufen. (…)

Aber noch etwas: Am Bahnhof versammelte sich eine bunte und merkwürdige Schar. Man hörte einen Einzelnen von weit her und durch die totenstillen Straßen stampfen, dann ein Pfiff, der sich öfters wiederholte. Ein paar Schulmützen in verschiedenen Farben, dann ein grauer, breitgekrempter Schlapphut und einer kam mit einem roten Tuch um den Hals. Dann wieder hier und da ein Jüngerer, der noch schüchtern war, mit weißem reinen Stoffkragen, ein Bündelchen feingeschnürtes Wegefutter in der Hand und Schlaf in den Augen. Ein anderer hatte dunkle Kakaoreste in den Mundwinkeln und wenn er lachte, so meinte man, in die leibhaftige Hölle zu sehen.

Dann ging es los und man sang (…)

Hat man die Höhe des Fichteberges überwunden, so lag es zu den Füßen weit und neblig ausgebreitet: das Dörfchen Dahlem und seine klappernde Mühle und in der Ferne des Grunewaldes blaugrüner Streifen. Kriegsspiel gab es, in der Havel wurde gebadet oder gerudert und dann ging's in strammem Marsche zurück, wenn Mittag vorbei war. Man sprach von Ferienplänen, man wollte wieder einmal in den Böhmer Wald und oben auf dem Osser ein großes Feuer anstecken die ganze

Nacht hindurch. Die jungen Fuchsen staunten über der Burschen Unternehmungsgeist und jeder prüfte sich in seinem Herzen, ob er dergleichen wohl gewachsen wäre. An Mut fehlte es nicht, aber die Angst der Mutter schob einen Riegel vor und das entschlossene Urteil des Vaters, dass derartige große Touren sich für ein so junges Alter eben nicht gehörten; er habe als Junge so etwas auch nicht gehabt und die Jugend müsse sich daran gewöhnen, zu entbehren.

Erste Krisen

Anfang der zwanziger Jahre zählten mehr als vier Millionen junge Leute zur »Jugendbewegung«. Bald ergaben sich Absplitterungen – neue Bewegungen traten auf, weil unterschiedliche Auffassungen über Ziele und Organisationsformen unvereinbar waren. Einige Gruppen nahmen Mädchen auf, aber die Mädchen schufen sich auch eigene Organisationen. Viele der Organisationen der Jugendbewegung gibt es heute noch. Eine der größten Vereinigungen ist die der Pfadfinder und Pfadfinderinnen.

Nach Arno Klönne: Geschichte der Jugendbewegung

▶ Jugend auf Distanz?

Jugendliche haben zwar Interesse an der Mitarbeit in Vereinen und Organisationen, besonders in Sportvereinen, lehnen aber die Mitarbeit in traditionellen Heimat- und Kulturvereinen eher ab. Auch Umwelt- und Menschenrechtsgruppen verlieren unter jungen Leuten zunehmend an Vertrauen. Sie bevorzugen Gruppenstile, die Spaß machen, Zerstreuung und Unterhaltung bieten, die unkomplizierten Umgang mit Gleichgesinnten ermöglichen. Dem Wunsch sich nicht längerfristig festzulegen, begegnen Vereine mit einer Veränderung ihrer Strukturen: Ämter werden auf viele verteilt, so dass Ausfälle leichter zu verkraften sind.

Nach den Shell-Studien »Jugend '97« und »Jugend 2000«

1. Tragt die Gründe zusammen, warum vor gut hundert Jahren Begeisterung für eine »Jugendbewegung« aufkam.
2. Klärt, was die »Meißner Formel« besagen will und diskutiert, ob sie für Jugendliche von heute Bedeutung haben könnte.
3. Fragt herum, wer von euch einem Verein angehört oder dies ablehnt: Tauscht eure jeweiligen Begründungen aus.
4. Findet heraus, welche Vereine und Gruppen es in eurer Umgebung gibt: Was sind ihre Ziele und wer sind ihre Mitglieder? – Vielleicht lässt sich zusätzlich ein Besuch dorthin organisieren.

Von der bündischen Jugendbewegung zur totalitären Staatsjugend

Die Jugendbewegung verstand sich als eher unpolitische Protestbewegung – gegen die Kälte der modernen Gesellschaft und ihre festen Regeln. Doch nach dem 1. Weltkrieg wollten sich mehr und mehr Jugendliche nicht mehr auf vergnügtes Wandern und Singen oder auf gemütliche Gruppenabende und Zeltlager beschränken. Sie sehnten sich nach straffer Disziplin und autoritären Programmen. Innerhalb weniger Jahre verwandelten sich die lockeren Wandervögel in strenge Männerbünde.

An diese Entwicklung konnten die Nationalsozialisten mit ihrer »Hitlerjugend« (HJ) leicht anknüpfen: Fast ein Drittel der Jugendlichen trat unmittelbar nach der »Machtergreifung« 1933 freiwillig in die HJ ein. Was sie anzog, war das »Abenteuerliche« der Soldatenspiele, Fackelzüge und Lagerfeuer, Aufmärsche und Flaggenparaden. 1936 lösten die

▶ »Ohne Wenn und Aber«
Befehle sind ohne Wenn und Aber durchzuführen. Disziplin und Ordnung sind nationalsozialistische Grundtugenden.
Bestimmung der Hitler-Jugend (31. Januar 1936)

braunen Machthaber alle noch nicht gleichgeschalteten Jugendorganisationen auf. Nichtjüdische Kinder und Jugendliche zwischen 10 und 18 Jahren mussten sich spätestens 1939 der HJ anschließen; dort stand im Vordergrund die ideologische und vormilitärische Erziehung im Sinne der Nationalsozialisten.

▶ *»Meine Pädagogik ist hart. Das Schwache muss weggeräumt werden. In meinen Ordensburgen wird eine Jugend heranwachsen, vor der sich die Welt erschrecken wird. Eine gewalttätige, herrische, unerschrockene, grausame Jugend will ich. Schmerzen muss sie ertragen. Es darf nichts Schwaches und Zärtliches an ihr sein. Das freie herrliche Raubtier muss erst wieder aus ihren Augen blicken.«*
Adolf Hitler vor 1940 (nach Angaben von Hermann Rauschning)

Gehorsam trotz Schikane - ein HJ-Mitglied erinnert sich

Mit dreizehn hatte ich es geschafft: Ich wurde »Jungzugführer« in einem Dörflein, wo es nur zwölf Pimpfe gab. Beim Sport und beim Geländespiel vertrugen wir uns prächtig und wenn ich zum Dienstschluss mein »dreifaches Sieg Heil auf unseren geliebten Führer Adolf Hitler« ausrief, strahlten die Augen »meiner Kameraden«.
Doch der befohlene »Ordnungsdienst« langweilte sie. Eines Tages muckten sie auf. Nun war die Reihe an mir zu treten. Nach Dienst-

schluss um sechs Uhr abends knöpfte ich mir (um im Jargon jener Jahre zu reden) die drei ärgsten »Rabauken« vor und »schliff sie nach Strich und Faden«: »Hinlegen – auf«, »An die Mauer – marsch – marsch«, »Zurück – marsch – marsch«, »Tiefflieger von links«, »von rechts«, »von links«, »zehn Liegestützen«, »fünfzehn Liegestützen«, »zwanzig« – so in immer schnelleren Wechseln. Ich brauchte nur zu brüllen, den Daumen auf und ab zu bewegen und die Liegestützen zu zählen, ganz so, wie ich es als Sechsjähriger schon beim Strafexerzieren des Reichsarbeitsdienstes mitangesehen hatte. Die armen Kerle stöhnten, schwitzten, schnappten nach Luft – aber sie gehorchten. Ihr (Eigen-)Wille war gebrochen.

Karl-Heinz Janssen: Tagebuch eines Hitler-Jungen

Hass und Ausgrenzung – ein jüdischer Schüler erzählt

Einige meiner Klassenkameraden, mit denen ich gut befreundet war, erschienen plötzlich in Hitlerjugend-Uniform, und ich war jetzt ihr Feind. Andere betonten, daß ich immer noch ihr Freund sei. Die meisten versuchten sich neutral zu halten. Während der nächsten Monate wurden einige »Neutral-Feinde«. Es gab viele Keilereien im Schulhof und auf dem Heimweg. Da ich einer der Kräftigsten in der Klasse war, habe ich keine Beleidigung vorbeigehen lassen, ohne dagegen körperlich zu reagieren. Ich glaube, es war kein Zufall, daß die schlechtesten Schüler die aggressivsten Nazis waren.

N. N. aus Frankfurt

1. Beschreibt Gemeinsamkeiten und Unterschiede zwischen der Jugendbewegung und der Hitlerjugend: Stellt die jeweiligen Wertvorstellungen einander gegenüber – ebenso könnt ihr auch die »Pädagogik« Adolf Hitlers mit der von Haim Ginott vergleichen.
2. Überlegt, ob oder warum auch heute noch manche Jugendliche von extremistischen Organisationen angezogen werden.
3. Welche Merkmale müsste eine Jugendgruppe haben, der du dich anschließen würdest?

»Wer die Jugend hat, hat die Zukunft«, wissen Politiker und Werbeleute. Doch immer wieder besteht die Gefahr, dass die Sehnsucht nach Freiheit und Abenteuer für politische oder wirtschaftliche Zwecke missbraucht wird. Daher sind Jugendliche in jeder Epoche neu gefragt, im Sog herrschender Meinungen ihr Recht auf Selbstbestimmung – in sozialer Verantwortung – zu verteidigen: Das gelingt euch um so besser, je mehr ihr euch mit den Erfahrungen eurer Eltern und Großeltern auseinander setzt.

▶ Erziehung wohin?

Lieber Lehrer:
Ich habe ein Konzentrationslager überlebt. Meine Augen haben Dinge gesehen, die kein menschliches Auge je erblicken sollte:
Gaskammern, erbaut von gebildeten Ingenieuren. Kinder, vergiftet von wissenschaftlich ausgebildeten Ärzten. Säuglinge, getötet von erfahrenen Kinderschwestern. Frauen und Kinder, erschossen und verbrannt von ehemaligen Oberschülern und Akademikern. Deshalb traue ich der Bildung nicht mehr.

Mein Anliegen ist: Helfen Sie Ihren Schülern, menschlich zu werden. Ihr Unterricht und Ihr Einsatz sollte keine gelehrten Ungeheuer hervorbringen, keine befähigten Psychopathen, keine gebildeten Eichmanns. Lesen, Schreiben und Rechnen sind nur wichtig, wenn sie dazu beitragen, unsere Kinder menschlicher zu machen.

Haim Ginott: Takt und Taktik im Klassenzimmer

Janina Ochojska *und ihre Mitarbeiter bringen Hilfsgüter in die verschütteten Dörfer Afghanistans.*

Einen Weg finden ...

... für das eigene Leben

Die Krücken hinter ihrem Schreibtisch knallen zu Boden. Der Besucher fährt zusammen. Er hat längst vergessen, dass die Frau, die mit der linken Hand den Telefonhörer hält, mit ihrer Rechten ständig angereichte Papiere unterzeichnet und mit schnellen Kopfbewegungen das endlose Gewusel im Raum dirigiert, eine Schwerbehinderte ist. Janina sitzt zwischen Konserven, Ketschup, Nudeln, Süßigkeiten, Kerzen, Shampoos, Zahnpasta, Teddys, Kinderbüchern, Buntstiften. Tante Emmas Warenlager – ihr Büro, inmitten Warschaus traditionsreicher Einkaufsmeile Nowy Swiat. Die Faxe und E-Mails aus dem Haus Nr. 41 gehen um die halbe Erde.

Von hier betreut und bereist Janina Ochojska die »Welt der Geschlagenen«. Ihr »Reich« kam, als die letzten Imperien dieses Jahrhunderts zu Bruch gingen. Da gründete die Behinderte, die immer auf die Hilfe anderer angewiesen war, aus dem Nichts die »Polnische Humanitäre Organisation«. Heute ist die kleine Polin die »heilige Janina der Kriegsopfer, Deportierten und verarmten Kinder«. Weil sie die Konvois immer wieder selbst begleitet, geht in ihrem »Reich« die Hilfe nicht unter. Es misst sich nach Tonnen und erstreckt sich von den Flutregionen des Sommers 1997 in Westpolen (142 Lkw, 27 Flugzeugladungen, 969 Tonnen) über das einstige Jugoslawien (98 Lkw, 940 Tonnen), Tschetschenien (3 Lkw, 42 Tonnen) bis nach Asien mit Kasachstan (14 Lkw, 3 Flugzeugtransporte, 202 Tonnen) und Afghanistan (erste Konvois 1998).

Wenn Janina Ochojska ihre freiwilligen Mitarbeiter gerade nicht berät und dirigiert, zieht sie ihre Hände leicht verdreht in den weitärmeligen

▶ Aus der Familiengeschichte konnte keiner nur den leisesten Wink auf dieses Schicksal herauslesen.
Auf die kleine Janina Ochojska hätte vermutlich ein eher unbewegtes Leben gewartet – wäre da nicht die Kinderlähmung gekommen.
Die traf sie im Alter von sechs Monaten. Sie zwang Janina eine Kindheit und Jugend in Krankenhäusern und Reha-Kliniken auf – und Krücken bis heute.
Der Journalist Christian Schmidt-Häuer besuchte 1998 Janina in Warschau und schrieb den nebenstehenden Bericht.

Pullover zurück. Es scheint dann, als fröstele sie. Aber es sind nur die Arme, die in letzter Zeit nicht immer mithalten können. Die Schultergelenke haben sich an den Krücken verausgabt und abgenutzt. In solchen Momenten übernehmen die Augen die Sprache des überlasteten Körpers. Sie blitzen nicht, sie befehlen nicht. Aber sie setzen mit sanfter Sicherheit alles durch. Janinas Willen ist wärmegetrieben. Sie muss sich und anderen nichts mehr beweisen. Das war nicht immer so.

»Natürlich«, räumt sie wie eine Jugendsünde ein, »habe ich mich als junges Mädchen gefragt: ›Warum ausgerechnet du? Was kann nur aus deinem Leben werden?‹ Dann hat man mich in den Hospitälern gelehrt, meine Krankheit als Kraft einzusetzen. ›Du musst dich bilden, du musst besser sein als andere‹, sagte der Chef der Reha-Klinik.«(…)

Wegen einer Operation musste Janina ein Jahr in Frankreich verbringen. Das Jahr in Lyon brachte sie in Kontakt mit der Hilfsorganisation »EquiLibre«. 1992 begleitete sie einen französischen Konvoi nach Bosnien: »Im November kam ich nach Thorn zurück. Ich hatte nur noch die Lager voller verzweifelter Frauen, hungernder Kinder und alter Leute vor Augen. Ich konnte keine Sterne mehr zählen.«

Janina fuhr nach Warschau, um die Medien aufzurütteln. Sie schaffte es bis in ein Rundfunkstudio. Als sie live schilderte, was sie in Sarajevo gesehen hatten, fragte sie der Moderator nach einer Telefonnummer für Spenden. Janina kannte niemanden näher in Warschau. Spontan verlas sie die Nummer von Magda Grodzka, einer Frau, die sie gerade zuvor bei ihren Gastgebern getroffen hatte. Nach der Sendung versuchte sie, dort anzurufen, um entschuldigend vorzuwarnen. Das Telefon war über Stunden besetzt. Janina fuhr zu der neuen Bekannten. Die saß am Telefon und notierte ohne Pause Hilfsangebote: Lebensmittel, Medikamente, Lastwagen für den Transport. Magda Grodzkas Wohnung wurde zum Warenlager.

Wenige Wochen später, am zweiten Weihnachtstag 1992, starteten Janinas erste zwölf Lastwagen zur Adriastadt Rijeka. Dort kamen 80 Transporter aus ganz Europa zusammen. Zu Silvester belagerten Janina und ihre Helfer Sarajevo – doch die Serben ließen die Hilfsgüter erst im neuen Jahr hinein.

▶ Von der deutsch-jüdischen Schriftstellerin Hilde Domin (geboren 1912) heißt es, dass ihre Gedichte »den Menschen aktivieren«. Der Literaturkritiker Marcel Reich-Ranicki meint: »Sie glaubt an die Erlösung durch das Wort, durch die Sprache.«

Es gibt dich

Dein Ort ist
wo Augen dich ansehen.
Wo sich die Augen treffen
entstehst du
(…)
Es gibt dich
weil Augen dich wollen
dich ansehen und sagen
daß es dich gibt

Hilde Domin

1. Überlegt, woher die innere Kraft und die Ausstrahlung von Janina Ochojska herrühren und wie sie auf ihre Gesprächspartner wirkt. Bezieht in eure Überlegungen auch das Gedicht von Hilde Domin ein.
2. Inwieweit kann Janina auch für so genannte »normale« Menschen ein Vorbild sein?
3. Wo seht ihr in eurem Leben einen Weg, der euch vor eine Herausforderung stellt und den ihr – vielleicht – verwirklichen werdet?

… gegenüber dem Zwang der Gruppe

Wir kannten uns nicht. Am Anfang war es unangenehm. Wir saßen in einem Saal an großen Tischen. Von Zeit zu Zeit kam jemand herein, lächelte uns an und sagte, es wäre alles nicht so schlimm. Andere vor uns hätten den Segelschein auch schon geschafft.

Dann wurden wir endlich in Gruppen eingeteilt entsprechend den Booten. Jetzt kannten wir wenigstens einige mit Namen. Meine Leute gefielen mir nicht besonders. Nachdem wir allerdings einmal gemeinsam mit dem Boot umgekippt waren, wuchsen wir zu einem starken Team zusammen.

Die Zeit bis zur Prüfung war hart. Die Prüfung selbst war aber nicht so schwierig, wie wir befürchtet hatten. Trotzdem fühlten wir uns sehr erleichtert, als alles vorbei war. Am Samstagabend feierten wir. Zuerst kauten wir noch einmal durch, was wir während der Prüfung erlebt hatten. Jeder hatte so seine Taktik für Prüfungen. Die Mädchen hatten sich angeblich mehr zuhörend verhalten, die Jungen schon einmal gewagt, die Prüfer zu unterbrechen.

Eigentlich hatten wir die ganze Zeit über die Menge des Stoffs gemeckert, aber jetzt waren wir uns einig, dass es die Neuen auch lernen sollten, schon aus Traditionsgründen. Wir hatten eine bombige Stimmung, einer überbot den anderen. Und wer nicht gut erzählen konnte, lachte zumindest lauter als die anderen.

Erst waren wir in der Pizzeria, dann wechselten wir in die Kneipe »Zum Klabautermann« hinüber. Der Wirt hatte eine Menge Gläser herangeschleppt. Als die Kneipe schloss, zogen wir singend durch die Straßen und kamen am Friedhof vorbei. Einer sagte: »Erinnert ihr euch noch an die Geistergeschichten von Tom Sawyer?«

Da war Manfred auch schon über das Stahlgitter geklettert, ausgerechnet Manfred, der sonst immer der Langsamste war. Die anderen zögerten, schließlich schwang sich auch Sven elegant auf das Gitter. Nun gab es kein Halten mehr. Wir zogen etwas beklommen durch die Wege. Plötzlich kam ein Geist hinter einem Stein hervorgesprungen. Manfred! Nun fiel jedem irgend etwas ein. Der Höhepunkt war erreicht, als Sven wie der Erzengel auf einem Grabstein stand. Wir anderen versuchten, ihn herunter zu zerren. Aber der große Grabstein fiel mit um. Wir starrten uns an. Manfred wackelte schon am nächsten Stein. Wir zogen ihn mühsam zurück. Zu spät.

Am nächsten Morgen erschien die Polizei. Es war nicht schwierig gewesen, uns ausfindig zu machen. Es war nun überhaupt kein Spaß mehr. Die Einwohner des Dorfes waren empört: »Wie konntet ihr nur …?«

Die Frage stellten wir uns selbst und wir hörten sie nun häufiger: vom Jugendrichter, von der Schule, von den Eltern (…).

Was hättet ihr an unserer Stelle getan?

Aus einem Erfahrungsbericht (1975)

▶ Bei einer Meinungsumfrage wurde Jugendlichen zwischen 14 und 19 Jahren folgende Frage vorgelegt: *Ist »Moral« gesellschaftlich vorgegeben oder bestimmt jeder für sich selbst, was »Moral« ist?*

Zu welchem Umfrageergebnis kommt ihr in eurer Gruppe?

Der Einfluss von Gruppen auf Normbildungen

Der amerikanische Soziologe SALOMON ASH hat 1955 folgendes Experiment durchgeführt:

Eine Gruppe soll die Länge von drei Stöcken vergleichen und jeweils den kleinsten oder längsten Stock benennen. Eine Person in der Gruppe weiß nicht, dass sie Gegenstand des Experiments ist. Denn in den ersten Durchgängen sagen die anderen Personen ebenso wie die Versuchsperson immer das richtige Ergebnis an. Dann jedoch überraschen sie die Versuchsperson damit, dass sie gemeinsam ein anderes Holz als das größte bezeichnen, obwohl es dies offensichtlich nicht ist. Die Versuchsperson starrt die andren an, die sich aber ganz neutral verhalten. Die nächsten beiden Male sagen die anderen wieder die richtige Größe an. Doch dann weichen sie zunehmend häufiger und gemeinsam von dem richtigen Ergebnis ab.

Das Experiment ist mehrfach wiederholt worden – mit eindeutigem Ergebnis: Die meisten Versuchspersonen trauen nach einiger Zeit ihrem eigenen Urteil nicht mehr; lieber folgen sie der Mehrheit.

Für Jugendliche, so sagen Soziologen, ist die Gruppe der Gleichaltrigen ein wichtiger Maßstab für richtiges Verhalten – vielfach in Konkurrenz zu dem, was Eltern und Ältere sagen, manchmal auch im Gegensatz zu dem, was sie selbst für richtig halten. Insofern muss es sehr schwer sein, einer Gruppe anzugehören und ihr gegenüber dennoch Distanz zu bewahren – oder?

▶ »Hit«- und »Hasslisten« von 15- bis 24-jährigen Jugendlichen 1996:

Hits:
Tierschützer (82%)
Umweltschützer (81%)
Musikgruppen-Fans (66%)
Menschenrechtsgruppen (65%)
Discofans (60%)
Dritte-Welt-Initiativen (60%)

Abneigungen:
Hooligans (90%)
Faschos/Neonazis (88%)
Skinheads (85%)
Okkulte Gruppen (51%)
Punker (46%)
Rocker (44%)

---

1. Erörtert, warum die Jugendlichen am Ende ›ausgeflippt‹ sind.
Zur Diskussion gestellt: Wie hätte der Vorfall verhindert werden können? Einige Eltern haben anschließend auch der Segelschule Vorwürfe gemacht. Was haltet ihr davon?

2. Setzt euch zu viert um einen Tisch und notiert auf einem leeren Blatt Papier eine der folgenden Behauptungen:
Zu einer Gruppe zu gehören, macht glücklich. – Gruppen machen unselbstständig. – Eine Gruppe ist gut, wenn (…) – Eine Gruppe ist schlecht, wenn (…).
Jeder von euch kommentiert nacheinander mit einem Satz die ausgesuchte These. In einer zweiten Runde nimmt jeder schriftlich Stellung zu den Bemerkungen der anderen. Am Ende tauscht ihr die Papiere untereinander aus und vergleicht Gemeinsamkeiten und Unterschiede mit den Meinungen der anderen Gruppen.

3. Stellt einige der euch bekannten Gruppen vor – ihr »Outfit«, den bevorzugten Musikstil und die Werte, die sie vertreten.

4. Diskutiert die nebenstehenden »Hit- und Hasslisten« und vergleicht sie mit euren eigenen Einstellungen: Was hat sich seit 1996 verändert? Sucht nach Gründen.

… in gegensätzlichen Lebenskreisen

Ordnung muss sein oder: die strenge Kulturtradition?

Es war Freitagnachmittag. Nach der sechsten Stunde trafen sich Janine, Melanie und Duygu, um gemeinsam in die Stadt zu gehen. Ihre Freundin Anna würde am Samstag Geburtstag haben und die drei wollten ihr ein Geschenk kaufen.

Die Mädchen waren sehr gute Freundinnen. Sie unternahmen vieles gemeinsam. Nur manchmal musste Duygu absagen, weil sie nicht so oft wie ihre Freundinnen ausgehen durfte. Ihre Eltern stammten aus der Türkei. Sie bemühten sich, den Kindern möglichst viel von türkischer Kultur und Tradition beizubringen. Sie wollten nicht, dass die Kinder im Laufe der Zeit ihre Identität verlieren würden.*

Duygu durfte zwar ihre Freundinnen besuchen, aber selten bei ihnen übernachten. Ihre Eltern befürchteten, dass die Mädchen abends ausgehen oder sich mit Jungs treffen würden. Duygu versuchte – so weit es ging –, den Eltern nicht zu widersprechen, um Konflikte zu vermeiden. Sie durfte keinen Freund haben, obwohl ihre Freundinnen alle einen Freund hatten.

Seit dem neuen Schuljahr war ein neuer Schüler in der Klasse. Er hieß Marc. Duygu war ganz durcheinander. Sie hatte sich in ihn verliebt. Er wollte auch auf die Geburtstagsfeier von Anna kommen. Also musste Duygu irgendwie ihre Eltern überreden, dass sie länger bleiben konnte. Wenn sie wüssten, dass auch Jungs kommen, würden sie es ihr nie erlauben. Bei ihrem zwei Jahre älteren Bruder machten ihre Eltern nie so große Probleme. Er konnte kommen und gehen, wann er wollte.

Nach dem Stadtbummel mit ihren Freundinnen fasste sich Duygu ein Herz und bat ihre Mutter um Erlaubnis: Duygu betonte, Annas Mutter habe extra Putenfleisch gekauft und sogar angeboten, sie abends nach Hause zu fahren, damit sie etwas länger bleiben könne. Duygus Mutter zeigte sich schließlich einverstanden.

Auf der Fete kamen sich Duygu und Marc näher. Sie verstanden sich so gut, dass sie sogar ihre Telefonnummern austauschten. Duygu gab ihm bestimmte Zeiten an, damit außer ihr keiner ans Telefon ging. Jungs durften nicht anrufen; da waren die Eltern streng. Obwohl eine Woche verging, hatte Marc noch nicht angerufen. In der Schule traute sie sich nicht, mit ihm darüber zu reden. Schließlich ergriff sie die Initiative und rief bei ihm an. Sie wollte wissen, warum er sich nicht gemeldet hatte (…).

Elif Aybirdi

»Anything goes« oder: die normierte Spaßgesellschaft?

Gnadenlos gut … Willkommen im Club. Vergesst den Alltag, Schulstress und die Langeweile. Denn hier lassen wir den Hexenkessel brodeln. In den letzten Jahren hat sich unser Club in St. Paul de Mar zum absoluten Renner unter unseren Clubhotels für junge Leute entwickelt. Dies liegt nicht nur an der Vielfalt des Freizeit- und Animationsprogramms, sondern auch an dem jungen deutsch-spanischen Hausteam mit seinem unermüdlichen Einsatz bei Tag und Nacht. Hier gibt es nur junge Leute und somit seid ihr die Hauptpersonen. Fun und Action rund um die Uhr lassen keine Langeweile aufkommen. Ob am Pool, am Strand, in der Hotelbodega oder im Day & Night Café. Wer Ruhe sucht, ist hier falsch – unsere Disco in den Tiefen der Kellergewölbe sorgt mit 2 x 1.000 Watt für angenehme Vibration bis in den 5. Stock. Wer hier allein bleibt, ist selber schuld.

Facts: 200 Betten Clubhotel, nur junge Leute, Pool, Rezeption, Sonnenterrasse, Sat-TV-Ecke, Billard, Tischtennis, Kicker, Bodega, Day & Night Café, Disco.

No money for: Aerobic, Stretching, Wassergymnastik, Jazz-Dance, Fuß-, Hand-, Volleyball, Basketball, Fun Olympiaden, Club Creativ, Power-Animation, Welcome Drink, Clubdisco.

Aus einem Ferienkatalog für Jugendliche (1999)

1. Vergleicht die beiden Lebenskreise: Benennt, diskutiert und bewertet Werte und Normen, die in ihnen erkennbar werden.
2. Hat Duygus »verbotene Liebe« Aussicht für die Zukunft? Spinnt in kleinen Gruppen die Erzählung weiter: Wenn ihr zu unterschiedlichen Ergebnissen kommt, diskutiert ihre jeweilige Wahrscheinlichkeit.
3. Stellt Vermutungen an, was Angehörige auch unterschiedlicher Kulturen und Traditionen in unserer Gesellschaft eint: Sucht nach Wegen, wie die gemeinsamen »Schnittmengen« vergrößert werden können.

Der österreichische Psychotherapeut Viktor E. Frankl sieht in der Freiheit des Einzelnen und seinen zunehmend unüberschaubaren Wahlmöglichkeiten einen entscheidenden Grund für Sinnverlust. Wie lässt sich ein Weg für ein gelingendes Leben finden – inmitten widersprüchlicher Werte und Normen, unterschiedlicher Erwartungen und Lebensstile? Frankl schlägt drei »Hauptstraßen« sinnerfüllter »Selbstwerdung« vor:

– Erleben statt konsumieren: die Natur, andere Menschen, die Einzigartigkeit eines jeden Tages bewusst wahrnehmen und als Geschenk annehmen;

– Hinwendung zu einem Projekt: sich einer Idee, einer Aufgabe, einem persönlichen »Werk« mit aller Kraft hingeben;

– Hinnehmen, was nicht zu ändern ist: Misserfolg, Leiden, Krankheit, selbst den Tod hoffnungsvoll annehmen und den verborgenen Sinn aufspüren.

▶ Soziologen sprechen von einer »Double-bind«-Situation, in die viele Kinder von Zuwanderern aus islamisch geprägten Ländern geraten: Einerseits wollen traditionell eingestellte Eltern ihre Kinder vor den Einflüssen der Außenwelt schützen – in der berechtigten Sorge, diese könnten ihrer herkömmlichen Lebenswelt entfremdet werden; andererseits suchen Jugendliche den Anschluss an die »moderne Welt« außerhalb ihrer Familie.

Diese innere Zerrissenheit kennen auch einheimische Jugendliche: Wollen sie abweichenden Ansprüchen von Familie und Freizeit-Clique genügen, müssen sie zwischen zwei oder mehr »Kulturen« lavieren.

Gibt es verbindliche Regeln für alle – jenseits autoritärer Strenge oder alles erlaubender Freizügigkeit? Wenn ja, wie sieht ein solcher Mittelweg aus?

Seit 1989 versucht das Frankfurter »Amt für Multikulturelle Angelegenheiten«, bei »Double-bind«-Konflikten von Jugendlichen und Eltern, aber auch von Einheimischen und Zuwanderern zu vermitteln:

Das hat eine ständige Gratwanderung zur Folge: Die unerbittliche Durchsetzung der Normen dieser Gesellschaft wäre nicht weniger falsch als die Duldung von religiös oder kulturell bedingter Unterdrückung.

Daniel Cohn-Bendit/Thomas Schmidt: Heimat Babylon

Was bleibt? Was wird anders?

Vieles um uns herum verändert sich in rasender Geschwindigkeit – und wir? HILDE DOMIN und WOLF BIERMANN stellen Antworten ganz eigener Art zur Diskussion. Wenn ihr zum Abschluss die nachfolgenden Übungen durchspielt, wisst ihr hinterher mehr: über euch selbst, aber auch über Werte* und Normen, die euch wahrscheinlich morgen noch etwas bedeuten werden.

Ziehende Landschaft

Man muß weggehen können
und doch sein wie ein Baum:
als bliebe die Wurzel im Boden,
als zöge die Landschaft
und wir ständen fest. (...)
HILDE DOMIN (1956)

Nur wer sich ändert,
bleibt sich treu.
WOLF BIERMANN (1991)

Was mir lieb und teuer ist
Vervollständigt nacheinander die folgenden Halbsätze. Wer beginnt, wirft nach dem Satzende einem anderen Schüler oder einer Schülerin einen Ball zu; der oder die Nächste macht spontan weiter:
Als ich ein Kind war, (...)
Wenn eine gute Fee mir einen Wunsch erfüllen würde, dann (...)
Wenn ich an schöne Erlebnisse zurückdenke, dann (...)
Wenn mir jemand eine Freude machen möchte, sollte er (...)
Wenn ich jemandem eine Freude machen will, würde ich (...)
Mit meinen Eltern verbindet mich (...)
Wenn ich an Jungen/Mädchen denke, dann (...)
Was mich am meisten empört ist, wenn (...)
Wenn ich mich wohlfühle, (...)
Überlegt, welchen Sinn eine solche Übung haben kann.

Was zählt?
Notiere untereinander die fünf wichtigsten Dinge im Leben – das können Gegenstände, aber auch Werte, Eigenschaften, Tätigkeiten sein. Neben diese Wörter schreibst du ein »E« (für »einzeln«, wenn du sie nur allein tun kannst), ein »W« (für »wir«, wenn du sie nur mit mindestens einem anderen Menschen ausleben kannst) oder ein »G« (wenn sie »Geld« kosten).
Vergleicht eure Angaben: Welche Schlussfolgerungen könnt ihr ziehen?

Traum oder Alptraum?
Stell dir vor, du wirst dreißig Jahre alt: Was möchtest du gerne in einer Rede zu deinem Geburtstag hören – was nicht ...?

Zu guter Letzt
Diskutiert den folgenden Satz:
Wichtiger als Werte zu lernen, ist es, werten zu lernen.

Aggression, Gewalt und Frieden

Spielende:

Stellt euch nicht so an,
es war doch alles nur ein Spiel!
Wir haben das gar nicht so gemeint.
Könnt ihr denn keinen Spaß verstehen?

Regt euch nicht so auf,
es ist doch fast nichts passiert!
Beim nächsten Mal geht's anders aus,
ihr dürft auch anfangen, wenn
ihr wollt ...

Gewalt und ihre Folgen

Alles nur ein Spiel?

Der »Eisenhans«, ein »deutscher Hooligan«, wie er sich selbst nennt, erzählt von seinen Erlebnissen:

Es war eigentlich ein ganz normaler Spieltag. Wir haben uns ausgiebig warm gemacht vorher. An der Kasse gab's die üblichen Spielchen, von wegen keine Flaschen und so, aber keiner von denen traut sich so richtig, uns zu kontrollieren, wenn sie unsere Kutten sehen. Als wir dann rein sind, ging auch schon die Party los: totales Lärmen und Hupen und Schlachtgesänge – das ist ein Gefühl, das glaubst du nicht, das kann man auch nicht beschreiben, da stehst du völlig unter Strom.

In der Pause haben die Jungs ein paar Bänke zerlegt, weil du auf den Scheißdingern nicht richtig sitzen kannst – na, und wenn zehn Mann darauf rumtanzen, gehen die halt kaputt. So ist das Leben, Mann. Wir haben noch was getrunken, wir lagen ja auch 0:2 hinten und so langsam musste mal was passieren.

In der zweiten Hälfte haben die anderen dann irgendwas rübergeworfen – und ich hab mich noch gefragt, warum diesmal die Bullen nicht aufmarschieren, die gehören schließlich mit zum Spiel – und plötzlich ging's auch schon los. Dabei hatten wir gerade das Anschlusstor gemacht, kein Grund also, so durchzudrehen. Jedenfalls sind wir dann rüber und ab ins Gewühl.

Ich habe ein paar von denen so richtig aufgeklatscht. Und wie ich mich gerade so bücke, um einem Kumpel von mir aufzuhelfen – weil, den hatte es wirklich böse erwischt –, da macht es plötzlich ›klonk‹ … und aus. Im Krankenhaus haben sie gesagt, der feige Typ hätte von hinten mit 'nem Totschläger auf mich eingedroschen. Jetzt haben sie mir eine Platte in den Schädel gesetzt – passt irgendwie gut zu Eisenhans.

▶ Spiel-Modelle

Die Spiele, ebenso wie das Vor-Spiel, beruhen darauf, dass zwei oder mehr Menschen ihre Kräfte aneinander messen. (…) Da gibt es immer kleinere oder größere Machtproben: Bin ich stärker, bist du stärker? (…)
Der Gebrauch des Wortes Macht führt uns in dieser Hinsicht leicht in die Irre. Wir sagen von einem Menschen, er habe sehr große Macht, als ob diese Macht ein Ding sei, das er in der Tasche mit sich herumtrüge. Aber dieser Wortgebrauch ist ein Überbleibsel magisch-mythischer Vorstellungen. Macht ist nicht ein Amulett, das der eine besitzt und der andere nicht; sie ist eine Struktureigentümlichkeit menschlicher Beziehungen – aller menschlichen Beziehungen.

Norbert Elias, britischer Soziologe deutsch-jüdischer Herkunft

Sich schlagen – eine ernste Sache

Als Kind und in der Jugend musste ich mich ziemlich oft schlagen; dabei fing ich nie an, ich wehrte mich nur. War mein Gegner etwa gleich stark, dann siegte manchmal ich, manchmal er. War er viel stärker oder fielen mehrere über mich her, dann siegte meistens ich; jedenfalls unterlag ich nicht. Wieso?

Was auf den ersten Blick merkwürdig erscheint, erklärt sich ganz einfach. Dazu ein Beispiel. Einmal hatten mir Jungen von der Nachbarstraße aufgelauert und kreisten mich ein. Etwa zehn Mann. Viele waren so schon stärker als ich. Ich sagte ihnen folgendes: »Dem ersten, der mich anfasst, reiße ich die Augen aus, dann könnt ihr mit mir machen, was ihr wollt!« Sie kannten mich. Sie wussten, ich würde Wort halten. Und sie ließen mich durch. Und ich ging meines Weges. Das Beispiel ist sehr lehrreich. Sie waren vielmal stärker als ich. Darum wollten sie mich

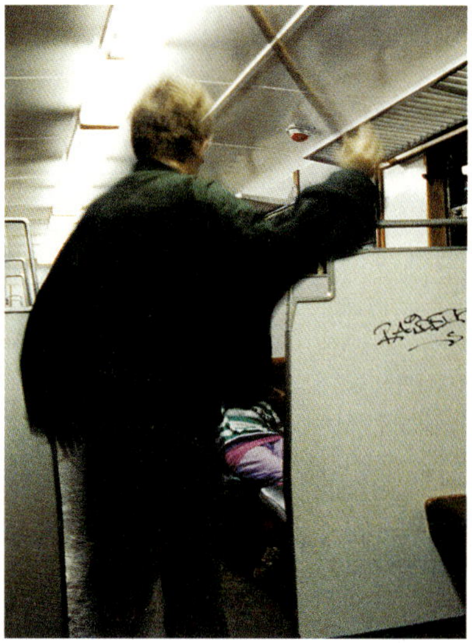

auch verprügeln, aber ohne selbst was abzukriegen. Sie wollten nicht verlieren. Ich hingegen hatte keinen anderen Ausweg, als mit allen nur möglichen Mitteln zu kämpfen. Ich war bereit, alles zu verlieren, aber auch den Feind zu schädigen, so gut ich konnte. Später habe ich aus solchen Situationen für mich einen moralischen Grundsatz abgeleitet. Nämlich: Wehre dich immer und unter allen Umständen. Ist der Angreifer viel stärker als du, hast du das moralische Recht, jedes verfügbare Mittel zu gebrauchen. Du musst kämpfen bis ans Ende, ohne Verluste zu scheuen, du musst trachten, dem Feind den größtmöglichen Schaden beizubringen.

Alexander Sinowjew, russischer Schriftsteller und Logiker

---

1. Untersucht den Bericht des Hooligans: In welchen Schritten breitet sich die Gewalt aus? Warum wird das ›Spiel‹ plötzlich so gefährlich?
2. Diskutiert die Haltung von Alexander Sinowjew. Überlegt: Muss man immer fair bleiben? Bedenkt die Folgen eurer Entscheidung.
3. Betrachtet gemeinsam die Bilder dieser Seite und sammelt Vorschläge: Mit welchen Mitteln kann Gewalt kontrolliert oder sogar abgeschwächt werden?

Die Steigerung der Gewalt (»Eskalation«) folgt in vielen Situationen Regeln, ähnlich wie in einem Spiel. Sofern Gewalt in Auseinandersetzungen eine ›reguläre Antwort‹ ist, können die beteiligten Spieler/innen die Ausbrüche regulieren – und sogar abschwächen (»deeskalieren«).
Was aber, wenn eine Seite um jeden Preis – auch um den der Selbstschädigung – bereit ist, ›die anderen‹ anzugreifen?

▶ Relative Spielstärke

Es bedarf nur einer kleinen Denkanstrengung, um sich klarzumachen, dass »Spielstärke« ein Beziehungsbegriff ist. Er bezieht sich auf die Gewinnchancen des einen Spielers im Verhältnis zu denen eines anderen. (…) Man kann aber geregelte menschliche Beziehungen nicht verstehen, wenn man von der stillschweigenden Voraussetzung ausgeht, dass Normen oder Regeln von Anfang an vorhanden sind. Damit verstellt man sich vollkommen die Möglichkeit zu fragen und zu beobachten, unter welchen Umständen und wie Beziehungen, die nicht durch Normen geregelt sind, sich normieren. Dass es sich bei dieser Frage nicht nur um ein fiktives Problem handelt, kann man überall auf dieser Welt wahrnehmen, wo es Kriege oder andere Typen unregulierter Konflikte gibt.

Norbert Elias

Ewiger Krieg!?

»Eine deutsche Jugend«

1913 *Wir Jungen wünschen den Krieg herbei, der Friede ist eine faule und der Krieg eine große Zeit, sagen die Professoren, wir sehnen uns nach Abenteuern, vielleicht werden uns die letzten Schuljahre erlassen und wir sind morgen in Uniform, das wird ein Leben. Aber der Friede bleibt erhalten, die Lehrer vergessen die kriegerische Haltung, uns wird nicht eine Schulstunde geschenkt.*

▶ Der Journalist und Schriftsteller ERNST TOLLER hat den Ersten Weltkrieg 1914 bis 1918 hautnah miterlebt. In seinen Jugenderinnerungen berichtet er, wohin ein übertriebenes Nationalbewusstsein und Kriegsbegeisterung führen können.

1914 *Ich habe die Stimmen der Menschen noch im Ohr, die schrien, dass Frankreich angegriffen sei, jetzt lese ich in deutschen Zeitungen, dass Deutschland angegriffen wird und ich glaube es. Französische Flieger, sagte der Reichskanzler, haben Bomben auf bayerisches Land geworfen, Deutschland wurde überfallen, ich glaube es. An den Bahnhöfen schenkt man uns Karten mit dem Bild des Kaisers und der Unterschrift: »Ich kenne keine Parteien mehr.« Der Kaiser kennt keine Parteien mehr, hier steht es schwarz auf weiß, das Land keine Rassen mehr, alle sprechen eine Sprache, alle verteidigen eine Mutter, Deutschland.*

1915 *Wir schlafen aneinander gekauert in schlammigen Unterständen, von den Wänden rinnt Wasser, an unserem Brot nagen die Ratten, an unserem Schlaf der Krieg und die Heimat. Heute sind wir zehn Mann, morgen acht, zwei haben Granaten zerfleischt. Wir begraben unsere Toten nicht. Wir setzen sie in die kleinen Nischen, die in die Grabenwand geschachtet sind für uns zum Ausruhen. Wenn ich geduckt durch den Graben schleiche, weiß ich nicht, ob ich an einem Toten oder einem Lebenden vorübergehe. Hier haben Leichen und Lebende die gleichen graugelben Gesichter.*

1917 *Alle diese Toten sind Menschen, alle diese Toten haben geatmet wie ich, alle diese Toten hatten einen Vater, eine Mutter, Frauen, die sie liebten, ein Stück Land, in dem sie wurzelten, Gesichter, die von ihren Freuden und Leiden sagten, Augen, die das Licht sahen und den Himmel. In dieser Stunde weiß ich, dass ich blind war, weil ich mich geblendet hatte, in dieser Stunde weiß ich endlich, dass alle diese Toten, Franzosen und Deutsche, Brüder waren, und dass ich ihr Bruder bin.*

▶ **Der Krieg ist …**
Du bist der Vater aller Dinge,
Herrscher der Weltgeschäfte.
Du lässt die Börsenkurse steigen
und bescherst uns allen prächtigen
Gewinn.
Du bist die unheilige Fortsetzung
der Politik mit anderen Mitteln,
unaussprechlichen.
Dein blutiges Handwerk
ist der Handel, der uns ernährt
jeden Tag.
Wem ist dein Preis
zu teuer?

Recht auf Krieg?

Weil die gegenseitigen Verleumdungen der Kriegsparteien auch nach 1918 kein Ende fanden, bemühte sich der umstrittene Staatsrechtler CARL SCHMITT um eine »wertfreie« Begründung des Krieges. 1927 veröffentlichte er ein folgenschweres Traktat, das ihm den Ruf eintrug, Theoretiker des »totalen Staates« zu sein:

Zum Staat als einer wesentlich politischen Einheit gehört das ›Recht des Krieges‹, d. h. die reale Möglichkeit, im gegebenen Fall kraft eigener Entscheidung den Feind zu bestimmen und ihn zu bekämpfen. Mit welchen technischen Mitteln der Kampf geführt wird, welche Heeresorganisation besteht, wie groß die Aussichten sind, den Krieg zu gewinnen, ist hier gleichgültig, solange das politisch einige Volk bereit ist, für seine Existenz und seine Unabhängigkeit zu kämpfen, wobei es kraft eigener Entscheidung bestimmt, worin seine Unabhängigkeit und Freiheit besteht. (...)

Der Staat als die maßgebende politische Einheit hat eine ungeheure Befugnis bei sich konzentriert: die Möglichkeit, Krieg zu führen und damit offen über das Leben von Menschen zu verfügen. Denn das ›Recht des Krieges‹ enthält eine solche Verfügung; es bedeutet die doppelte Möglichkeit: von Angehörigen des eigenen Volkes Todesbereitschaft und Tötungsbereitschaft zu verlangen und auf der Feindesseite stehende Menschen zu töten. (...)

Ein Krieg hat seinen Sinn nicht darin, dass er für Ideale oder Rechtsnormen, sondern darin, dass er gegen einen wirklichen Feind geführt wird. Alle Trübungen dieser Kategorie von Freund und Feind erklären sich aus der Vermengung mit irgendwelchen Abstraktionen oder Normen.

Ein politisch existierendes Volk kann also nicht darauf verzichten, gegebenenfalls Freund und Feind durch eigene Bestimmung auf eigene Gefahr zu unterscheiden.

CARL SCHMITT (1888-1985)

»Warum gibt es Krieg?«

Eine Kinderfrage. »Es gibt halt böse Menschen!«, haben früher Eltern geantwortet. »Das sind die Feinde.« Heute sagen sie: »Die Menschen sind halt so. Manchmal entwickeln sie Hass aufeinander.« Und die Wissenschaftler, die Kriegsursachen erforschen, präsentieren mit viel methodischem Aufwand die Erkenntnis: Die Ursachen sind immer kompliziert – Machtbesessenheit, Habgier, Armut, Unterentwicklung, Rassenhass in jeglicher Verbindung und Vermischung.

MICHAEL BECHTEL

▶ Der Krieg nebenan

Das Europa, in dem nie wieder Völkermord geduldet werden sollte, gibt es nicht mehr. Terror herrscht um Abstammung und Abtrennung, um Zugehörigkeit und Ausschließung. (...) Der Jugoslawienkrieg ist uralt und zugleich der modernste aller Kriege. Uralt? Physische und seelische Grausamkeiten, die mittelalterlich zu nennen eine Schmähung des Mittelalters wäre. (...) Dieser Krieg gegen das Projekt »Zivilität« hat den kalten Krieg abgelöst. Er signalisiert den technisch modernen Abstammungs- und Vertreibungskrieg. Der Terror

in Städten und Dörfern wird begleitet von den mit großem Hightech-Propagandaaufwand inszenierten, angeblich uralten völkischen und religiösen Fehden.

FREIMUT DUVE (1994),
Europäischer Menschenrechtsbeauftragter

1. Informiert euch mit Hilfe eines Geschichtsbuches über die politische Situation zu Beginn des Ersten Weltkriegs: Wer hat angefangen? Erstellt dazu ein Schaubild (Anlass, Beteiligte und Betroffene, Verlauf und Ergebnisse).
2. Überlegt gemeinsam: Wie entsteht die Unterscheidung von »Freund« und »Feind«? Vergleicht dazu die Hinweise in den Texten.
3. Diskutiert, ob ein Krieg moralisch gerechtfertigt sein kann.

Streit-Gene? Oder: Sind Gewalt und Krieg unvermeidbar?

Diese Frage hat Menschen von altersher beschäftigt. Ob Aggressivität dem Menschen angeboren ist oder nur erlernt wird (und dementsprechend auch abgewöhnt werden kann), lässt sich aber praktisch nicht beantworten. Um den wissenschaftlichen Nachweis zu führen, müsste ein Mensch versuchsweise gänzlich ohne Artgenossen aufwachsen, von denen er aggressives Verhalten lernen oder von denen er frustriert werden könnte. Durch die Isolation würde jedoch das Sozialverhalten dieses Menschen insgesamt so sehr gestört, dass seine gezeigte Aggressivität durchaus eine Folge der Zwangsbehandlung sein könnte.

In Versuchen mit Rhesusaffen konnte man immerhin zeigen, dass das Erkennen der arttypischen Drohmimik wahrscheinlich angeboren ist. Vermutlich gibt es unter den Primaten, denen der Mensch biologisch zugeordnet wird, ein Minimum an Aggressivität, das auch in einer frustrationsarmen Umgebung nicht unterschritten werden kann. Zumindest tritt in allen Gruppen, die unter natürlichen Bedingungen leben, aggressives Verhalten auf und scheint auch notwendig für ein gesundes Gruppenklima zu sein.

Mit welcher Intensität und auf welche Weise Menschen in bestimmten Situationen aggressiv reagieren, hängt von Umweltfaktoren ab: Nach allem, was wir wissen, gibt es keinen inneren Aggressionstrieb, der die Menschen regelmäßig antreibt, gegeneinander Kriege zu führen. Aggressionsverstärkend wirkt insbesondere die Angst vor unbekannten Situationen, die nicht mit Hilfe früherer Erfahrungen bewältigt

▸ Alex der Mörder

Im Gefängnis wollen ihm seine Psychologen die ungebremste Aggressivität austreiben, mit Hilfe eines Spezialprogramms. Alex ist begeistert:

»Ach, das wird doch prima sein, wenn man ein guter Mensch ist, Sir.« Aber innerlich, Brüder, musste ich echt horrorshow schmitzen (lachen). Der Psychologe sagte:
»Wer weiß, ob das so prima ist, mein Junge. Vielleicht ist das ganz entsetzlich, ein guter Mensch zu sein. Und mir ist klar, wenn ich dir das sage, muss es nach einem Widerspruch in sich klingen. Ich weiß, das wird mir noch viele schlaflose Nächte bereiten. Was will Gott? Will Gott den guten Menschen oder will er den Menschen, der das Gute wählt? Ist ein Mensch, der das Böse wählt, womöglich gar besser als einer, dem das Gute aufgezwungen wird?«

Aus dem Roman »Uhrwerk Orange« von ANTHONY BURGESS (1962)

werden können. Unkontrollierte Angst, die zur Panik wird, die überall und in allem Gefahren und Drohungen wittert, neigt zu unkontrollierter Gewalt. Imponiergehabe und Einschüchterung der anderen ist dann oft nur ein Mittel der Selbstverteidigung gegen die eigene Angst.

Streit-Rituale

Ein Streit muss nicht mit Waffengewalt ausgetragen werden. Überall auf der Welt haben Menschen besondere Streit-Rituale entwickelt, die es ihnen möglich machen, Auseinandersetzungen ohne größeren Schaden zu überstehen. Manche dieser Rituale sind vermutlich auf unser stammesgeschichtliches Erbe zurückzuführen, denn man findet sie auch bei höheren Säugetieren.

Zu diesen Ritualen gehört beispielsweise das »Drohstarren«. Beide Streithähne schauen sich mit ernstem Gesicht an, als wollten sie einander angreifen, bis einer den Blickkontakt abbricht und aufgibt. Das Wegschauen und Kopfsenken als Geste der Demut macht für den Gegner eine weitere Aggression überflüssig. Schmollen und Weinen sind weitere allgemeine Beschwichtigungsgebärden, die feindselige Aggressionen hemmen.

Auch lautes Beschimpfen, Verhöhnen und Auslachen zählen zu den Ritualen, mit denen körperliche Verletzungen vermieden werden können, indem man den Gegner auf Abstand hält. Als letztes Mittel, um eine Eskalation des Konflikts zu verhindern, kann man sich immer noch zurückziehen und so tun, als habe man das provozierende Verhalten nicht bemerkt. Dieses Ritual der Klugheit wird in kriegerischen Kulturen als »Feigheit vor dem Feind« verurteilt.

1. Sind Gewalt und Krieg vermeidbar? Sammelt Argumente dafür und dagegen: Diskutiert ihre jeweiligen Folgen.
2. Diskutiert, wie in Familie und Schule aggressives Verhalten abgebaut werden kann.
3. Untersucht bekannte Brettspiele (z. B. Dame, Mühle, Schach): Welche allgemeinen Regeln sichern die Fairness im Spiel?
4. Projektidee »Körpersprache«: Führt Rollenspiele zu aggressiven Konflikten durch und dokumentiert sie mit Fotos und Begleittexten.

Gewalt und Krieg haben auch einen biologischen Ursprung: die menschliche Aggressivität. Anders als das Tier kann der Mensch aber entscheiden, in welche Richtung er seine Aggressionen lenkt und in welche »geregelte Sprache« er sie übersetzt. In vielen Lebenssituationen kommt es dabei auf das Verhalten jedes Einzelnen an.

▶ Wie Alex zum ›Gut-Menschen‹ wird

Nach nur zwei Wochen Sensibilisierungs-Therapie mit Horrorvideos und Medikamenten hat sich Alex von Grund auf verändert:

Und er haute mir auf die Rucke (Hand), dass meine Britwa (Rasiermesser) zu Boden fiel. Ich sagte: »Bitte, ich muss etwas für dich tun. Soll ich dir die Stiefel putzen? Schau, ich kann mich hinknien und sie dir ablecken.« Und dann, Brüder, glaubt es oder küsst mir die Scharris, kniete ich mich hin, streckte die Zunge meilenweit heraus, um ihm seine kraschnigen Stiefel zu lecken (...). Dr. Brodsky sagte zu den Zuschauern: »Wie sie sehen, wird unsere Versuchsperson zum Guten paradoxerweise durch den Antrieb zum Bösen hingetrieben. Die Absicht, einen Gewaltakt zu begehen, wird von starken körperlichen Unlustempfindungen begleitet. Um diesen entgegenzuwirken, muss die Versuchsperson auf eine völlig gegensätzliche Haltung umschalten. Noch Fragen?«

Aus dem Roman »Uhrwerk Orange«

▶ Zum Weiterdenken
1. Wieviele von den in Deutschland lebenden 82 Millionen Menschen gelten als »Ausländer« – in den westlichen (östlichen) Bundesländern: 1, 3, 6, 8, 15 oder mehr Prozent?
2. Schätze den Ausländeranteil unserer europäischen Nachbarn ein: Luxemburg, Schweiz, Belgien, Frankreich (in Prozentanteilen).
Stellt Vermutungen über die jeweils richtigen Lösungen an und diskutiert nach Ermittlung der zutreffenden Angaben Gründe für mögliche Fehleinschätzungen.

Feindbilder

»Überfremdung«

Wenn man von Bedrohungen Deutschlands spricht, kommt man an einer keinesfalls vorbei. Ich meine die Überfremdung. Ich fühle mich auf den Straßen eben nicht wohl, wenn ich mitten in Deutschland den Eindruck habe, in Afrika zu sein. Jetzt ist das Volk aufgerufen, um jene Umvolker aus ihren Sesseln zu jagen, die Tag für Tag daran arbeiten, dass das Deutschsein schon bald getilgt wird. Wir haben nur ein Land, in dem wir die Herren sind! Deshalb muss Deutschland den Deutschen bleiben!

Christian Käs, stellvertretender Vorsitzender der »Republikaner« (1998)

▶ Feindbilder entstehen auch im Kopf
Die einen nehmen Fremdes, eine fremde Umgebung, aber auch fremde Personen als interessant und faszinierend wahr; die anderen empfinden die gleiche Erfahrung als angsteinflößend und bedrohlich. Dabei können abwehrende Gefühle und Einstellungen gemäßigte bis extreme Formen annehmen:
Stufe 1: Fremdheitsgefühl;
Stufe 2: Fremdenangst;
Stufe 3: Fremdenablehnung;
Stufe 4: Fremdenfeindlichkeit; Fremdenhass.

Fremde = Feinde?

Zwei Passagiere in einem Eisenbahnabteil. Wir wissen nichts über ihre Vorgeschichte, ihre Herkunft oder ihr Ziel. Sie haben sich häuslich eingerichtet, Tischchen, Kleiderhaken, Gepäckablagen in Beschlag genommen. Auf den freien Sitzen liegen Zeitungen, Mäntel, Handtaschen herum. Die Tür öffnet sich und zwei neue Reisende treten ein. Ihre Ankunft wird nicht begrüßt. Ein deutlicher Widerwille macht sich bemerkbar, zusammenzurücken, die freien Plätze zu räumen, den Stauraum über den Sitzen zu teilen. Dabei verhalten sich die ursprünglichen Fahrgäste, auch wenn sie einander gar nicht kennen, eigentümlich solidarisch. Sie treten den neu Hinzugekommenen gegenüber als Gruppe auf. (...)

Nun öffnen zwei weitere Passagiere die Tür des Abteils. Von diesem Augenblick an ändert sich der Status der zuvor Eingetretenen. Eben noch waren sie Eindringlinge, Außenseiter; jetzt haben sie sich mit einem Mal in Eingeborene verwandelt. Sie gehören zum Clan der Sesshaften, der Abteilbesitzer und nehmen alle Privilegien für sich in Anspruch, von denen jene glauben, dass sie ihnen zustünden. Paradox wirkt dabei die Verteidigung eines »angestammten« Territoriums, das soeben erst besetzt wurde; bemerkenswert das Fehlen jeder Empathie (= Mitgefühl) mit den Neuankömmlingen.

Hans Magnus Enzensberger, deutscher Schriftsteller

Typisch Deutsch!?

Und jetzt stellen Sie sich doch mal Ihre Ahnenreihe vor – seit Christi Geburt. Da war ein römischer Feldhauptmann, ein schwarzer Kerl, braun wie ne reife Olive, der hat einem blonden Mädchen Latein beigebracht. Und dann kam ein jüdischer Gewürzhändler in die Familie, das war ein ernster Mensch, der ist noch vor der Heirat Christ geworden und hat die katholische Haustradition begründet. – Und dann kam ein griechischer Arzt dazu, oder ein keltischer Legionär, ein Graubündner Landsknecht, ein schwedischer Reiter, ein Soldat Napoleons, ein dersertierter Kosak, ein Schwarzwälder Flößer, ein wandernder Müllersbursch vom Elsass, ein dicker Schiffer aus Holland, ein Magyar, ein Pandur, ein Offizier aus Wien, ein französischer Schauspieler, ein böhmischer Musikant – das alles hat am Rhein gelebt, gerauft, gesoffen und gesungen und Kinder gezeugt – und – der Goethe, der kam aus demselben Topf, und der Beethoven, und der Gutenberg, und der Matthias Grünewald, und – ach was, schau im Lexikon nach. Es waren die Besten, mein Lieber! Die Besten der Welt! Und warum? Weil sich die Völker dort vermischt haben. Vermischt – wie die Wasser aus Quellen und Bächen und Flüssen, damit sie zu einem großen, lebendigen Strom zusammenrinnen. Vom Rhein – das heißt: vom Abendland. Das ist natürlicher Adel. Das ist Rasse. Seien sie stolz darauf, (…).

Carl Zuckmayer: Des Teufels General (1945/46)

1. Werde dir klar über deine Gefühle gegenüber Fremden: Tauscht euch darüber aus und sucht nach Gründen für (unterschiedliche?) Einstellungen.
2. Überlege, woher Abneigungen und Ängste gegenüber »Ausländern« herrühren. Welche Argumente lassen sich dagegen anführen?
3. Informiert euch über den so genannten »Ausländeranteil« in unserem Land. Erarbeitet dann einen Test »Feindbilder«, mit dem ihr Vorurteile und Wissen an eurer Schule überprüfen könnt (Beispiele: »Sind Ausländer krimineller als Einheimische?« – »Nehmen Ausländer den Einheimischen Arbeitsplätze weg?«).
4. Führt mit verteilten Rollen eine Podiumsdiskussion durch: »Feindbilder – was tun?«

▶ Thesen zu Vorurteilen

– Halbwahrheiten können schlimmer sein als Unwahrheiten.
– Mit Vorurteilen lässt man Dampf ab.
– Vorurteile können verhängnisvoll werden, wenn kein »Gleichgewicht der Kräfte« besteht.
– Mit Vorurteilen ist es wie mit einer Waage: Werten Inländer eine Gruppe von Ausländern ab, indem sie diesen schlechte Eigenschaften zusprechen, dann werten sie sich selbst damit auf.
– Bei Vorurteilen gegenüber Gruppen oder Völkern werden einer Menschengruppe pauschal Eigenschaften zugesprochen. Wer einer einzelnen Person aus dieser Gruppe begegnet, überträgt diese Eigenschaften ohne weitere Prüfung auf alle anderen.
– Mit Vorurteilen kann man Verantwortung abschieben: Für das eigene Versagen oder für den eigenen Frust werden andere verantwortlich gemacht, die andere Gruppe wird zum »Feind« und »Sündenbock«.

Gleichschaltung?

An der amerikanischen »Gordon High School« führt der Geschichtslehrer Ben Ross mit seinen Schülerinnen und Schülern ein Experiment durch:

»Gemeinschaft ist das Band zwischen Menschen, die für ein gemeinsames Ziel arbeiten und kämpfen. Das ist schon so, wenn man gemeinsam mit seinen Nachbarn eine Scheune baut.«

Ein paar Schüler lachten. Aber David war klar, was der Lehrer meinte. Genau darüber hatte er gestern nach dem Unterricht nachgedacht. Es war so etwas wie der Mannschaftsgeist, den das Footballteam brauchte. »Es ist das Gefühl, Teil eines Ganzen zu sein, das wichtiger ist als man selbst«, erklärte Mr. Ross. »Man gehört zu einer Bewegung, einer Gruppe, einer Überzeugung. Man ist einer Sache ganz ergeben (...).«

»So eine Gemeinschaft ist gar nicht schlecht«, murmelte einer, doch seine Nachbarn brachten ihn schnell zum Schweigen.

»Es ist genau wie mit der Disziplin: Um die Gemeinschaft ganz zu begreifen, muss man sie erfahren und daran teilhaben. Von diesem Augenblick an lauten unsere beiden Grundsätze: MACHT DURCH DISZIPLIN und MACHT DURCH GEMEINSCHAFT. Und jetzt wiederholen alle diese beiden Grundsätze!« Alle Schüler im Raum stellten sich neben ihre Plätze und sagten: »Macht durch Disziplin! Macht durch Gemeinschaft!«

Einige wenige Schüler, darunter Laurie und Brad, beteiligten sich nicht daran, sondern saßen verlegen auf ihren Stühlen, während Mr. Ross die Grundsätze nochmals wiederholen ließ. Endlich stand Laurie auf, dann auch Brad. Jetzt stand die gesamte Klasse.

Begeistert folgen die Schülerinnen und Schüler ihrem Lehrer. »Die Welle«, wie sie ihre Gemeinschaft nennen, breitet sich in der Schule unaufhaltsam aus. Doch einzelne Schülerinnen und Schüler weigern sich und bekommen schnell die Kraft der »Welle«zu spüren ...

Aus dem Roman »Die Welle« von Morton Rhue (1981)

▶ Aus tiefster Überzeugung ...

Als »Fundamentalisten« gelten Menschen, die neben ihrer religiösen oder politischen Überzeugung, neben ihren persönlichen Lebenszielen und Wertvorstellungen (»Fundamenten«) keine anderen Grundeinstellungen dulden können. Woran sind Fundamentalisten zu erkennen?

- Ihr antimodernes Weltbild ist einfach strukturiert und klar geteilt in Gut und Böse, Freund und Feind;
- ihre Grundideen sind eindeutig und unmissverständlich formuliert;
- ihr Handeln ist unerbittlich konsequent, der Zweck rechtfertigt manchmal jedes Mittel.

Gerade das Zusammenwirken dieser drei Faktoren verleiht fundamentalistischen Bewegungen ihre enorme Stoßkraft; in extremen Fällen geraten andere Menschen in Gefahr, die auf der »falschen« Seite stehen.

Religionen im Zwiespalt

Im Laufe der bisherigen Geschichte sind Menschen, die von der Mehrheit abweichende religiöse oder weltanschauliche Überzeugungen vertreten, immer wieder in Gefahr geraten, unterdrückt, gequält oder sogar getötet zu werden. Fanatismus gebiert nackten Hass auf andere Volksgruppen, ja sogar auf Nachbarn, mit denen bisher friedlich zusammengelebt wurde – und dies, obwohl gerade die großen Weltreligionen gemeinsame ethische Grundsätze vertreten: Friedfertigkeit statt Gewalt, Liebe statt Hass, Gerechtigkeit statt Vorteilsnahme, soziale Unterstützung statt Gleichgültigkeit. Sie alle werben für die so genannte »Goldene Regel«: Gehe mit dem Anderen so um, wie du wünschst, dass er mit dir umgeht!

»Medizin gegen den Fanatismus«

Mich interessiert ungemein der innere Tod, der Tod einer Seele, die fanatisch wird. Ich meine jene Austrockung der Seele, die einen Menschen zum Fanatiker macht. Und ich habe Fanatiker auf der Linken, im Zentrum und auf der Rechten erlebt. Ich habe Vegetarier erlebt, die in ihrem Vegetarismus so weit gehen, daß sie bereit sind, jeden bei lebendigem Leib zu zerfleischen, der Fleisch ißt. Ich habe Nichtraucher erlebt, die derart fanatisch gegen das Rauchen sind, daß sie jeden Raucher lebendig verbrennen würden. (...)

Ich glaube jedoch, eine Medizin gegen den Fanatismus gefunden zu haben. Ich habe noch nie einen Fanatiker mit Humor erlebt und auch keinen Menschen mit Humor, der zum Fanatiker geworden ist. Wenn es mir gelänge, den Sinn für Humor in Kapseln oder Ampullen zu füllen und ganze Bevölkerungen gegen Fanatismus immun zu machen, indem ich ihnen den Sinn für Humor gebe, wäre ich reif für den Nobelpreis, nicht den für Literatur, sondern den für Medizin. Humor nämlich ist das Gefühl für Relativität und das ist letzten Endes die Antwort auf jegliche Form von Fanatismus und Fundamentalismus.

Amos Oz, israelischer Schriftsteller

1. Sprecht in Partnerarbeit über eure Erfahrungen in Gemeinschaften: Seid ihr schon einmal mit »Gleichschaltung« und Fanatismus konfrontiert worden?
2. Entwirf ein Schema zum Begriff »Teamgeist« – zum Beispiel als ›Spinngewebe‹: Welche Haltungen und Grundsätze verbergen sich hinter diesem Wort? Erörtert Chancen, aber auch mögliche Risiken des Teamgeistes, etwa in Sportvereinen.
3. Verdeutliche mit Hilfe eines Schaubildes, wie der »Sündenbock«-Mechanismus funktioniert.
4. Sammelt Zeitungsausschnitte und erstellt in Gruppen eine Fotocollage über heutige »Sündenböcke«.

Feindbilder sind bequem: Sie stützen sich auf vorgefasste Meinungen (Vorurteile), die nicht auf tatsächlichen Erfahrungen und ihrer kritischen Überprüfung beruhen, sondern auf populären Stimmungen; einer sachlichen Argumentation halten Feindbilder nicht stand.

Feindbilder vereinfachen die komplizierte Wirklichkeit. ›Schwarzweiß-Malerei‹ dient dazu, nach Belieben »Freund« und »Feind« zu unterscheiden. So bleibt der eigene Kreis frei von Streit – alle »Schuld« für Missstände wird dem »Anderen« zugeschoben, der auf diese Weise ausgegrenzt wird.

▶ Der »Sündenbock«

Wer von »Opfern« spricht, denkt heutzutage an die unschuldigen Opfer von Katastrophen, Verbrechen oder Kriegen. Das aktive Opfer, die freiwillige Selbstaufopferung, ist nur noch bekannt im Zusammenhang mit terroristischen Selbstmordkommandos. Doch eigentlich ist der Begriff des Opfers in religiöser Tradition verwurzelt. Das englische »victim« geht zurück auf das lateinische »victima«: das Opfertier; im deutschen Wort »Opfer« steckt das lateinische »operari«: handeln.

In früheren Zeiten brachten die Menschen ihrem Gott ein Opfer – meist Tiere. Diese Opfertiere (»Sündenböcke«), Sinnbilder für menschliche Ängste und Schuldgefühle, wurden »mit Schuld beladen«, verbannt oder »stellvertretend« geschlachtet. Indem die Menschen mit der Opferung des Schlachttieres einen wirtschaftlichen Schaden in Kauf nahmen, suchten sie die göttliche Macht gnädig zu stimmen und zugleich den verloren gegangenen Gemeinschaftsfrieden wieder herzustellen.

»Wehret den Anfängen ...«

Verräterische Sprache

Der Philosoph Günther Anders befürchtete, dass die Anfänge grausamer Kriegstaten und Menschheitsverbrechen in ganz unverdächtigen Handlungen und unscheinbaren Absichten gesucht werden müssen. Ein Beispiel ist das nationalsozialistische Vernichtungssystem: Hitlers willige Anhänger und Vollstrecker waren bei ihrem massenmörderischen Treiben auf die gründliche Unterstützung durch unpolitische und gewissenlos funktionierende »Schreibtischtäter« angewiesen:

Wenn ich das Wort »Ordnung« höre, dann sträuben sich mir die Haare, weil ich dann die fahrplanmäßigen Züge Eichmanns, die mit der Redensart »geht in Ordnung« abgefertigt wurden, nach Auschwitz donnern höre. Es ist das entsetzlichste Wort, das ich kenne. Es ist das Tarnwort des Monströsen. Es kommt direkt aus dem Munde der Maschine selbst. Es ist so tief entehrt, dass es für Jahrhunderte verboten bleiben müsste. Und auch heute zielt es – darin hat sich, abgesehen von dem größeren Raffinement der heutigen Tarnung, seit den Tagen Eichmanns nichts geändert – ausschließlich darauf ab, Skrupellosigkeiten zu decken; die Vorstellung dessen, was angeordnet oder geordnet wird, in uns einzuschläfern; unser Interesse an den Effekten dessen, was wir mittun, zu lähmen; kurz: uns dazu zu verführen, der glatt laufenden Maschine deshalb zu trauen, weil sie glatt läuft.

Günther Anders (1902-1992)

▶ *Hildegard L.*
Kommandanturstabsmitglied
der SS in Majdanek

Sie sitzt auf der Anklagebank
im Gerichtssaal und
lässt nicht eine Masche
fallen aus dem Strumpf
für alle heilen Füße
ihrer Enkel in Schaftstiefeln
mussten diese L. nie
sehen ihre Augen bei der Musterung
von Kindern Greisen Kranken Frauen
für den Tod
hat sie gewissenhaft gesorgt wie
für ihr eigenes Leben.

Sie lächelt still in sich
hinein elfhundertsechsundneunzig Mal
ein Mord in Majdanek.

Auf der Anklagebank sitzt eine Frau
und strickt.

Ulla Hahn, Lyrikerin

Das Böse ...

ist eine allgemeine Möglichkeit, um uns herum und in uns selbst. Vorurteil und Grausamkeit zeigen ihre schreckliche Gestalt nicht etwa in dem ständigen Zusammenprall zwischen dem netten einfachen Mann

auf der Straße und dem fürchterlichen politischen System. Der nette, einfache Mann auf der Straße ist häufig weder nett noch einfach. Vielmehr stoßen ständig relativ anständige Gesellschaften mit mörderischen Gesellschaften zusammen. Um es noch genauer zu sagen: Es besteht Grund zu der Sorge darüber, dass relativ anständige Menschen und Gesellschaften sich häufig feige verhalten, wenn sie sich rücksichtslosen und grausamen Menschen ausgesetzt sehen. Kurz, das Böse ist nicht etwa »da draußen« – es lauert im Inneren, manchmal listigerweise hinter der Maske der Hingabe oder des Idealismus.

Wie kann man aber human sein, also skeptisch und moralischer Zwiespältigkeit fähig, und gleichzeitig versuchen, das Böse zu bekämpfen? Wie kann man gegen Fanatismus angehen, ohne fanatisch zu werden? Wie kann man für eine edle Sache kämpfen, ohne zum Kämpfer zu werden? Wie kann man aus der Geschichte Nutzen ziehen und gleichzeitig die giftigen Auswirkungen einer Überdosis Geschichte vermeiden? (…)

Manchmal denke ich am Ende eines Tages über Immanuel Kants Bemerkung nach: »Aus so krummem Holz, als woraus der Mensch gemacht ist, kann nichts Gerades gezimmert werden.« Immer wieder frage ich mich, warum seit Tausenden von Jahren so viele Erlöser, Ideologen und Weltverbesserer unablässig eben dies versucht haben, häufig mit Säge und Axt, nämlich etwas Gerades und Wohlgeformtes aus dem krummen Holz der Menschheit zu zimmern. (…)

Und so schreibe ich über Menschen und was sie denken und was sie wollen (…). Die Verteidigung der Sprache ist mein Weg, den Frieden zu befördern: ein unablässiger Kampf gegen die Verschandelung der Sprache, gegen die ständige Wiederholung von Stereotypen, gegen Rassismus und Intoleranz, gegen die Verherrlichung von Gewalt. (…)

Ich glaube nicht an die Möglichkeit eines perfekten Friedens – denken Sie an jenes »krumme Holz«. Ich arbeite vielmehr für einen kläglichen, nüchternen, unvollkommenen Kompromiss zwischen einzelnen Menschen und Gemeinschaften, die immer getrennt und unterschiedlich sein werden, die aber gleichwohl fähig sind, ein unvollkommenes Miteinander herbeizuführen.

Aus der Rede von Amos Oz anlässlich der Verleihung des Friedenspreises des Deutschen Buchhandels in der Frankfurter Paulskirche (1992)

▶ Wer A sagt, muss auch B sagen!?
Wenn du dich erst mal darauf einlässt, wenn du die ersten Zugeständnisse machst, wenn du dich selbst sagen hörst: »Unter der Bedingung, dass …« – dann wisse, dies ist vermutlich der Anfang vom Ende.
Aber wenn du standhaft bleibst, wenn du deine Prinzipien um keinen Preis verrätst, wenn du deine Moral höher stellst als alles andere auf der Welt – dann wisse, auch dies ist vermutlich der Anfang vom Ende.

1. Informiert euch über das Leben von Adolf Eichmann. Wie hat er sein Tun gerechtfertigt?
2. Den Anfängen wehren!? Schaut in eurem Geschichtsbuch nach und überprüft die Argumente von Günther Anders und Amos Oz.
3. Diskutiert den Satz: »Der Zweck heiligt die Mittel.« Zu welchen Ergebnissen (und Bedenken) gelangt ihr?

»Bis zum letzten Atemzug«? Ein strategisches Modell

Nehmen wir einmal an, es gebe unter den Menschen nur zwei Weisen der Auseinandersetzung, deren Anhänger wir der Einfachheit halber als »Falken« und »Tauben« bezeichnen. Alle Falken kämpfen mit erbittertem Ernst und geben erst dann nach, wenn sie ernstlich verletzt sind; die Tauben hingegen drohen lediglich würdevoll und verletzen niemals jemanden. Wenn ein Falke eine Taube angreift, wird sie immer zu flüchten versuchen. Trifft er auf einen anderen Falken, so wird der Kampf andauern, bis einer von beiden verletzt oder tot ist. Zwei Tauben hingegen, die aufeinander treffen, werden sich voreinander aufplustern und solange stehen bleiben, bis eine von beiden es leid ist und klein beigibt. Diese Variante nennt man auch »Kommentkampf«.

Ergänzen wir unser Gedankenexperiment noch um zwei wichtige Voraussetzungen: Kein Mensch weiß im Voraus, ob ein Rivale oder eine Rivalin ein Falke oder eine Taube ist (1); und er kann auch nicht aus Erfahrungen lernen (2).

Wir können jetzt prüfen, ob es eine stabile Kampfstrategie gibt, indem wir Punktzahlen (P) für Sieg oder Niederlage (z. B. +50 P und 0 P) und für ernste Verletzung oder Zeitverschwendung (z. B. -100 P zu -10 P) verteilen: Bei Kämpfen unter Tauben würde der Sieger 40 Punkte erhalten, der Verlierer 10 Punkte einbüßen; ihr durchschnittlicher Kampfpreis läge also bei +15 Punkten.

Jeder Falke, der gegen Tauben natürlich immer gewinnt, würde mit +50 Punkten erfolgreicher dastehen. Aber je mehr Falken es gibt, um so größer wird die Gefahr, zu verlieren oder ernsthaft verletzt zu werden; die Durchschnittsprämie eines Falken gegen einen anderen beträgt zuletzt -25 Punkte und ist deutlich schlechter als die der unterlegenen Tauben gegeneinander. Dann werden sich die Tauben wieder ausbreiten, bis ein stabiles Verhältnis der Kontrahenten erreicht ist - in unserem Beispiel jeweils 5 Tauben zu etwa 9 Falken.

Man kann das Modell weiterentwickeln, indem weitere Strategien* eingeführt werden, z. B. der »Rächer«, der sich zunächst wie eine Taube verhält, gegen Falken aber erbittert zurückschlägt; oder der »Angeber«, der zunächst wie ein Falke angreift, aber bei Gegenwehr wie eine Taube flieht.

Zwei Tauben treffen aufeinander:

	Sieger-Taube	Verlierer-Taube
Sieg	+50 P	0 P
Zeitverschwendung	-10 P	-10 P
Preis	+40 P	-10 P

durchschnittlich (+40-10) :2 =+15 P/Taube

Zwei Falken treffen aufeinander im Ernst-Kampf:

	Sieger-Falke	Verlierer-Falke
Sieg	+50 P	0 P
Verletzung	- -	-100 P
Preis	+50 P	-100 P

durchschnittlich (+50-100) :2 =-25 P/Falke

Falke und Taube treffen aufeinander:

	Sieger-Falke	Verlierer-Taube
Sieg	+50 P	0 P
Verletzung	- -	- -
Preis	+50 P	- 0 P

Treffen 5 Falken und 5 Tauben aufeinander, so zählen für jeden 9 Begegnungen:

Jede Taube kämpft gegen 4 andere Tauben (4 x 15 P = 60 P) und gegen 5 Falken (5 x 0 P = 0 P), insgesamt 60 P.

Jeder Falke kämpft gegen 4 andere Falken (4 x -25 P = -100 P) und gegen 5 Tauben (5 x 50 P = 250 P), insgesamt +150 P.

Noch haben Falken die Überhand, sie werden sich vermehren. Aber was geschieht, wenn später 10 Falken und 5 Tauben aufeinander treffen?

Schlag um Schlag

Das Herdfeuer flackerte auf und zeigte der Stammesältesten das Entsetzen in den Gesichtern der Männer. »Unsere Feinde lagern auf den umliegenden Hügeln und es sind ihrer viele. Sie werden gewiss das Dorf angreifen, wir sind ihnen nicht gewachsen. Was also sollen wir tun?«

»Nun, wenn das so ist«, flüsterte die Alte und schlug sich fester in die Decke ein, denn die Abendkühle, die mit den Besuchern hereinwehte, ließ sie frösteln. »Lasst sie ins Dorf. Erwartet sie freundlich. Sie haben hierher gefunden, sie werden auch wieder nach Hause finden.«

»Das kannst du nicht von uns verlangen. Sie werden uns berauben. Im Winter müssten wir verhungern, wenn wir uns kampflos ergeben.« Die jüngeren Männer hatten genug gehört, sie tauschten vielsagende Blicke und bahnten sich stolzen Hauptes den Weg ins Freie.

»Nun, wenn das so ist«, schimpfte die Alte, warf die Decke ab, hob zitternd ihre mageren, faltigen Arme und ballte die knotigen Fäuste. »Lasst sie ins Dorf. Lockt sie in einen Hinterhalt und metzelt alle nieder. Keiner darf entkommen.« – »Was du verlangst, ist unwürdig und feige«, erhob da ein älterer Mann die Stimme und andere nickten.

Die Alte starrte reglos in die Flammen. »Wenn das so ist«, sprach sie dann, »suche nicht in meiner Hütte die Antwort auf eine Frage, die bei den Hügeln auf dich wartet. Geht hin und beredet dort, was zu tun ist. Wartet nicht, bis andere den ersten Schritt tun.«

1. Stellt eigene Berechnungen zum Falken-Tauben-Kampf an (Verändert bei Bedarf auch die Punktzahlen).
2. Überlege für dich: Wie »wertvoll« ist ein Sieg?
3. Warum sind die Männer mit den Vorschlägen der Dorfältesten unzufrieden? Sucht nach Verhandlungslösungen – auch im Rollenspiel.

Gewalttätige Auseinandersetzungen lassen sich nicht immer vermeiden; manches Mal bleibt nur die Wahl des kleineren Übels. Oftmals können Auseinandersetzungen auch durch kluges Nachgeben entschärft werden – wenn der Preis dafür nicht zu hoch ist …

▶ Wer zählt die Kriege?
Das Heidelberger Institut für Internationale Konfliktforschung zum Beispiel: insgesamt 387 gewaltsame politische Konflikte seit Ende des Zweiten Weltkriegs (1945), davon 104 offizielle Kriege. Die meisten Kriege ereigneten sich in Schwarzafrika, im Mittleren und Nahen Osten sowie in Asien; sie endeten meist mit Waffenstillständen oder unentschiedenen Situationen. Weniger als ein Fünftel der Angreifer konnte einen Sieg verbuchen.
Bestätigt haben sich zwei Annahmen: die »Theorie des demokratischen Friedens«, wonach sich demokratisch organisierte Länder nur selten gegenseitig bekriegen, und die »Theorie des schwachen Staates«, der die Entstehung von Bürgerkriegen begünstigt. Zukünftige Politik sollte vor allem auf Demokratisierung nach innen gerichtet sein, denn starke demokratische Nationen sind am besten imstande, mit zwischenstaatlichen Konflikten friedlich umzugehen.

Hoffnung auf einen Neubeginn: Auf der so genannten Potsdamer Konferenz verhandelten im Sommer 1945 die großen Bündnismächte UdSSR, USA und Großbritannien über eine friedliche Neuordnung in Europa.

Nach Auswegen suchen

Wenn jeder nur an sich denkt …

Können Menschen dauerhaft in Frieden miteinander leben? Ja, solange sie das Glück der anderen über ihre persönlichen Interessen stellen. Wie verhält es sich jedoch, wenn jeder Einzelne nur auf seinen eigenen Vorteil bedacht ist? Dann kommt es vermutlich zur Konfrontation – es sei denn, kooperatives Verhalten ist selbst für Egoisten vorteilhaft. Betrachten wir das »Gefangenen-Dilemma«:
Zwei Gangster haben ein ›Ding gedreht‹, doch beinahe alles ging schief. Nun sitzen sie in getrennten Zellen hinter Schloss und Riegel und warten auf ihren Prozess. Da öffnet sich die Zellentür des einen und der Staatsanwalt tritt ein – mit einem verführerischen Angebot: »Ich sage Ihnen frei heraus, alle Indizien sprechen gegen Sie. Selbst wenn Sie die

Haupttat abstreiten, werden wir Sie und Ihren Komplizen für zwei Jahre verknacken. Sollten Sie jedoch ein Geständnis ablegen, werde ich mich dafür einsetzen, dass Sie als Kronzeuge straffrei ausgehen. Ihr Komplize wird dann als Haupttäter mit fünf Jahren Haft bestraft. – Natürlich habe ich Ihrem Komplizen das gleiche Angebot gemacht. Sollten Sie beide gestehen, so müssen sie immerhin noch mit vier Jahren Gefängnis rechnen. Das ist etwas weniger als die Hauptstrafe, aber immerhin haben Sie beide sich in diesem Fall reumütig gezeigt.«
Der Gefangene überlegt: »Wenn ich meinen Kumpel verpfeife, bin ich fein raus. Wenn der andere aber auch singt, wandern wir beide für vier Jahre in den Knast. Dann schon lieber dicht halten und nur zwei Jahre kassieren. Was aber, wenn mein Kumpel nicht mitspielt und selbst ein Geständnis ablegt? Dann müsste ich fünf Jahre absitzen. Wenn ich ihm doch bloß ein Zeichen geben könnte!«

▶ Kluge Macht …
ist im 21. Jahrhundert dringend vonnöten. Politik und Wirtschaft der Länder sind heute schon weltweit verflochten – das Gewebe aus Bündnissen, Handelsbeziehungen und Informationsaustausch wird immer dichter geknüpft. Vorbei sein sollten die Zeiten, wo ein Land seinen Nachbarn im Krieg erobern und seinen Willen gegen Widerstand durchsetzen konnte.
Politische Macht heute besteht langfristig vielmehr darin, durch Zusammenarbeit Einfluss zu nehmen auf die Handlungen anderer Länder.
Die Einsicht, dass es keine Feinde mehr gibt, sondern höchstens gegnerische Interessen, mit denen wir uns auseinander setzen müssen, **macht klug.**

Welche Entscheidung die klügere ist, wird ganz wesentlich durch die Endgültigkeit der Wahl bestimmt: Gibt es im Gefangenen-Dilemma keine Möglichkeit, die Wahl zu wiederholen, ist die Wahrscheinlichkeit eher gering, dass sich die optimale Strategie* durchsetzt.

Wenn jeder mit den anderen rechnet ...

Verhandlungen, Normen, Höflichkeit, Rücksichten, Gerechtigkeit, Vernunft! (...) All das lässt sich in dem Wort der Zivilisation zusammenfassen, das durch den Begriff des »civis«, des Bürgers, hindurch seinen Ursprung enthüllt. Es dient dazu, die »civitas«, die Gemeinschaft, das Zusammenleben zu ermöglichen. Wenn wir in diese Hilfsmittel der Zivilisation hineinleuchten, finden wir in allen den gleichen Kern. Sie alle bekunden den ursprünglichen und fortwirkenden Wunsch jedes Individuums, mit allen Übrigen zu rechnen. Zivilisation ist in erster Linie Wille zur Gemeinschaft. Man ist so unzivilisiert und barbarisch, wie man rücksichtslos gegen seinen Nächsten ist. Die Barbarei ist die Neigung zur Auflösung der Gesellschaft. Darum waren alle barbarischen Epochen Zeiten der menschlichen Vereinzelung, eines Gewimmels kleinster, getrennter und feindlicher Gruppen. (...)

Die politische Form, die den höchsten Willen zur Gemeinschaft verkörpert hat, ist die liberale Demokratie. Sie zeigt die Bereitschaft zur Anerkennung des Mitmenschen in vollster Entfaltung. Der Liberalismus ist das Rechtsprinzip, nach welchem die öffentliche Gewalt, obgleich sie allmächtig ist, sich selbst begrenzt und, sei es auch auf ihre eigenen Kosten, in dem Staat, den sie beherrscht, eine Stelle für jene frei lässt, die anders denken und fühlen als sie, das heißt als die Starken, als die Majorität. Der Liberalismus verkündet den Entschluss, mit dem Feind, mehr noch: mit dem schwachen Feind zusammenzuleben. Die Wahrscheinlichkeit war gering, dass die Menschheit eine so schöne, geistreiche, halsbrecherische und widernatürliche Sache erfinden würde.

José Ortega y Gasset, spanischer Schriftsteller und Philosoph (1930)

▶ Menschlichkeit

Die charakteristischste und vornehmste Eigenschaft des Wesens, das ich als »anderen Menschen« bezeichne, ist die, dass er meine auf ihn gerichtete Handlung beantwortet oder zumindest zu beantworten fähig ist, was mich dazu nötigt, in meine Handlung seine Gegenhandlung im Voraus einzukalkulieren, seine Reaktion, in die er meinerseits bereits meine Aktion eingerechnet hat. (...)

»Gesellschaftlich« ist, in diesem Sinne des Wortes, meine Handlung also dann, wenn ich bei ihr mit der eventuellen Gegenhandlung des Anderen

rechne. Der Andere, der Mensch, ist von Anfang an der Gegenhandelnde und darum ist er gesellschaftlich. Wer nicht fähig ist zur Gegenhandlung, sei sie nun freundlich oder feindlich, der ist kein Mensch.

José Ortega y Gasset (1883-1955)

1. Spielt das Gefangenendilemma zu zweit mehrmals hintereinander durch: Wie verändern sich Entscheidungsgründe und Strategien?
2. »Barbarische Epochen sind Zeiten der menschlichen Vereinzelung.« Überlegt, ob diese These von José Ortega y Gasset heute noch Gültigkeit beanspruchen kann.
3. Erörtert, welche Folgen für das alltägliche Zusammenleben das Idealbild einer liberalen Demokratie nach José Ortega y Gasset haben müsste.
4. Gebt dem abstrakten Wort »Zivilisation« konkrete Gestalt: Stellt euch in Gruppen zu pantomimischen Standbildern auf und überlegt, was die Standbilder der anderen bedeuten.

Friedlicher mit Diskursethik?

Solange ein Mensch nicht bereit ist, über seine Ansprüche, Wünsche und Ziele zu verhandeln, kann man mit ihm auch keinen Frieden schließen. Diese Grundvoraussetzung muss also zunächst geschaffen werden. Sobald aber Menschen bereit sind, ihre unterschiedlichen Interessen in Gesprächen und Verhandlungen mit Argumenten zu vertreten, verändert sich die Konfliktlage. Im Idealfall treten diese Menschen in einen »Diskurs« ein – die zivilisierteste Form des Verhandelns. Im Diskurs gelten besondere Regeln, die sich aus der Sprechsituation des Argumentierenden zwangsläufig ergeben. Werden die Regeln vollständig befolgt, besteht Aussicht auf eine einvernehmliche Lösung, auf einen »Konsens«. Andererseits ist der Diskurs durch jede Regelverletzung gefährdet. Darum ist der Diskurs gewissermaßen ein Ideal, das einer sittlichen Forderung gleichkommt. Seine Normen lauten:

1. Alle Betroffenen sind gleichberechtigt in ihren Ansprüchen.
2. Alle Redebeiträge müssen verständlich und widerspruchsfrei formuliert werden.
3. Jeder und jede Diskursteilnehmer/in unterliegt nur dem logischen Zwang des besseren Arguments.

Diese Sprechsituation der vollkommen herrschaftsfreien Auseinandersetzung, in der nur die Kraft der Vernunft den Ausschlag gibt, ist in der Wirklichkeit politischer Verhandlungen äußerst selten gegeben. Oftmals ist die kommunikative (auf Verständigung setzende) Vernunft der Diskursethik auf die ergänzende Hilfe der strategischen Vernunft angewiesen: Notfalls werden Konfliktgegner mit Gewalt an den Verhandlungstisch gezwungen, damit ein Diskurs überhaupt aufgenommen werden kann. Und notfalls werden Konfliktgegner auch mit Gewalt (allerdings nur vorübergehend) von den Verhandlungen ausgeschlossen, wenn sie den Diskurs bedrohen.

▶ Die Herausforderung

Was du nicht zerschlagen kannst, dem schließe dich an. Als konkrete Frage formuliert, heißt das: Wenn man Konflikte nicht beseitigen kann, warum sollte man dann nicht seine Konfliktauffassung ändern? Warum sollte man Konflikte nicht als Lebensform bejahen, zumal wir alle wissen, dass wir uns gerade in den Zeiten unseres Lebens am lebendigsten fühlen, in denen wir einem Konflikt ausgesetzt sind, der uns wirklich herausfordert, und es uns schließlich gelingt, diesen Konflikt zu meistern. Ein Konflikt trennt die Akteure nicht nur, er eint sie auch. Aus dieser Konfliktauffassung lassen sich zahlreiche Folgerungen ziehen, die auf eine Grundregel gebracht werden können und diese Regel heißt: Nicht polarisieren! Mit anderen Worten: Man halte Kontakt zu dem Gegner, anstatt ihm auszuweichen, man versuche, in einen Dialog mit ihm zu treten, anstatt sich von ihm zu isolieren oder ihn zu bekämpfen!

Johan Galtung, norwegischer Friedensforscher

Friedlicher mit Aikido?

Die Einsicht, dass man den Frieden nicht in sich trägt, sondern bestenfalls auf dem Weg zu ihm ist, prägt auch das japanische Aikido: eine Weise des »Kämpfens«, die dem harmonischen Ausgleich (Ai) der Kräfte (Ki) den Weg (Do) bahnen möchte.

Das Aikido ist der Idee verpflichtet, dass nur diejenige Strategie wertvoll ist, die vom Geiste schützender Liebe und Verantwortung gegenüber dem Gegner durchdrungen ist. Seine eleganten Techniken sind darum rein defensiv; das Aikido übersetzt gleichsam die moralischen Grundsätze der Diskursethik in »kodierte Körpersprache«. Der Verteidiger begleitet den Angreifer zunächst in Richtung der wirkenden Kraft und ergänzt sie, bevor er die Führung übernimmt und den geradlinigen Stoß auf eine Kreisbewegung umlenkt, bis der Angreifer sein Gleichgewicht verliert. Weil die vom Angreifer ausgehende Kraft lediglich aufgenommen und umgelenkt wird, bestimmt sich die Stärke der Abwehr allein durch die Wucht des Angriffs.

Diese Technik gelingt jedoch nur, wenn der Verteidiger seine »rechte Mitte« gefunden hat, also im stabilen Gleichgewicht steht und sich in harmonischer Distanz zum Angreifer befindet. Das Bemühen, möglichst schnell die korrekte Distanz wiederherzustellen, ist in erster Linie Ausdruck des Respekts vor dem Gegner und seiner Unversehrtheit – Aikido, der »Weg des Friedens«, ist ausgleichende Bewegung!

Auch umzingelt von mehreren Feinden, die euch angreifen, kämpft in dem Gedanken, dass es bloß einer sei. (...) Warum fixiert ihr eure Augen auf das schwingende Schwert? Sein Griff zeigt schon, wohin er schlagen will.

Morihei Ueshiba, Begründer des Aikido (1883–1969)

1. Prüfe die Regeln der Diskursethik: Welche Schwierigkeiten können bei ihrer Umsetzung auftreten?
2. Bestimme deine persönliche »Toleranz-Grenze«: Worüber lässt du nicht mit dir verhandeln?
3. Informiert euch über Friedensbewegungen der letzten hundert Jahre: Zeigt in Gruppenvorträgen, wie Menschen sich auch ohne Gewalt durchsetzen konnten.

Frieden stellt sich nicht von selbst ein, er muss immer wieder aufs Neue ausgehandelt werden. Wer dabei Gegensätze überbetont, verliert auf lange Sicht. Das Ringen um gleichberechtigte Konfliktaustragung findet an vielen Orten und bei vielen Gelegenheiten statt – auch dein Mittun ist dazu gefragt.

Friedens-Spiele

Die spielerische Seite von Konfliktregulierungen zu erkunden, kann eine reizvolle Aufgabe sein. Die meisten »Gesellschaftsspiele« betonen das Konkurrenzdenken und vernachlässigen die Möglichkeit kooperativen Handelns. Vielleicht ist es an der Zeit, die Spiele abzurüsten und neue, kreative Regeln zu erfinden.

Grundsätzlich könnt ihr jedes beliebige Spiel auswählen, bei dem der Einzelne nur gewinnen kann, wenn er seine Mitspieler »ausschaltet«. Uns fiel dazu das altbekannte »Mensch-ärgere-dich-nicht« ein, weil sein schlichter Aufbau geradewegs dazu einlädt, ein paar neue Varianten einzubauen:

Beispiel: Mensch-ärgere-dich-nicht

Dieses Spiel könnt ihr ergänzen durch:

– einen zweiten Würfel (für eine Pasch-Regel);
– Umwege und Abkürzungen;
– Abschussprämien und Gnadenpunkte;
– »Friedenszonen«, in denen nicht geschlagen werden darf;
– Bündniskarten und Figurentausch;
– Rollenkarten für die verschiedenen Farben;
– Wissensfragen zu Henri Dunant*, dem Roten Kreuz und der Genfer Konvention.

Eure schöpferischen Ideen sind gefragt: Der Frieden kennt keine einfachen Lösungen!

Regel-Änderungen

1. Findet euch in Gruppen zusammen und einigt euch, welches Brettspiel ihr umrüsten wollt.
2. Sammelt zunächst Vorschläge für Regel-Änderungen, mit denen kooperatives Spielverhalten gefördert wird. Versucht dabei, den Spielerinnen und Spielern unterschiedliche Strategien anzubieten, die gleichermaßen erfolgreich sein können.
3. Ergänzt das Spiel um eine Wissenskomponente zum Thema »Krieg und Frieden«.
4. Entwerft einen Spielplan und eine Spielanleitung, damit eure Mitschüler/innen das Spiel testen und Verbesserungen vorschlagen können, bevor eure Gruppe den endgültigen Spielplan anfertigt und die Spielanleitung ausformuliert.
5. Jetzt wäre es an der Zeit für einen gemeinsamen Spiel-Nachmittag …

Es gibt in unserer Zeit keine größere Herausforderung als das Nachdenken über den Frieden. Eines der Ziele ist dabei die Ausschaltung der Gewalt, das andere aber die Erhaltung von Würde und Unversehrtheit. Hoffentlich haben wir den Mut und die Fähigkeit, diese Aufgabe zu bewältigen.*
Johan Galtung (1975)

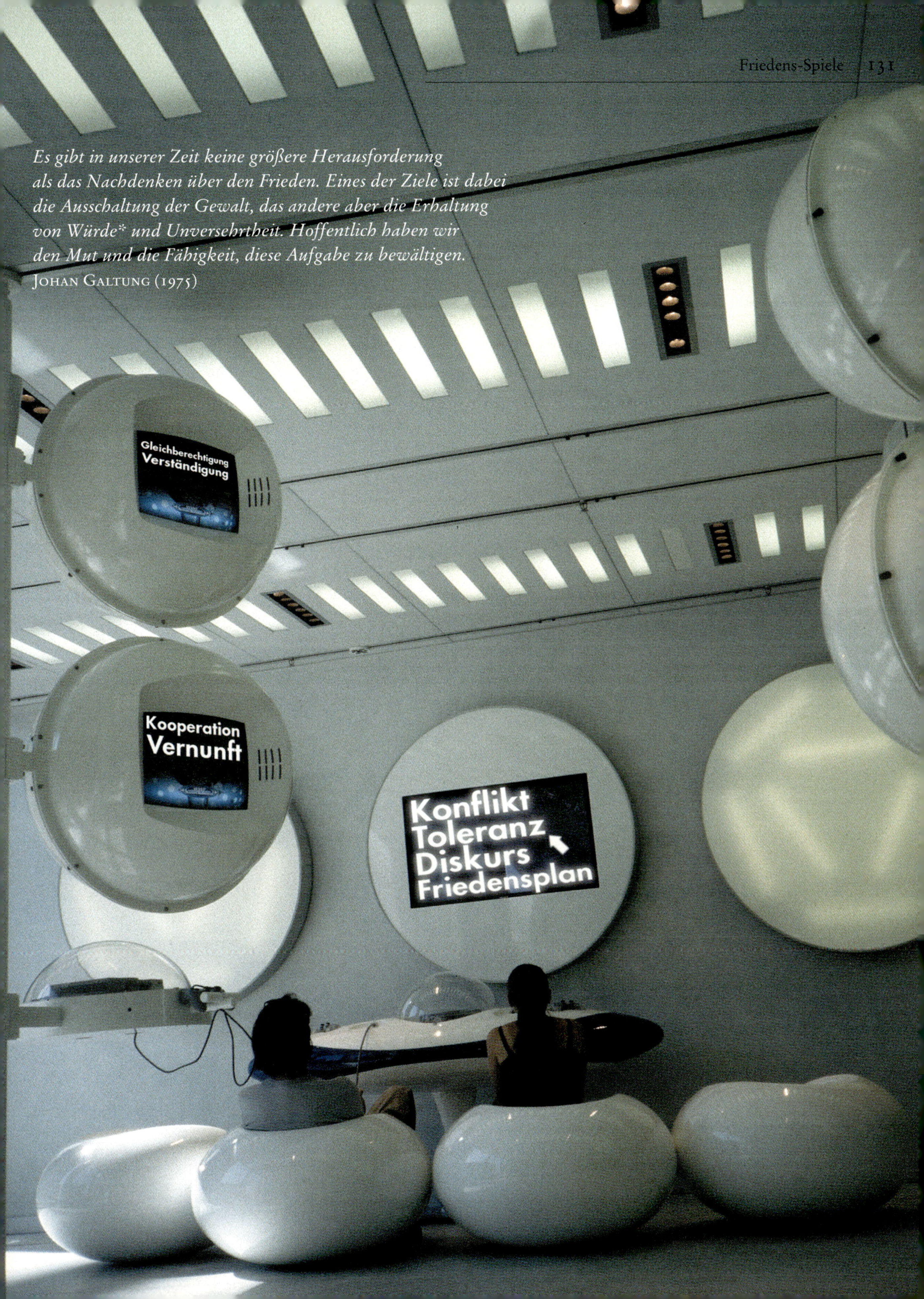

Spurensuche – dem Leben Sinn geben

Ich komm', weiß nit woher,
ich bin und weiß nit wer,
ich leb', weiß nit wie lang,
Ich sterb' und weiß nit wann,
Ich fahr', weiß nit wohin:
Mich wundert's, dass ich fröhlich bin.
Spruch aus dem Mittelalter

Menschen fragen nach dem Sinn

Wann taucht die große Frage nach dem Sinn des Lebens am häufigsten auf? Nicht nur Psychologen meinen: dann, wenn das eigene Leben in die Krise geraten ist und vieles überdacht werden muss. Fragen drängen nach vorn, wie diese: *Warum lebe ich? Gibt es das gute Leben? Wann bin ich glücklich?*
Manch einer denkt bei der Frage nach dem Sinn des Lebens still vor sich hin, ein anderer fragt gute Freunde oder Freundinnen, andere wiederum lesen Bücher, schauen Filme an – oder hören Musik:

»Flucht nach vorne«
Kein Job – kein Geld
Du grübelst viel zu viel
Niemand kümmert's auf der Welt
Und das Telefon bleibt still

Sag – wer fängt dich auf
Außer du dich selbst
Ja – dein Dasein ist
Was du dir erwählst

Du sagst da draußen sind
Die Leute einfach blind
Keiner sieht dir ins Gesicht
Weil sie zu beschäftigt sind

Die große Frage ist
Was in deinem Leben gilt
Nur du allein kannst sagen
Was du wirklich wirklich willst

Keine Angst vor der Angst
Vor einem Risiko
Selbst wenn du mal schwankst
Es geht andern ebenso

Kriech aus deinem Exil
Was immer es auch sei
Folge deinem Ziel
Und steh nicht einfach nur dabei

Tritt die Flucht nach vorne an
Über die Kluft die vor dir klafft
Glaub an deine Träume
Du weißt dass du es schaffst
JULE NEIGEL: Alles!

▶ *Es hat alles keinen Sinn –*
Und wir mittendrin
HERBERT GRÖNEMEYER

▶ *Glaubst du an den lieben Gott*
Oder an Guevara
Ich glaube an die Deutsche Bank
Denn die zahlt aus in bar – ah
MARIUS MÜLLER-WESTERNHAGEN

▶ *krieg raus, wer du bist! und*
schnüffel nicht Gott hinterher!
denn das, was die Menschheit ist
begreifst du am besten an dir.
WOLF BIERMANN

▶ *I'll keep on wishing*
We must always keep dreaming
Of a world
With equality and justice
TRACY CHAPMAN

Worin liegt der Sinn des Lebens?

Schülerinnen und Schüler einer zehnten Klasse haben nachgedacht:
Carmen: Der Sinn des Lebens besteht einfach darin, dass man da ist. Er richtet sich nach dem, was man aus seinem Leben macht.
Melanie: Der Sinn des Lebens ist dann da, wenn ich glücklich bin: weil ich gesund bin, gemocht werde und zufrieden bin.
Mario: Den Sinn des Lebens hat man verstanden, wenn man sich mit dem Leben, so wie es ist, abgefunden hat.
Boris: Den Sinn des Lebens finde ich in Wein, Weib und Gesang.
Linda: Sinn = Erleben, sagen, was man will, einfach nur leben, weg von den Spießern, stark sein.
Patrick: Sinn? Den kann ich mir nur so erklären, dass ich mein Leben harmonisch mit dem göttlichen Willen gestalte.

▶ Sinngedicht

Sei gut zu dir.
Die Welt ist schlecht.
Das Unrecht blüht,
nimm dir das Recht
und tu den Schritt
zum Ich vom Wir:
Die Welt ist schlecht.
Sei gut zu dir.

ROBERT GERNHARDT

1. Welche Menschen, aber auch Musikstücke, Filme oder Geschichten begleiten dich bei deiner Sinnsuche? Stelle sie der Lerngruppe vor.
2. Erstellt in Gruppenarbeit ein Plakat mit den wichtigsten großen Fragen. Sucht euch eine davon aus und überlegt Antworten.
3. Welches der Zitate zum Sinn des Lebens spricht dich an? Welchem würdest du widersprechen?

Risse im Alltäglichen

Die Frage nach Sinn wird oft von ganz ›kleinen‹ Erfahrungen ausgelöst, von plötzlichen »Rissen im Alltäglichen«. So geht es auch der Hauptperson aus Jostein Gaarders Roman »Sofies Welt« auf ihrem Heimweg von der Schule:

Beim Gehen dachte Sofie über ihren Schultag nach. Ist das Gehirn wirklich so etwas wie ein komplizierter Computer, wie ihre Freundin meinte? Sofie ärgerte sich über ihren langen Schulweg – ihr Haus lag am Ende der Welt, aber im nächsten Moment freute sie sich über die ersten Blumen am Wegesrand, wunderte sich, warum jedes Jahr alles wieder neu zu blühen, zu wachsen, lebendig zu werden begann. Daheim entdeckte Sofie einen geheimnisvollen Brief; er enthielt lediglich einen Zettel mit den Worten »Wer bist du?« – Nachdem sie sich über diese eigentümliche Frage gehörig den Kopf zerbrochen hatte, lief sie erneut zum Briefkasten und fand einen zweiten Brief mit der Frage: »Woher kommt die Welt?« *Nein, das wusste sie wirklich nicht. Sofie wusste natürlich, dass die Welt nur ein kleiner Planet im riesigen Weltraum war. Aber woher kam der Weltraum?*

Es war natürlich denkbar, dass der Weltraum immer schon da gewesen war; dann brauchte sie auch keine Antwort auf die Frage zu finden, woher er gekommen war. Aber konnte etwas denn ewig sein? Irgend etwas in ihr protestierte dagegen. Alles, was existiert, muss doch einen Anfang haben. Also musste irgendwann der Weltraum aus etwas anderem entstanden sein.

Aber wenn der Weltraum plötzlich aus etwas anderem entstanden war, dann musste dieses andere ebenfalls irgendwann aus etwas anderem entstanden sein. Sofie begriff, dass sie das Problem nur vor sich her geschoben hatte. (...)

▶ *Wer hatte Sofie aus dem Alltag gerissen und sie plötzlich mit den großen Rätseln des Universums konfrontiert?*

Damit begann Sofies Reise ins Reich der ungelösten und vielleicht auch unlösbaren Fragen …

Die Sinnfrage

Die 1911 in Oberbayern geborene LUISE RINSER ist als Verfasserin religiös und politisch geprägter Erzählungen, Tagebücher und Reiseberichte bekannt geworden:

Eine Pflanze, ein Tier, ein Gegenstand kennt die Frage nach dem Sinn des Daseins nicht. Dass es da ist, das ist der Sinn des Daseins. Sogar der bewusste Mensch kennt Zeiten, in denen er nicht fragt. Solange es ihm »gut geht«, scheint es ihm, als wisse er, wozu er lebt. Anders, wenn er plötzlich herausfällt aus der Selbstverständlichkeit des Lebens, wenn ihm sein Dasein »fragwürdig« wird. Dass er nach dem Sinn fragt, deutet darauf hin, dass es einen Sinn gibt. Gäbe es ihn nicht, hätte der Mensch nicht diese tiefe, unstillbare Sehnsucht danach, ihn zu finden. Weil »der Sinn« nicht unmittelbar deutlich wird, suchen wir ihn in Teilstrecken-Zielen. Wir streben immer etwas an. Haben wir das Angestrebte erreicht und sind wir keine heillosen Spießer, so merken wir, dass sich die alte Frage neu erhebt: »Wozu das?« Unsere Wozu-Frage ist Ausdruck unserer Sehnsucht nach Sinn und diese Sehnsucht lässt sich nicht durch Teilantworten stillen. Sie führt uns weiter und weiter, von Aufgabe zu Aufgabe, von Krise zu Krise. Sie ist die Kompassnadel, die uns den Weg anzeigt. Wer die Wozu-Frage mit einer Teilantwort zum Schweigen bringt, verliert den Kompass. Freilich ist das Leben mit erstickter Wozu-Frage bequemer, aber es ist ein »uneigentliches« Leben, eines, das nicht zu sich selbst kommt, also kein wirklich menschliches. Das »Wozu« heißt eigentlich: »Geh weiter, nimm die Hürde und du wirst sehen, wozu die Frage dient.« Die Wozu-Frage ist der Motor unseres geistigen Lebens.

LUISE RINSER: Wozu leben wir?

1. Ein »plötzlicher Riss« im Alltag? Tauscht euch aus, ob und welche Erfahrungen ihr damit habt.
2. Überlegt in Kleingruppen mit LUISE RINSER weiter: Sammelt zum einen Verhaltensweisen, die RINSER als spießig bezeichnet; notiert zum anderen, worin demgegenüber das »wirklich menschliche« Leben bestehen könnte.
3. Betrachtet einige Minuten die Abbildungen auf dieser Seite: Tragt eure Gedanken, Gefühle und Fantasien zusammen. Überlegt, inwiefern die Gestalter »Sinn-Bilder« anfertigen wollten.

Vermutlich sind wir stets alt genug, um die Frage nach dem Sinn unseres Lebens zu stellen, aber immer noch zu jung, um die Antwort zu finden.

HANS-GEORG NOACK

Sich selbst zur Frage werden

Grenzen spüren – oder überwinden?

David und Mona sind ineinander verliebt. Lässt sich das, was sie urplötzlich empfinden, in Worten ausdrücken? Die beiden haben es versucht; entstanden sind Liebesbriefe wie diese, zusammengestellt in einem Briefroman:

Mona, mir ist, als wäre ich tief in mir drin und gleichzeitig überall draußen. Als hätte mein Schatten an der Wand noch einen weiteren Schatten, seinen eigenen, und der bewegt sich und tanzt und ist ganz durchsichtig, durchsichtiger als Glas und klarer als Wasser, und wenn ich ihn berühre, dann kann ich dich riechen, deine Haare und deine Hände, und ich kann dich schmecken, deinen Mund (...).

David, was du für Briefe schreibst. Da überfällt mich die Sehnsucht und ich möchte durch dein Fenster fliegen. Gestern Abend hatte ich so ein Gefühl, als hängen überall an meiner Haut Fädchen, die mich fortziehen, weg, weiter. Ich hätte mich auflösen, durchs Schlüsselloch raus und zu dir schweben können. Lass dein Fenster offen, es ist ja noch nicht so kalt, dann schwebe ich unsichtbar hinein, nachsehen, was du tust (...).

Andreas Steinhöfel/Anja Tuckermann: David Tage Mona Nächte (1999)

▶ Beflügelnde Leidenschaft

Ja, stark wie der Tod ist die Liebe,
hart wie die Unterwelt die Leidenschaft.
Ihre Brände sind Feuerbrände,
sind Flammen Gottes.
(Selbst) gewaltige Wasser vermöchten nicht,
die Liebe zu löschen; (...)

Aus dem Hohelied Salomos, 8, 6b-7a (nach 900 v. Chr.)

(...) ist wie ein Gruß vom Himmel.
Ist bereits zu stark, als dass man's
ertragen kann. Zieht einen nach,
als lägen Stricke um das Herz.
Wo war ich schon einmal und war so
selig? Dahin muss ich zurück und
müsst' ich völlig sterben auf dem Weg!
Allein ich sterb' ja nicht.
Das ist ja weit. Ist Zeit und Ewigkeit
in einem sel'gen Augenblick (...).

Hugo von Hofmannsthal/ Richard Strauss: Der Rosenkavalier (1911)

ich sehne mich
nach Dir
ist etwas anderes als
ich bin süchtig nach Dir
und beides ist nicht halb so schön wie
ich habe Sehnsucht
nach Dir.

Siegfried George: Wortklauberei (1985)

An Abgründe stoßen …

Nichtigkeit, nur Nichtigkeit. Alles ist Nichtigkeit. Was bleibt dem Menschen von all seiner Mühe, womit er sich abmüht unter der Sonne? Ein Geschlecht geht und ein anderes kommt; doch die Erde bleibt ewig bestehen. Die Sonne geht auf und die Sonne geht unter und eilt an ihren Ort, wo sie aufgeht. Der Wind weht nach Süden, dann wendet er nach Norden; er dreht sich, kehrt um, kommt wieder; so wiederholt der Wind seinen Umlauf. Alle Flüsse laufen ins Meer, doch wird das Meer nicht voll. Zum Ort, wohin die Flüsse gehen, dahin geht ihr Lauf immer wieder. Alle Worte erlahmen. Keiner vermag zu sagen: Das Auge werde nicht satt beim Sehen und das Ohr nicht vom Hören voll. Was gewesen, dasselbe wird (wieder) sein und was geschehen, dasselbe wird (wieder) geschehen: Nichts Neues gibt es unter der Sonne. (…) Alles ist Nichtigkeit und Haschen nach Wind.

Aus dem Buch des Predigers Kohelet, 1, 2-9, 14b

»Wahrheiten«

Es gibt vielerlei Augen. Auch die Sphinx hat Augen: und folglich gibt es vielerlei »Wahrheiten« und folglich gibt es keine Wahrheit.

Friedrich Nietzsche

▶ Begrenzende Einsichten

In dieselben Flüsse steigen wir und steigen wir nicht; wir sind es und wir sind es nicht.
Es ist unmöglich, zweimal in denselben Fluss hineinzusteigen. [Der Fluss] zerstreut und bringt wieder zusammen (…) und geht heran und geht fort.

Heraklit (griechischer Philosoph um 500 v. Chr.)

Unwissend ist der Mensch, nicht Herr über Lust und Leid seiner selbst.

Aus dem Mahabharata, dem indischen Nationalepos, um 600 v. Chr.

Existenz zur Sprache bringen

»Sinn« meint ursprünglich »unterwegs sein«, einen »Weg nehmen«; darum ist ein Vorgang erst für denjenigen Menschen von Bedeutung, der seine Sinne darauf richten kann. »Existenzieller« Sinn aber, der ›unter die Haut‹ geht, stellt sich erst ein, wenn die so wahrgenommene Welt zugleich Orientierung für den Lebensweg bietet. In diesem Sinne ist die Frage nach dem Sinn die Frage nach menschlicher Existenz. Existenz meint aber nicht, dass wir schlicht ›da‹ sind, sondern dass wir uns unserem Dasein auch stellen, uns mit unserem Leben auseinander setzen: Von unserem Dasein »in Anspruch genommen«, wollen und müssen wir, in den Worten des Philosophen MARTIN HEIDEGGER*, den Grund unseres Daseins zur Sprache bringen; eben darin besteht der Sinn unserer Existenz.
Vielleicht müsst ihr diese Sätze zwei- oder dreimal lesen, bevor ihr sie verstehen könnt. – Selbst dann bleibt die Frage: Was überhaupt vermag die Sprache? Der Mensch kann zwar allerlei benennen, sich neue Begriffe ausdenken und sein Sprachvermögen immer weiter verbessern; aber: Wer kann damit die Dinge um sich herum letztlich ›erfassen‹?

Der Schriftsteller KURT TUCHOLSKY hat eines Tages (1929) folgende Beobachtung notiert:
Ich werde ins Grab sinken, ohne zu wissen, was die Birkenblätter tun. Ich weiß es, aber ich kann es nicht sagen. Der Wind weht durch die jungen Birken; ihre Blätter zittern so schnell, hin und her, daß sie … was? Flirren? Nein, auf ihnen flirrt das Licht; man kann vielleicht allenfalls sagen: die Blätter flimmern … aber es ist nicht das. Es ist eine nervöse Bewegung, aber was ist es? Wie sagt man das? (…)
Während ich dies schreibe, stehe ich alle vier Zeilen auf und sehe nach, was sie tun. Ich werde dahingehen und es nicht gesagt haben.

▶ Unaussprechliches
(…) Wir fühlen, dass selbst wenn alle möglichen wissenschaftlichen Fragen beantwortet sind, unsere Lebensprobleme noch gar nicht berührt sind. Es gibt allerdings Unaussprechliches. Dies zeigt sich, es ist das Mystische. (…)
Wovon man nicht sprechen kann, darüber muss man schweigen.
LUDWIG WITTGENSTEIN,
europäischer Philosoph (1889–1951)

Wenn schon »reale« Dinge sich der Sprache entziehen, wie sehr dann erst Verhältnisse, Beziehungen, Erfahrungen, die der Mensch mit seinen Sinnen und seinem begreifenden Verstand manchmal nicht mehr recht erfasst? Was hat der Mensch mehr als die Sprache, um sich mit Dingen und Erfahrungen – auch mit sich selbst – auseinander zu setzen und diese immer wieder einander ›mitzuteilen‹?

Unterwegs – aber wohin?

Wie kaum ein anderer Autor hat der Prager Schriftsteller Franz Kafka sein Leben lang (1883–1924) auch persönliche Probleme zu verarbeiten gesucht. Von seinen manchmal schwer zu deutenden Texten geht eine Beunruhigung aus, weil er Fragen stellt, ohne Antworten geben zu können. Der Sinnsucher Kafka lädt auch in der folgenden Parabel zum Weiterdenken und Weiterfantasieren ein:

Ich befahl, mein Pferd aus dem Stall zu holen. Der Diener verstand mich nicht. Ich ging selbst in den Stall, sattelte mein Pferd und bestieg es. In der Ferne hörte ich eine Trompete blasen, ich fragte ihn, was das bedeute. Er wußte nichts und hatte nichts gehört. Beim Tore hielt er mich auf und fragte: »Wohin reitest du, Herr?« »Ich weiß es nicht«, sagte ich, »nur weg von hier, nur weg von hier. Immerfort weg von hier, nur so kann ich mein Ziel erreichen.« »Du kennst also dein Ziel?« fragte er. »Ja«, antwortete ich, »ich sagte es doch: ›Weg-von-hier‹, das ist mein Ziel.« »Du hast keinen Essvorrat mit«, sagte er. »Ich brauche keinen«, sagte ich, »die Reise ist so lang, daß ich verhungern muß, wenn ich auf dem Weg nichts bekomme. Kein Essvorrat kann mich retten. Es ist ja zum Glück eine wahrhaft ungeheure Reise.«

1. Beschäftigt euch einige Zeit mit den Bildern, Texten und Zitaten der letzten vier Seiten: Schreibt auf, was dabei in euch vorgeht.
Tipp: Stellt Vermutungen an, in welcher Lage sich die Autoren oder Künstler jeweils befunden haben.
2. Diskutiert anhand der Materialien, warum Liebe einer Erfahrung entspricht, die den Menschen »über sich hinaus trägt«. Nennt weitere »Grenzerfahrungen« und vergleicht sie miteinander.
3. Überlegt, ob der Mensch etwas erfahren kann, ohne es sprachlich ausdrücken zu können.
4. Denkt mit Kafka weiter: Warum ist die Lebens-Reise des Menschen »wahrhaft ungeheuer«?

In Sinn-Erfahrungen erfahren wir uns selbst und greifen zugleich über unser Alltagsleben hinaus: *Ich bin. Aber ich habe mich nicht. Darum werden wir erst* (Ernst Bloch).

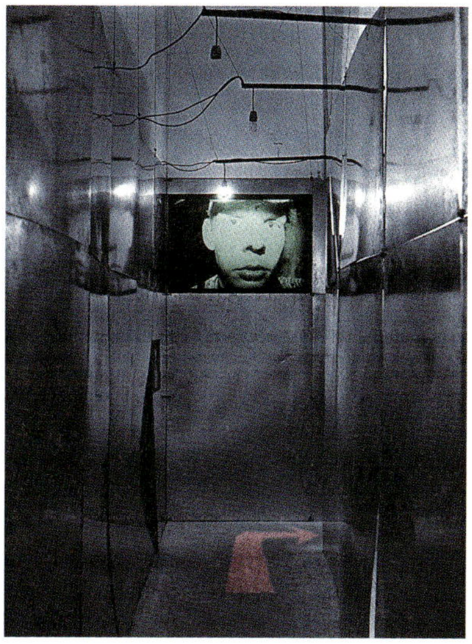

▶ Zur Freiheit aufbrechen

Frei ist derjenige, der letztlich bei sich selbst zu bleiben vermag.
Nach Michel Eyquem de Montaigne, französischer Philosoph (1533–1592)

Alles prüfe der Mensch,
sagen die Himmlischen,
Dass er, kräftig genährt,
danken für Alles lern',
Und verstehe die Freiheit,
Aufzubrechen, wohin er will.
Friedrich Hölderlin, deutscher Dichter (1770–1843)

Spuren finden in Judentum, Christentum und Islam

Eigentlich hat Jennie, die kleine Hündin aus MAURICE SENDAKS bekanntem Kinderbuch, alles: ein rundes Kissen, ein viereckiges Kissen, einen Kamm, eine Bürste, einen Wollpullover, vor allem aber einen Herrn, der sie liebt. Und doch ist sie irgendwie unzufrieden. So packt sie eines Tages ihre Sachen und will fort: »Ich wünsche mir etwas, was ich nicht habe. Es muss im Leben mehr als alles geben.«

▶ Nicht wenige Menschen reizt heute das Abenteuer, das Außergewöhnliche, die Extremerfahrung, die mehr als alles zu bieten scheint: Urlaub mit »canyoning«, »caving«, »bungee«-Springen, «freeclimbing« usw.

Religion – Suche nach dem Mehr

Auch die Religionen kennen die Sehnsucht nach dem »Mehr«, die über den Alltag hinaus will. So erzählen Juden, Christen und Muslime von ihrem gemeinsamen Ursprung: ABRAHAM. Als Nomade zog er mit seiner Familie und seinen Viehherden durch die Steppen Mesopotamiens, bis er in seinem tiefsten Innern den Ruf vernahm: »Geh fort!« Auf dem Weg durch die Wüste war er ohne Vater (der war gestorben), ohne Heimat (die hatte er verlassen) und ohne Aussicht auf Zukunft (er war kinderlos). Ganz auf sich allein gestellt, setzte er sich mit der Frage auseinander: *Wer bin ich? Wohin soll ich gehen mit meinem Leben?* Doch gerade in dieser extremen Lage wusste sich ABRAHAM ganz und gar getragen. Diese Erfahrung, die fortan sein Leben prägte und durch die er sich auch ganz auf sich selbst verlassen konnte, nannte er »Gott« und gab sie seinen Nachkommen weiter.

▶ Alte Namen haben oft eine besondere Bedeutung. ABRAHAM hieß ursprünglich ABRAM: »der Vater (Gott) ist groß«. ABRAM lebte mit diesem Glauben und erhielt daher den Namen »Abraham«: »Vater der Vielen«, derjenigen nämlich, die wie ABRAHAM auf Gott vertrauen.

Das Labyrinth: Symbol für die Sinnfrage
Ein Labyrinth ist kein Irrgarten, denn es weist einen Weg; dieser ist allerdings auf den ersten Blick nicht erkennbar. So will das Labyrinth, wie jedes Symbol, Fragen aufwerfen. Das Modell oben stammt aus der französischen Kathedrale von Chartres. Die Pilger hatten die 305 Meter Wegstrecke durch das Labyrinth, das in der Kirche in den Boden eingelassen war, langsam oder auf Knien zu durchschreiten:
Geh selbst die Strecke dieses Labyrinths mit dem Zeigefinger nach und beschreibe deine Weg-Erfahrung.

1. Sammelt Beispiele von Menschen, die in ihrem Leben »aufgebrochen« bzw. »unterwegs« sind. Vergleicht und diskutiert das jeweilige Ziel ihrer Suche.
2. Untersucht die folgenden Hobbys oder Übungen näher: Konzentration, Besinnung, Musik, Malen, Tanz, Meditation, Gebet. Überlegt, inwieweit einzelne dieser Praktiken helfen können, die eigene Mitte zu finden.
3. Stelle Merkmale einer für dich sinnvollen Sinnsuche zusammen und prüfe daraufhin die auf den nachfolgenden Seiten dargestellten Sinn-Bewegungen: Was spricht dich an, was lehnst du für dich ab?

Nach einer lebensbestimmenden Mitte suchen alle Menschen – einerlei, ob sie religiös oder weltlich eingestellt sind. Religionen und Weltanschauungen leiten aus dieser Urerfahrung der Sinnsuche Anregungen für ihre Gedankenwelten und Moralvorstellungen ab: Ob die bewusste Sinnsuche auch das Alltagshandeln der betreffenden Menschen beeinflusst?

▶ Die eigene Mitte – zwei Meinungen:

Gott ist der Seele näher, als sie sich selbst ist.
MEISTER ECKHART, mittelalterlicher Mystiker* (lebte um 1260-1327)

Die Idee Gottes ist offenbar die Idee von etwas, das alles andere erklären kann ohne selbst erklärbar sein zu müssen. Es ist jedoch nur sehr schwer zu sehen, wie es so etwas geben kann. Stellen wir die Frage, »Warum ist die Welt so beschaffen?« und erhalten eine religiöse Antwort, was kann uns dann hindern, erneut zu fragen: »Und warum ist das so?«
THOMAS NAGEL, amerikanischer Philosoph (1987)

»Wer bin ich?«
Ein Christ im Zwiespalt

Wer bin ich?

Wer bin ich? Sie sagen mir oft,
ich träte aus meiner Zelle
gelassen und heiter und fest
wie ein Gutsherr aus seinem Schloss.

Wer bin ich? Sie sagen mir oft,
ich spräche mit meinen Bewachern
frei und freundlich und klar,
als hätte ich zu gebieten.

Wer bin ich? Sie sagen mir auch,
ich trüge die Tage des Unglücks
gleichmütig, lächelnd und stolz,
wie einer, der Siegen gewohnt ist.

Bin ich das wirklich, was andere von mir sagen?
Oder bin ich nur das, was ich selbst von mir weiß?
Unruhig, sehnsüchtig, krank, wie ein Vogel im Käfig,
ringend nach Lebensatem, als würgte mir einer die Kehle,
hungernd nach Farben, nach Blumen, nach Vogelstimmen,
dürstend nach guten Worten, nach menschlicher Nähe,
zitternd vor Zorn über Willkür und kleinlichste Kränkung,
umgetrieben vom Warten auf große Dinge,
ohnmächtig bangend um Freunde in endloser Ferne,
müde und leer zum Beten, zum Denken, zum Schaffen,
matt und bereit, von allem Abschied zu nehmen?

Wer bin ich? Der oder jener?
Bin ich denn heute dieser und morgen ein anderer?
Bin ich beides zugleich? Vor Menschen ein Heuchler
und vor mir selbst ein verächtlich wehleidiger Schwächling?
Oder gleicht, was in mir noch ist, dem geschlagenen Heer,
das in Unordnung weicht vor schon gewonnenem Sieg?

Wer bin ich? Einsames Fragen treibt mit mir Spott.
Wer ich auch bin, du kennst mich, dein bin ich, o Gott!

Dietrich Bonhoeffer:
Widerstand und Ergebung

▶ Die nebenstehende Meditation schrieb der evangelische Pfarrer Dietrich Bonhoeffer im Gefängnis. Er war 1943 unter dem Verdacht der Verschwörung gegen Hitler verhaftet und monatelang in Berlin-Tegel inhaftiert gewesen. Als nach dem Scheitern des Attentats auf Hitler (1944) seine Widerstandsarbeit aufgedeckt worden war, ermordeten die Nazis den 39-Jährigen im April 1945 im KZ Flossenbürg.

»Wo bist du, Gott?« Ein Muslim auf der Suche

»O Gott!«, rief einer viele Nächte lang,
Und süß ward ihm sein Mund von diesem Klang.
»Viel rufst du wohl!«, sprach Satan voller Spott:
»Wo bleibt dir Antwort: ›Hier bin ich!‹ von Gott?
Nein, keine Antwort kommt vom Thron herab!
Wie lange schreist du noch: ›O Gott!‹ Lass ab!«
Als er betrübt, gesenkten Hauptes, schwieg,
Sah er im Traum, wie Chidr niederstieg,*
Und sprach: »Warum nennst du ihn denn nicht mehr?
Was du ersehnst, – bereust du es so sehr?«
Er sprach: »Nie kommt die Antwort: ›Ich bin hier!‹
So fürchte ich, er weist die Türe mir!«
»Dein Ruf ›O Gott!‹ ist mein Ruf ›Ich bin hier!‹
Dein Schmerz und Flehn ist Botschaft doch von mir,
Und all dein Streben, um mich zu erreichen,
Dass ich zu mir dich ziehe, ist's ein Zeichen!
Dein Liebesschmerz ist meine Huld für dich -
Im Ruf ›O Gott!‹ sind hundert ›Hier bin ich!‹«.

Das Kreuz und die Christen nahm ich von allen Seiten in Augenschein.
Er war nicht am Kreuz.
Ich ging zum Hindu-Tempel, zu der alten Pagode.
An beiden Orten fand ich keine Spur von ihm.
Ich ging zu den Höhen von Herat und nach Kandahar,
schaute mich um.
Er war nicht auf den Höhen und nicht in der Niederung.
Entschlossen ging ich zu der Spitze des Kaf-Berges.
Dort wohnte nur der Anqua-Vogel.
Ich ging zur Kaaba und traf ihn dort nicht.
Ich fragte den Philosophen Ibn Sina nach seinem Wesen:
Er war jenseits seiner Definitionen …
Ich schaute in mein eigenes Herz. An diesem Ort sah ich ihn.
Er ist an keinem anderen Ort.

▶ Mevlana Dschelaleddin Rumi wurde 1207 in Afghanistan geboren und starb 1273 im türkischen Konya. Der »Sufi« (islamischer Mystiker*) gilt bis heute als ein berühmter Gottsucher. Von ihm stammen beide Texte auf dieser Seite, die im Original Gedichte sind.

Das Buch der Sufis ist nicht die Schwärze der Buchstaben. Es ist die Weiße eines reinen Herzens.

1. Findet heraus, wonach Dietrich Bonhoeffer sucht und wohin ihn seine Suche führt.
2. Spüre deiner persönlichen Antwort auf die Fragen von Seite 144 (Zeilen 18 und 19) nach und schreibe sie auf.
3. Um euch dem ersten Text von Mevlana Dschelaleddin Rumi anzunähern, übertragt ihn zunächst in heutiges Deutsch.
4. Formuliert mit euren Worten Fragen, auf die Rumi Antworten gibt. Überlegt dabei, was für den Mystiker der Lebenssinn ist.

Hoffnungen – grenzenlos

In allen Religionen werden große Hoffnungsgeschichten erzählt. Es sind Geschichten der Erlösung des menschlichen Lebens von Leid und Tod durch ihren Gott. Das Vertrauen auf eine solche Hoffnungsperspektive ließ den Christen DIETRICH BONHOEFFER sogar dem Tod gelassen entgegensehen. Der Glaube an eine »Auferstehung«, das heißt auf ein ›Leben‹ nach dem Tod, nimmt im Christentum einen hohen Stellenwert ein:

Die Ostergeschichten der Bibel erzählen von enttäuschten, hoffnungslos gewordenen Menschen. Das Grab Jesu in Jerusalem ist der Platz, an den sie sich noch erinnern und wo sie wenigstens weinen können. Aber ein junger Mann steht an der Grabkammer und fragt die trauernden Frauen: Was sucht ihr den Lebendigen bei den Toten?

▶ Was nach dem Tode kommt?

Ich habe dazu keine Meinung. Wozu auch? Jeder von uns wird früh genug erfahren, was nach dem Tode kommt. Und niemand hat dann etwas davon, vorher eine bestimmte Meinung vertreten zu haben. Wer weiß, vielleicht ist es sogar besser, nicht zu wissen, was nach dem Tod kommt, oder ob das Leben einen Sinn hat, und wenn ja, welchen.
Mario S., 18 Jahre

Ich glaube, dass die Seele nach dem Tode ewig existiert. Sinn des Daseins für die Menschen ist, sich zu bemühen, die Lebensbedingungen zu verbessern, so dass eine bessere Zukunft geschaffen wird, und durch seine Nächstenliebe das ewige Leben zu erlangen.
Magdalini T., 15 Jahre

Ein bolivianisches Meditationstuch von 1992: Es thematisiert das Leid von Indianern in Lateinamerika. Beschreibt die Jesus-Vorstellung der indianischen Künstlerin.

Eine Antwortgeschichte handelt von zwei Jüngern, die nach Emmaus wandern. Unterwegs treffen sie einen Fremden, der ihre Traurigkeit spürt und mit ihnen über die Lebenshoffnung, die Jesus für sie bedeutete, spricht. Erst als sie angekommen sind und mit dem Fremden ihr Brot teilen, erkennen sie plötzlich, wer da mit ihnen gewandert ist: Es ist der auferstandene Jesus in einer anderen Gestalt.
Eine andere Geschichte steht im Johannesevangelium. Einige Jünger Jesu sind nach dem Tod am Kreuz wieder nach Hause gegangen an ihren See, wo sie vorher als Fischer lebten. Sie retten sich wieder in das alte bescheidene Leben, nachdem der Versuch der großen Unbescheidenheit fehlgeschlagen ist. Eines Morgens fischen sie, als ein Fremder ans Ufer kommt. Sie kennen ihn nicht. Erst als sie anfangen, Brot und Fisch mit ihm zu teilen, merken sie plötzlich, dass es Jesus ist.

Man kann sich fragen: Warum kommt der auferstandene Jesus in so verschiedenen Gestalten? (...) Er kam, um seine traurigen Freunde zu trösten – aber irgend etwas mussten sie auch dazutun, ihn anreden, mit ihm wandern, mit ihm essen. Erst dann konnten sie plötzlich sehen: Er war ja da. Er war ja gar nicht totzukriegen. Dieses wirkliche Leben, von dem er immer geredet hatte, es war in diesem Moment da. Sie konnten es ja miteinander weiterführen. Sie brauchten ja gar nicht mehr ängstlich und zitternd auf ihre Verhaftung zu warten. Er lebte – und das hieß für sie, wir leben auch.
Dieses Geheimnis ist etwas, das immer ein Geheimnis bleibt, das wir nie ganz fest in die Hand kriegen. Auferstehung heißt, Jesus kommt in ganz verschiedenen Gestalten zu Menschen: als Bettler; als Gärtner; als Kind, das weint; als alte Frau; als du (...).
Wir können es gar nicht voraussagen. Aber viele Tausende von Christen haben es erfahren und erlebt. Ihr Leben, das wie tot aussah, geht weiter. Sie wissen durch einen anderen Menschen ganz genau, dass das mit dem Jesus nicht so leicht totzuschlagen ist. Sie erfahren, dass sie hoffen können. Aus diesem Gefühl: Es geht nichts, wir können sowieso nichts machen, kann man herauskommen, miteinander. (...) Der Tod hat nicht das letzte Wort. Wir sind im Glauben an Christus mit der großen Hoffnung und der Kraft des Lebens vereint.
DOROTHEE SÖLLE: Nicht nur ja und amen

▶ Menschheitshoffnungen

Dann schmieden sie aus ihren Schwertern Pflugscharen und aus ihren Speerspitzen Winzermesser. Kein Volk wird mehr das andere angreifen und niemand lernt mehr das Kriegshandwerk. (...)
Es gibt keine Kinder mehr, die nur ein paar Tage leben und niemand, der erwachsen ist, wird mehr mitten aus dem Leben gerissen. (...)
JESAJA, israelitischer Prophet (zwischen dem 8. und 6. Jahrhundert v. Chr.)

Wir waren einstmals im Himmel,
die Freunde der Engel wir einst –
dorthin führt wieder der Weg uns –
den Heimatort suchten wir lang.
MEVLANA DSCHELALEDDIN RUMI, islamischer Mystiker (13. Jahrhundert n. Chr.)

Mit offenem Visier leben können.
Dem anderen nicht mißtrauen müssen. Ihm den Erfolg nicht neiden,
den Mißerfolg tragen helfen.
Seine Schwächen nicht verstecken müssen.
Die Wahrheit sagen können.
Arglosigkeit, Naivität, Weichheit sind keine Schimpfwörter mehr.
Lebenstüchtigkeit heißt nicht mehr: heucheln können.
CHRISTA WOLF, Schriftstellerin, geboren 1929

1. Erkläre, was DOROTHEE SÖLLE unter »Auferstehung« versteht.
2. Vergleiche die »Menschheitshoffnungen« und finde Gemeinsamkeiten und Unterschiede heraus.
3. Führt in Rollenspielen Gespräche mit den auf Seite 146 zu Wort kommenden Jugendlichen. Vielleicht kann euch diese Übung helfen, eine eigene Ansicht zu den vorgestellten Hoffnungen zu bilden.

Das Gute tun: als Jude dem Ruf der Bibel folgen

In einem Interview äußerte sich der jüdische Philosoph SCHALOM BEN-CHORIN zu seinen religiösen Hoffnungen:

HK: Die Prophezeiung der Ankunft des Messias ist für die Juden immer noch unerfüllt. Wie würde sich die Welt verwandeln, wenn diese Prophezeiung wahr würde?

SBC: Die Welt würde zum Reich Gottes, zum Reich des Friedens, der Gerechtigkeit und der Liebe unter den Menschen. Die Völker würden ihre Schwerter zu Pflugscharen und ihre Spieße zu Rebmessern umschmieden, wie es bei Jesaja und Micha heißt. Kein Volk wird mehr gegen das andere das Schwert erheben, und niemand wird mehr das Kriegshandwerk erlernen.

HK: Glauben Sie, daß dies je eintreten wird?

SBC: Ich sehe das als Ziel der Geschichte, und wenn ich das nicht glauben würde, dann hätte ich keine Hoffnung. Ich habe in meinem Leben erfahren dürfen, daß sich manches ganz anders entwickelt hat, als wir gedacht hatten und daher meine ich auch, daß dieser Glaube, wenn er nicht mit Ungeduld einhergeht, legitim ist. Ungeduld würde heißen, daß wir die Endzeit berechnen (...). Nein, ich halte mich da an das Wort Jesu: »Keiner kennt den Tag und die Stunde, auch nicht der Sohn, auch nicht die Engel im Himmel, nur der Vater allein.« Und ich meine, dieses Warten auf das Reich Gottes ist nur dann sinnvoll, wenn es kein passives Warten ist, sondern ein aktives. Wenn wir wissen, daß wir aufgerufen sind, Werke des Friedens, der Gerechtigkeit und der Liebe in unserem Leben zu verwirklichen. Sehr schön hat es Rabbi Tarphon in den Sprüchen der Väter ausgedrückt: »Es ist dir nicht gegeben, das Werk zu vollenden, aber du bist nicht davon befreit, es zu beginnen.«

24. September 1983 in Wittenberg: Friedensbewegte Christen bei ihrer Aktion »Schwerter zu Pflugscharen«, fotografiert von Friedrich Schorlemmer

▶ SCHALOM BEN-CHORIN wurde 1913 als FRITZ ROSENTHAL in München geboren und flüchtete 1935 wegen der judenfeindlichen Verfolgungen im nationalsozialistischen Deutschland nach Jerusalem. Der Dichter und theologische Denker setzte sich als einer der Ersten für ein besseres Verhältnis zwischen Juden und Christen sowie zwischen Israelis und Deutschen ein. BEN-CHORIN starb 1999 in Jerusalem.

Die Frage der Fragen

In einem Buch mit dem Titel »Worte, die ein Leben begleiten« zitiert SCHALOM BEN-CHORIN eine chassidische* Geschichte:

Vor dem Ende sprach Rabbi Sussja: In der kommenden Welt wird man mich nicht fragen: Warum bist du nicht Mose gewesen? Man wird mich fragen: Warum bist du nicht Sussja gewesen?

Was tun? Als Christ in der Entscheidung

DIETRICH BONHOEFFER hat sich in seinem Leben immer wieder mit der so genannten Bergpredigt auseinander gesetzt – Worte, die einem Christen sehr viel abverlangen, wie zum Beispiel:

Widersteht dem Bösen nicht, sondern wer dich auf die rechte Wange schlägt, dem halte auch die andere hin (Matthäus 5, 39).

BONHOEFFER nahm den Verfolgungsdruck des nationalsozialistischen Staates täglich stärker wahr. Dennoch hielt er in seinem Buch »Nachfolge« (1937) am hohen moralischen Anspruch der Bergpredigt fest:

▶ Der Autor des neutestamentlichen Matthäusevangeliums hat um 80 n. Chr. frühchristliche Quellen zusammengestellt, darunter auch eine Sammlung von Jesusworten. Die Kernteile der »Bergpredigt« (Matthäus 5-7) gehen höchstwahrscheinlich auf JESUS selbst zurück.

»Das Böse totlaufen lassen«

Die Überwindung des Anderen erfolgt nun dadurch, dass sein Böses sich totlaufen muss, dass es nicht findet, was es sucht, nämlich Widerstand und damit neues Böses, an dem es sich umso mehr entzünden könnte. Das Böse wird darin ohnmächtig, dass es keinen Gegenstand, keinen Widerstand findet, sondern willig getragen und erlitten wird. Hier stößt das Böse auf einen Gegner, dem es nicht mehr gewachsen ist. Freilich nur dort, wo auch der letzte Rest von Widerstand aufgehoben ist, wo der Verzicht, Böses mit Bösem zu vergelten, restlos ist. Das Böse kann hier sein Ziel nicht erreichen, Böses zu schaffen, es bleibt allein.

Wenig später allerdings musste Bonhoeffer erkennen, dass der NS-Terror alle bisher denkbaren Schrecken übertraf. Konnte es in dieser Ausnahmesituation noch angehen, den Nazis »die andere Wange« hinzuhalten, ohne selbst zu ihren Komplizen zu werden? So schloss sich der junge Pfarrer dem politischen Widerstand an – auch auf das Risiko hin, selbst Gewalt anwenden zu müssen. 1943 erzählte ein Vertrauter des Theologen von einer Begegnung mit Bonhoeffer:

Otto Pankok, *Christus zerbricht das Gewehr (1950)*
Stellt Vermutungen an, worauf der Künstler seine Hoffnung gründet.

»... dem Betrunkenen das Steuerrad entreißen«

Bei einem Rundgang im Gefängnishof Tegel wurde Dietrich Bonhoeffer von einem Mitgefangenen gefragt, wie er es als Christ und Theologe verantworten könne, am aktiven Widerstand gegen Hitler teilzunehmen. In der Kürze der Zeit und unter den Augen der Aufseher antwortete er mit einem Bild: Wenn ein betrunkener Autofahrer mit hoher Geschwindigkeit den Kurfürstendamm herunterrase, könne es nicht seine, des Pfarrers einzige und vornehmliche Aufgabe sein, die Opfer des Wahnsinnigen zu beerdigen und deren Angehörige zu trösten; wichtiger sei es, dem Betrunkenen das Steuerrad zu entreißen.

»... den Opfern verpflichtet«

Die Kreuzberger Heilig-Kreuz-Gemeinde sieht sich heute mit ihrer Arbeit für Asylsuchende in Bonhoeffers Spuren:
Unser Eintreten für die Verfolgten und Flüchtlinge ist von den damaligen Erfahrungen geprägt. Zwar ist die deutsche Vergangenheit von vor 60 Jahren nicht unsere Gegenwart, doch die Anforderungen bleiben die gleichen: »den Opfern verpflichtet« zu sein und »dem Rad selbst in die Speichen zu fallen.«

1. Erläutert, was Schalom Ben-Chorin als »Ziel der Geschichte« ansieht: Inwieweit berührt er damit die menschliche Sinnfrage?
2. Dietrich Bonhoeffer hat 1937 und 1943 zur Bergpredigt Stellung bezogen: Untersucht seinen Meinungswandel.
3. Kläre und notiere für dich deine Auffassung von einem moralisch »richtigen« Leben: Begründe deine Meinung vor der Gruppe.

▶ Alhambra – die berühmte maurische Festung im spanischen Andalusien – war fast 800 Jahre lang Zentrum einer einzigartigen Kultur.
Nachdem islamische Eroberer zu Beginn des 8. Jahrhunderts ganz Spanien unter ihren Einfluss gebracht hatten, wirkten die Angehörigen verschiedener Glaubensrichtungen einträchtig zusammen und verhalfen der Region zu großem Aufschwung. Córdoba wurde mit einer Million Einwohnern zur reichsten und größten Stadt des mittelalterlichen Europas, weil Muslime, Juden und Christen ihre besten Fähigkeiten zum Wohl ihrer Umgebung einbrachten. Noch heute übt die ehemalige Königsfestung eine faszinierende Wirkung aus.
Der Kulturjournalist Rainer Traub schwärmt: »Schönheit und Ebenmaß, Rhythmus und Harmonie, Vielfalt und Einheit des Ganzen vereinen sich zur bezwingenden Idee einer Transzendenz*, die alle Sinne belebt.«

»Wir sind alle Brüder«: ethische Grundsätze einer Muslima

Diesen Satz sagte Mevlüde Genc im Gerichtssaal auch den vier Jugendlichen, die verurteilt wurden wegen rassistischen Mordes an fünf Menschen: Sie hatten 1993 in Solingen das Haus angezündet, in dem die türkische Familie wohnhaft gewesen war. Zwei Töchter, zwei Enkelinnen und eine Nichte von Mevlüde Genc waren verbrannt:
Was gab es für einen Grund, so etwas zu tun? Bringen in diesem Deutschland die Eltern ihren Kindern denn nicht bei, dass wir alle Brüder sind, dass wir alle dasselbe Leben in uns tragen? Wir sind alle von Gott erschaffen. Reichen wir einander die Hand!

Menschenrechte im Islam

Der Islam steht im Ruf, die Rechte des Einzelnen, insbesondere die der Frauen, geringer zu schätzen als es andere Kulturen oder Weltreligionen tun; höhere Geltung beanspruchen die Pflichten gegenüber der »umma«, der islamischen Gemeinschaft.
Pauschal beschuldigen manche Kritiker die Muslime, mit fanatischen oder terroristischen Mitteln gegen Andersgläubige vorzugehen. Doch die Wirklichkeit ist komplizierter. In Kairo haben sich 1990 muslimische Vertreter aus über 40 Ländern zusammengesetzt, um für ihren Kulturkreis eine gesonderte Menschenrechtserklärung zu verfassen:
Alle Menschen bilden eine Familie, deren Mitglieder durch die Unterwerfung unter Gott vereint sind und alle von Adam abstammen. Das Leben ist ein Geschenk Gottes und das Recht auf Leben wird jedem Menschen garantiert. Die Frau ist dem Mann an Würde gleich, sie hat Rechte und auch Pflichten. Der Mensch wird frei geboren und niemand hat das Recht, ihn zu versklaven, zu demütigen, zu unterdrücken oder ihn auszubeuten. Unterwerfung gibt es nur unter Gott, den Allmächtigen.* – Aus der Kairoer Erklärung der Menschenrechte im Islam

Ethos für die Welt: »Leben und Würde aller achten«

Der Friede entzieht sich uns – der Planet wird zerstört – Nachbarn leben in Angst – Frauen und Männer sind entfremdet voneinander – Kinder sterben! Das ist abscheulich! (...) Insbesondere verurteilen wir Aggression und Hass im Namen der Religion. (...)
Wir müssen andere behandeln, wie wir von anderen behandelt werden wollen. Wir verpflichten uns, Leben und Würde, Individualität und Verschiedenheit zu achten, so dass jede Person menschlich behandelt wird – und zwar ohne Ausnahme. Wir müssen Geduld und Akzeptanz üben. Wir müssen fähig sein zu vergeben, indem wir von der Vergangenheit lernen, aber es niemals zulassen, dass wir selber Gefangene der Erinnerungen des Hasses bleiben. Indem wir unsere Herzen einander öffnen, müssen wir unsere engstirnigen Streitigkeiten um der Sache der Weltgemeinschaft willen begraben und so eine Kultur der Solidarität und gegenseitigen Verbundenheit praktizieren. (...)
Die Erde kann nicht zum Besseren verändert werden, wenn sich nicht das Bewusstsein der Einzelnen zuerst ändert. Wir versprechen, unsere Wahrnehmungsfähigkeit zu erweitern, indem wir unseren Geist disziplinieren durch Meditation, Gebet oder positives Denken. Ohne Risiko und ohne Opferbereitschaft kann es keine grundlegende Veränderung in unserer Situation geben. Deshalb verpflichten wir uns auf dieses Weltethos, auf Verständnis füreinander und auf sozialverträgliche, friedensfördernde und naturfreundliche Lebensformen.
Wir laden alle Menschen dazu ein, dasselbe zu tun.

1. Erklärt, wie die Muslima Mevlüde Genc ihre Haltung zu den Mördern ihrer Familie begründet.
2. Vergleicht den Text der Kairoer Menschenrechtserklärung mit der in eurer Schulbibliothek vorhandenen »Erklärung der Allgemeinen Menschenrechte« der Vereinten Nationen: Welche Gemeinsamkeiten, aber auch welche Unterschiede fallen auf? Arbeitet heraus, was im Islam besonders betont wird.
3. Ein Weltethos für das neue Jahrtausend? Diskutiert Möglichkeiten und Grenzen seiner Umsetzung im Alltag.
4. Gestaltet in Kleingruppen Ideen zu einem »Schulethos« – zum Beispiel als Plakate, Collagen oder Erklärungen: Worauf legt ihr Wert?

Viele Menschen, die sich dem Judentum, Christentum oder Islam zugehörig fühlen, erfahren durch ihre jeweilige Prägung Anstöße zu einem gelingenden, also sinnvollen Leben. Einige von ihnen versuchen im Alltag - allen Widrigkeiten zum Trotz -, die überlieferten Lehren auch praktisch umzusetzen.

Hans Küng, *katholischer Theologe und Präsident der »Stiftung Weltethos« in Tübingen*

▶ Im US-amerikanischen Chicago trafen sich im September 1993 Angehörige unterschiedlicher Religionen, um sich über Grundsätze ethischen Handelns zu verständigen. Der »Rat für ein Parlament der Weltreligionen« verfasste gegen Ende des Treffens eine »Erklärung zum Weltethos«. Die nebenstehende Einführung ermutigt alle Menschen zum gemeinsamen Handeln für eine bessere Welt.

▶ 1997 fand in Tirol das erste Sommercamp des »Projekt(s) Weltethos« statt (siehe auch: «Gefragte Adressen«, S. 213).
Jüdische, christliche und muslimische Jugendliche lebten eine Zeitlang zusammen und versuchten gemeinsam herauszufinden, was ihnen in ihrem Leben wichtig ist und wie sie ihre Welt von morgen »finden« könnten. Ihr Motto: *Find your world!*

Antworten ostasiatischer Anschauungen

»Ex oriente lux«

Dieser Ruf – »Aus dem Osten kommt das Licht« – hat über Jahrhunderte die Menschen des europäischen Abendlandes begeistert: »Licht« bedeutet Wärme, Leben, Wahrheit. Nach Osten, zur aufgehenden Sonne, sind viele christliche Kirchen ausgerichtet, ebenso christliche Gräber – die Toten sollen bei der Auferstehung dem ersten Strahl der Sonne entgegensehen. Jüdische Gotteshäuser (Synagogen) zeigen in der westlichen Welt nach Osten: nach Jerusalem. Muslimische Betende neigen sich in ihren Moscheen ebenfalls nach Osten: gen Mekka. Am indischen Ganges, dem heiligen Fluss der Hindus, finden sich bei Sonnenaufgang besonders viele Menschen ein, denn »morgens sind uns die Götter am nächsten«, heißt es dort.

In unserer Zeit suchen immer mehr Menschen aus den westlichen Ländern ihre Mitte in östlichen Religionen. Statt einer vordergründigen Selbstverwirklichung wollen sie eine meditative Bewegung des »Frei- und Leerwerdens« erfahren, Leben im Einklang mit den Elementen der Natur – als Kraftquelle auch für den Alltag:

– Der Hinduismus zeichnet sich durch seinen sinnlichen Lebensbezug aus; sein Vertrauen auf ewig waltende Urkräfte soll Gelassenheit und Toleranz fördern. Eine Reise nach Indien gilt unter nicht wenigen Europäern bis heute als die Erfüllung tiefster Sehnsüchte.

– Im Buddhismus wird die Konzentration auf das Wesentliche betont; aus ihr soll der Mensch innere Ruhe und eine friedliche Gesinnung gegenüber allem Leben gewinnen. In Deutschland sind insbesondere japanische Zen-Riten verbreitet. Und Tibet mit dem DALAI-LAMA betrachten manche seiner Anhänger als den Ort der Erlösung.

– Aus China stammt der Taoismus. Das »Tao« gilt als der schaffende Urgrund der Welt, den der Mensch frei von eigenem Tatendrang durch sich wirken lassen soll. Der taoistische Appell zum in sich ruhenden »Tun des Nichttuns« wirkt auf aktivitäts- und stressgewohnte Europäer provozierend, soll aber zum Heil führen.

– Der Konfuzianismus galt schon im 18. Jahrhundert – in der Zeit der Aufklärung – als Vorbild für eine »natürliche Religion«. Im Einklang mit der kosmischen und sozialen Ordnung zu leben, ist seine Hauptforderung. Im Gegensatz zum Taoismus stellt der Konfuzianismus das aktive tugendhafte Handeln des Einzelnen in den Vordergrund, damit die Ordnung von Familie und Staat – und so das Wohl aller – erhalten werden kann.

Auf den folgenden Seiten erfahrt ihr mehr über Ursprünge und Grundüberzeugungen dieser alten Religionen oder Weltanschauungen. Vielleicht wird euch klar, warum diese Überlieferungen auch Sinnsucher/innen in Europa faszinieren …

Hinduismus: vom Kreislauf des Lebens

Mahatma Gandhi (1869–1948), indischer Bürgerrechtler und gewaltloser Unabhängigkeitskämpfer, hat die Besonderheit seiner Religion so beschrieben:

Der Hindu ist in religiösen Fragen der toleranteste und weitherzigste Mensch. Seine Religion verkündet nicht einen besonderen Hindu-Gott oder einen besonderen Hindu-Himmel. Gott ist Einer, für Hindus so gut wie für Nicht-Hindus. Man braucht kein Hindu zu sein, um ein guter Mensch zu sein und nicht jeder Hindu ist ein guter Mensch. Im Hinduismus gibt es kein Dogma über »den« Weg. Es gibt verschiedene Wege, zur Wahrheit zu gelangen und Gott zu verwirklichen (...).

Obwohl der Hinduismus keine Stifterperson kennt, kehren in ihm einige Grundüberzeugungen immer wieder: Hindus glauben, dass die Seele jedes Lebewesens (»Atman«) mit dem Allgeist (»Brahman«) wesenseins ist und unsterblich ist. Das sittliche Weltgesetz (»Dharma«) bestimmt über die Art seiner Fortexistenz: Je nach ihrem Verhalten und ihrer Lebensweise (»Karma«) wird die Seele in höheren oder niederen Lebensformen, als Gott, Mensch, Tier oder Pflanze, wiederverkörpert. Einen Ausweg aus dem Kreislauf der Wiederverkörperungen (»Samsara«) bietet die Erkenntnis, dass alles Vergängliche Schein ist (»Maya«) und nicht der Seele angehört. Wer von dieser höchsten Wahrheit Erkenntnis erlangt, den befähigt sie, alle Leidenschaften zu überwinden, die stets neues Karma erzeugen und so den Kreislauf von Geburt und Tod fortsetzen. Wer die Leidenschaften überwindet, wird nicht mehr wieder geboren und erlangt Erlösung. Die Wege zur Erlösung sind vielfältig. In Europa ist der achtteilige Weg des Yoga am bekanntesten: Er verbindet eine sehr einfache Lebensweise mit entsprechender Körperkontrolle und reicht bis zu den höchsten Formen geistiger Versenkung.

▶ Der Hinduismus ist die älteste Weltreligion Ostasiens und doch bis heute auch eine Volksreligion, in die über 80 Prozent der Inder hineingeboren, aber nicht eigens aufgenommen zu werden brauchen. Seit über 3000 Jahren sind die »Veden« bekannt, uralte heilige Schriften. Daraus entwickelten sich nach 900 v. Chr. mit den »Upanishaden« die bis heute gültigen hinduistischen Grundüberzeugungen; doch erst vor etwa 1000 Jahren wurden die heiligen Schriften der Hindus zum Abschluss gebracht. In den zurückliegenden Jahrhunderten haben sich die meisten Hindus weder islamischen noch christlichen Einflüssen gebeugt.

Verehrte Götter – eine Auswahl:
- die drei Schöpfungsgötter Brahma, Vishnu, Shiva,
- die Mutter-Göttin Kali,
- der volkstümliche Elefantengott Ganesha,
- der Affengott Hanuman,
- die Vermenschlichungen Vishnus: Rama und Krishna.

Buddhismus: Erkenntnis des Leidens und seine Überwindung

Die buddhistische Ursprungslegende erzählt von einem Prinzen namens SIDDHARTA. Der Prinz ist im Palast aufgewachsen, fernab von allen Schwierigkeiten des Lebens. Mehrmals lässt er sich in die Stadt fahren. Nacheinander begegnen ihm ein zahnloser Mann mit faltiger Haut sowie ein sich vor Schmerzen krümmender Mensch: SIDDHARTA erfährt, dass jeder Mensch altern muss und auch von Krankheiten heimgesucht wird. Außerdem stößt SIDDHARTA auf einen Leichenzug: Er erkennt, dass alle Menschen sterben müssen. Schließlich trifft SIDDHARTA einen Bettler, ausgeglichen und in sich ruhend. Von ihm tief beeindruckt, beschließt SIDDHARTA, seine Familie zu verlassen, um selbst Asket* zu werden. Eines Tages fällt er unter einem Baum in tiefe Versenkung – er »schaut« vier »Wahrheiten« über die Entstehung und Aufhebung des Leidens:

Die erste Wahrheit erklärt alles Dasein als leidvoll: die Unbeständigkeit des Lebens, Alter, Krankheit und Tod.

Die zweite Wahrheit weist auf die Ursache des Leidens hin: das Begehren – die Triebkräfte –, die den leidvollen Kreislauf des Daseins stets von neuem fortsetzen.

Die dritte Wahrheit betrifft die Aufhebung des Leidens: Da es das fortgesetzte Begehren ist, das jede neue Wiederverkörperung bewirkt, führt dessen restloses Erlöschen zur Befreiung von dem Kreislauf aus Geburt und Tod (»Samsara«); mit ihr geht der Mensch ins Nichts oder »Nirvana« ein – das höchste Ziel der Buddhisten.

Die vierte Wahrheit weist den »edlen achtfachen Pfad«, der zur Aufhebung des Leidens und der Leidenschaften führen soll: rechte Sicht (1), rechtes Wollen (2), rechte Rede (3), rechtes Handeln (4), rechter Lebenswandel (5), rechte Anstrengung (6), rechte Achtsamkeit (7), rechte Sammlung/Versenkung/Meditation (8).

▶ Der Buddhismus ist aus dem hinduistischen Erlösungsglauben entstanden und geht auf den nordindischen Prinzen SIDDHARTA GAUTAMA zurück (ca. 560–480 v. Chr.). Mit über dreißig Jahren wurde der Prinz zum erleuchteten »Buddha«. Ziel seiner Anhänger ist es, in der Abkehr von jeglicher Begierde selbst zum »Bodhisattva« zu werden, der anderen zur Erleuchtung verhilft. Der Buddhismus kennt verschiedene Richtungen (»Fahrzeuge«), die zum Heil führen wollen: Die älteste, »Theravada«, ist eine rein mönchische Bewegung mit nur wenigen Auserwählten. Neben diesem kleinen Fahrzeug (»Hinayana«) entstand später das große Fahrzeug »Mahayana« – als Volksreligion für alle. In Tibet entwickelte sich vor 1100 Jahren der Tantrismus (»Tantra«), der von magisch-spirituellen Riten geprägt ist und seit 1578 einen DALAI-LAMA als Oberhaupt anerkennt. Eine auf Meditation ausgerichtete Bewegung gelangte im 6. Jahrhundert als »Ch'an« nach China, im 12. Jahrhundert als »Zen« nach Japan und ist heute auch in christlichen Kreisen Europas verbreitet.

Taoismus: den Ur-Sinn ergründen

Von kosmischer Harmonie, derzufolge Himmel, Erde (Makrokosmos*) und Mensch (Mikrokosmos*) in ausgewogenen Wechselbeziehungen stehen, geht die chinesische Anschauung aus. Ihren Urgrund nennt LAOTSE in dem ihm nachgesagten Alterswerk, dem »Tao-Tê-King«, das »Tao«. In ihm sieht er das ›All-Eine‹, das, selbst unterschiedslos und ewig, jeden Unterschied und Wandel hervorbringt. Da es begrifflich nicht mehr fassbar ist, umschreibt er das »Tao« und den Weg zu ihm in dichterischer Bildsprache:

Nichtsein nenne ich den Anfang von Himmel und Erde.
Sein nenne ich die Mutter der Einzelwesen.
Beides ist eins dem Ursprung nach
und nur verschieden durch den Namen.
In seiner Einheit heißt es das Geheimnis.
Des Geheimnisses noch tieferes Geheimnis
ist das Tor, durch das alle Wunder hervortreten.

Schaffe Leere bis zum Höchsten!
Wahre die Stille bis zum Völligsten!
Alle Dinge mögen sich dann zugleich erheben.
Ich schaue, wie sie sich wenden.
Die Dinge in all ihrer Menge,
ein jedes kehrt zurück zu seiner Wurzel.
Rückkehr zur Wurzel heißt Stille.
Stille heißt Wendung zum Schicksal.
Wendung zum Schicksal heißt Ewigkeit.
Erkenntnis der Ewigkeit heißt Klarheit.

Wer seine Person gestaltet, dessen Leben wird wahr.
Wer seine Familie gestaltet, dessen Leben wird völlig.
Wer seine Gemeinde gestaltet, dessen Leben wird wachsen.
Wer sein Land gestaltet, dessen Leben wird reich.
Wer die Welt gestaltet, dessen Leben wird weit.
Darum:
Nach deiner Person beurteile die Person des andern.
Nach deiner Familie beurteile die Familie der andern.
Nach deiner Gemeinde beurteile die Gemeinde der andern.
Nach deinem Land beurteile das Land der andern.
Nach deiner Welt beurteile die Welt der andern.

Der Sinn (TAO) ist immer strömend.
Aber er läuft in seinem Wirken doch nie über.
Ein Abgrund ist er, wie der Ahn aller Dinge.

▶ »Tao-Tê-King«
(gesprochen: *Dau-Dö-Djing*) ist das »Buch« (»King«) vom Tao (»Weg«, »Sinn«, »Weltgesetz«) und Tê (seinem »Wirken«). Das Tao-Tê-King ist irgendwann zwischen dem 6. und 4. Jahrhundert entstanden: Nach einer Legende hat LAOTSE, der »alte Meister«, das Buch auf einem Büffel reitend geschrieben. Mit seiner forschenden Frage nach dem »Sein alles Seienden« handelt es sich um ein philosophisches Buch; auch greift es Fragen der Selbsterkenntnis und des richtigen sozialen Handelns auf.

▶ Philosophie oder Religion?
Die im Tao-Tê-King entfalteten Ideen über den Welturgrund sind philosophisch geprägt (»daojia«). Davon zu unterscheiden ist die ab dem 3. Jahrhundert in China entstandene Religion des Taoismus mit dem Glauben an mehrere Götter (»daojiao«).

Konfuzianismus: das rechte Leben

Der Schriftsteller Malcom J. Bosse beschreibt in seinem Roman »Die Prüfung« die Erfahrungen zweier Brüder im China des 16. Jahrhunderts. Der jüngere und gewieftere Hong ermuntert seinen hoch begabten Bruder Chen zu der gefährlichen Reise aus der fernen Provinz in die Hauptstadt Bejing, um die höchste konfuzianische Prüfung abzulegen; dazu muss Chen eine Abhandlung verfassen zu dem Thema: »Was bedeutet ›gut‹ für einen Fürsten, der den ›Auftrag des Himmels‹ hat?«

Als Chen den Pinsel in die dicke schwarze Tusche tauchte, hatte er bereits den ersten Satz im Kopf: »›Gut‹ ist manchmal äußerst schwierig zu verstehen. Um diese Wahrheit zu erläutern, möchte ich schildern, was mir und meinem Bruder auf unserem Weg nach Bejing widerfahren ist.«. Sein Meister würde keine Erfahrungen gutheißen, die keine Beziehung zu einem höheren Zweck hatten. Der konfuzianische Weg besteht darin, eine Sache mit einer anderen und noch einer anderen zu verknüpfen, solange bis sich alles in Harmonie vereint.

Chen zerriss den Bogen. Er begann noch einmal. Chen fing mit der Beschreibung des guten Menschen bei Konfuzius an: ehrbar, treu, dem allgemeinen Wohlergehen verpflichtet, von großzügiger Natur und mit Achtung vor der Tradition. Der gute Mensch handelt aus einem Glauben an die Wechselseitigkeit des Verhaltens: Behandle die andern so, wie du von ihnen behandelt werden möchtest. Mit dieser Einstellung erzeugt ein tugendhafter Fürst bei seinem Volk Tugendhaftigkeit. Aber der Fürst sei auch ein Mensch und deshalb mit Fehlern behaftet; nicht alle seine Entscheidungen könnten perfekt oder gar gut sein. In dem Maße jedoch, in dem der Fürst nach Vollkommenheit strebt, ist er gut und deshalb ein geeigneter Herrscher. Konfuzius würde sagen, dass ein solcher Fürst durch seine Menschlichkeit gerettet wird. Einige Kommentare beharrten darauf, dass die Fehler eines Fürsten die Ursache für Unglück, Überschwemmung und Hunger seien. Doch das treffe nur dann zu, argumentierte Chen, wenn der Herrscher bewusst falsch gehandelt habe. Ziel und Absicht seien bei der Frage, was ›gut‹ ist, entscheidend. Solange nicht mutwillig falsch gehandelt worden sei, geschehe Falsches nicht von Natur aus, noch sei die göttliche Harmonie gestört.

»Wir sind alle Menschen«, schrieb Chen in seiner Schlussfolgerung, »vom höchsten bis zum niedrigsten. Dieses allgemeine Band kann sowohl Herrscher wie Untertan vor Schaden bewahren und uns alle vor einer Disharmonie des Himmels schützen.« (…)

Chen hatte auf seine eigenen Erfahrungen zurückgegriffen und eine Wahrheit ausgesprochen, die er auf der Reise begriffen hatte. Konfuzius hätte es gutgeheißen.

Chen besteht die Prüfung als Bester und erhält eine ehrenvolle Stellung – als Sekretär in Qufu, der Stadt mit dem Grab des Konfuzius.

▶ Konfuzius, eigentlich Kungfu-Tse (»Meister Kung«), lebte von 551 bis 479 v. Chr. Er gilt als zentrale Gestalt alter chinesischer Lebenshaltung: Seine konservativen Vorstellungen zur Gestaltung der sozialen und politischen Ordnung fanden weite Verbreitung – bis heute. Wie sein Zeitgenosse Lao-Tse legte auch Kungfu-Tse die alten Traditionen des Tao aus; seine »Lehrgespräche« wurden später aufgezeichnet und bilden eine wichtige Quelle für die Auseinandersetzung mit der philosophischen Überlieferung in China.

Edvard Munch,
Sommernacht an der Küste

Kailash: heiliger Ort ostasiatischer Religionen
Vielen Indern und Chinesen gilt der im West-Tibet gelegene Berg Kailash als heilig. Obwohl er nicht der höchste Berg im Himalaya, dem »Dach der Welt«, ist, entspringen ihm die Flüsse Ganges, Indus, Sutley und Brahmaputra. Den Kailash verehren Anhänger verschiedener Religionen, weil sie den Berg als Quelle des Lebens und als Sitz der Götter betrachten – in einem anderen Bild als »Achse des Universums«. Um den Kailash herum finden alljährlich zahlreiche Feste und Übungen statt. Die dreitägige Umwanderung des Bergs im Uhrzeigersinn – 53 Kilometer unter schwierigsten Bedingungen – bedeutet vielen Menschen die Verwirklichung eines Lebenstraumes.

▶ *Ein und derselbe Mond spiegelt sich in allen Wassern. Alle Monde im Wasser sind eins in dem einen Mond.*
Altindische Weisheit

1. Überlegt, warum Hindus ihre Religion als »ewig« bezeichnen.
2. Informiert euch genauer über Inhalte der »Erleuchtung« und Zen-Praktiken: Erörtert, warum die buddhistische Suche nach »Erleuchtung« und die Zen-Meditation auch bei uns populär geworden sind.
3. Lasst die Verse des Tao-Tê-King auf euch wirken: Diskutiert, ob die Bewegung des Tao eher eine Philosophie oder eine Religion ist.
4. Überprüft, inwiefern die konfuzianische Vision von einer moralischen und sozialen Harmonie ein ethisches Vorbild sein kann. Worin liegen möglicherweise Gefahren?

Die Auseinandersetzung mit den östlichen Religionen und Anschauungen hat in den Ländern des Westens zur neuen Besinnung auf religiöse und philosophische Bedürfnisse des Menschen geführt. Diese Begegnung inspiriert sowohl die Suche nach Gemeinsamkeiten in den Religionen als auch das Bemühen um weltweite Verständigung zwischen den Menschen.

Humanismus: weltliche Wege zur Sinnfindung

Der Versuch, eine menschlichere Welt – ohne religiöse Bindungen – anzustreben, hat große Denker hervorgebracht, aber auch viele Menschen geprägt. Der weltliche »Humanismus« hat sich vor allem in Europa zu einer bedeutsamen Kulturbewegung entwickelt.

Die Vision

(…) Ein neues Lied, ein besseres Lied,
O Freunde, will ich euch dichten!
Wir wollen hier auf Erden schon
Das Himmelreich errichten.

Wir wollen auf Erden glücklich sein,
Und wollen nicht mehr darben;
Verschlemmen soll nicht der faule Bauch,
Was fleißige Hände erwarben.

Es wächst hienieden Brot genug
Für alle Menschenkinder,
Auch Rosen und Myrten, Schönheit und Lust,
Und Zuckererbsen nicht minder.

Ja, Zuckererbsen für jedermann,
Sobald die Schoten platzen!
Den Himmel überlassen wir
Den Engeln und den Spatzen. (…)

Heinrich Heine: Deutschland. Ein Wintermärchen (1844)

▶ Die Internationale
Es rettet uns kein höh'res Wesen,
kein Gott, kein Kaiser noch Tribun.
Uns aus dem Elend zu erlösen,
können wir nur selber tun.
Eugene Poitier: Wacht auf, Verdammte dieser Erde (Auszug, 1871)

▶ *Wichtig ist Solidarität.*
Man sollte mit dem Nächsten klarkommen,
aber man muss ihn nicht gleich lieben.
David Jestner, 15 Jahre

Glaube an das Gute im Menschen

Der Höhepunkt des Glaubens an andere wird im Glauben an die Menschheit erreicht. In der westlichen Welt kam dieser Glaube in der jüdisch-christlichen Religion zum Ausdruck und in weltlicher Sprache fand er seinen stärksten Ausdruck in den humanistisch orientierten politischen und gesellschaftlichen Ideen der letzten hundertfünfzig Jahre. Genau wie der Glaube an ein Kind gründet auch er sich auf die Idee, dass die dem Menschen gegebenen Möglichkeiten derart sind, dass er unter entsprechenden Bedingungen die Fähigkeit besitzt, eine von den Grundsätzen der Gleichheit, Gerechtigkeit und Liebe getragene Gesellschaftsordnung zu errichten. Noch ist dem Menschen der Aufbau einer solchen Gesellschaftsordnung nicht gelungen und deshalb erfordert die Überzeugung, dass er dazu in der Lage sein wird, Glauben. Aber genau wie bei jeder Art von rationalem Glauben handelt es sich auch hier um kein Wunschdenken, sondern dieser Glaube gründet sich auf die

▶ Atheismus*
Ich habe keinen Gott. Für alle Taten,
die ich begehe, muss ich Täter sein.
Kein Weltenrichter wartet, mich zu strafen –
Für jeden Irrtum steh ich selber ein.
Heinz Kahlau: Kein Gott (1981)

unleugbaren Leistungen der Menschheit in der Vergangenheit und auf die Erfahrungen, die jeder Einzelne in seinem eigenen Inneren mit seiner Fähigkeit zu Vernunft und Liebe macht.

ERICH FROMM, Sozialphilosoph (Die Kunst des Liebens, 1956)

Liebe als Lebenssinn

Bald werden wir alle sterben und alles Andenken wird dann von der Erde geschwunden sein und wir selbst werden für eine kleine Weile geliebt und dann vergessen werden. Doch die Liebe wird genug gewesen sein; alle diese Regungen von Liebe kehren zurück zu der einen, die sie entstehen ließ. Nicht einmal eines Erinnerns bedarf die Liebe. Da ist ein Land der Lebenden und ein Land der Toten und die Brücke zwischen ihnen ist die Liebe – das einzige Bleibende, der einzige Sinn.

THORNTON WILDER, amerikanischer Schriftsteller (1897-1975)

Humanismus heute

Der Humanismus geht nicht davon aus, dass der Mensch einfach nur gut sei. Wir müssen selbst entscheiden, was wir für gut oder schlecht halten. Wir können wählen zwischen dem Kampf jeder gegen jeden oder einem menschenfreundlichen Leben.

Das Zentrum des humanistischen Selbstverständnisses sind die Menschenrechte, nach denen alle Menschen frei geboren sind und ihre »gleichen und unveräußerlichen Rechte die Grundlage der Freiheit, der Gerechtigkeit und des Friedens in der Welt« bilden.

Wo andere Menschen endgültige Glaubensgewissheiten zum Maßstab machen, da vertrauen wir Humanisten auf den Vorteil des Zweifels.

Es gibt keinen von Menschen unabhängigen Sinn des Lebens – aber Menschen können ihrem Leben einen Sinn geben.

WERNER SCHULTZ: Humanismus – das Rätsel ist der Mensch (1996)

1. Beschreibt die Merkmale des weltlichen Humanismus.
2. Versucht anhand einer Pro- und Kontra-Diskussion Unterschiede, aber auch Gemeinsamkeiten zwischen weltlichen und religiösen Überzeugungen herauszufinden.
3. Diskutiert das Rätsel des Menschen: Sind wir »gut« (FROMM) oder »nicht einfach nur gut« (SCHULZ)?

Spuren suchen heißt: nach Spuren anderer suchen, denen ich folgen kann, um den eigenen Lebensweg zu gehen und zu verstehen. Aber es möchten auch eigene Spuren erkennbar sein, eigene Wege gegangen werden. Gedanken aus Philosophie, Humanismus und Religionen können dabei Wegweiser sein.

▶ Humanismus im Alltag

Der weltliche Humanismus spiegelt die Geschichte grandioser Ideen, aber auch tragischer Fehlentwicklungen wider; seine Prägekraft ist unübersehbar. Auch die heute wieder populäre Jugendweihe hat ihre Wurzeln in humanistischem Gedankengut: Gegen Mitte des 19. Jahrhunderts begannen viele Menschen, sich von der Kirche und ihren Bräuchen – etwa der Konfirmation – abzuwenden und nach eigenen Ritualen zu suchen. Die Jugendweihe hat für manche Menschen, die noch in der DDR groß geworden sind, einen schalen Beigeschmack. Über viele Jahre bedrängten die Behörden Jugendliche, auf Kirche und Konfirmation zu verzichten und sich stattdessen auf die Grundsätze sozialistischer Moral verpflichten zu lassen. Heute existieren wieder unabhängige Organisationen, die mit unterschiedlichen Zielsetzungen Jugendweihen oder Jugendfeiern ausrichten.

Spurensuche – im Sande verlaufen?

Die Suche nach dem Sinn verläuft nicht immer so glücklich, wie es die Hoffnungsgeschichten mit ihren schönen Entwürfen erwarten lassen. Die Sinnsuche – in der Geschichte oft gleichzusetzen mit der Suche nach Gott – bleibt für viele Menschen rätselhaft bis ergebnislos.
Eine der ältesten Sinn- und Glaubenskrisen ist in einem biblischen Drama zu finden. Einem frommen Mann, Hiob, widerfährt Schreckliches. Seine Kinder sterben, Hab und Gut wird ihm genommen, er wird schwer krank. Er hält in seinem Glauben an Gott fest, fordert ihn aber zum Rechtsstreit heraus, um seine Unschuld zu beweisen.

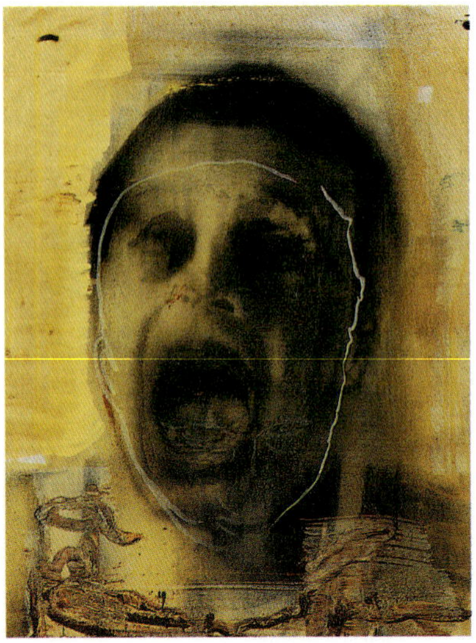

Abbildungen:
Thomas Lange, *»Reinhard«, 1996 (Zyklus von 48 Gemälden in Erinnerung an einen Freund, der an Aids verstorben ist)*

Hiob klagt an

Versunken und vergessen soll er sein, der Tag, an dem ich geboren wurde und auch die Nacht, die sah, wie man mich zeugte! (...)
Wär ich doch gleich bei der Geburt gestorben oder, noch besser, schon im Leib der Mutter! Warum hat sie mich auf den Schoß genommen und mich an ihren Brüsten trinken lassen? Ich läge jetzt ganz still in meinem Grab, ich hätte meine Ruhe, könnte schlafen, (...)
Warum gibt Gott den Menschen Licht und Leben, ein Leben voller Bitterkeit und Mühe? (...) Wohin mein Leben führt, ist mir verborgen, mit einem Zaun hält Gott mich eingeschlossen.
Hiob 3 (Auszüge)

▶ *Warum leide ich? Das ist der Fels des Atheismus*. Das leiseste Zucken des Schmerzes, und rege es sich nur in einem Atom, macht einen Riss in der Schöpfung von oben bis unten.*
Georg Büchner: Dantons Tod (1835)

Ich werde mich bis in den Tod hinein weigern, die Schöpfung zu lieben, in der Kinder gemartert werden.
Albert Camus: Die Pest (1947)

Für die vorchristliche Gestalt des Hiob – dessen Geschichte schließlich doch noch gut ausgeht – war es selbstverständlich, dass Gott die Welt und die Menschenschicksale beherrscht. Auch der 20-jährige Rob von heute steckt in einer Lebenskrise und sucht nach einem Ausweg; aber die überlieferte Religion bietet ihm keinen Halt: Das Auseinanderbrechen seiner Familie und die zunehmend kritische Auseinandersetzung mit der überlieferten Religion säumen seinen Weg in die schwarze Szene der Grufties.

Rob erzählt

... da hatte ich zum Beispiel auch so'n Hänger in der Schule, so im siebten Schuljahr vielleicht ... naja, und da ist mir eigentlich erstensmal diese Sinnfrage von wegen Religion und sowas ... also da waren einfach viel zu viele Ungereimtheiten als dass ich das einfach so schlucken konnte alles, und da hab ich mir Gedanken drüber gemacht ... und von einem Tag auf den anderen ist alles bei mir zusammengefallen ... mein Opa, zu dem ich ein Superverhältnis hatte, ist gestorben an Lungenkrebs und das ging auch ziemlich lang und da hab ich mir halt die Sinnfrage gestellt. Dann ist das mehr in die schwarze Richtung gegangen, davor waren es halt abgrenzend die verschiedensten Frisuren.

▶ Angst und Zweifel

Zweifle nicht
an dem
der dir sagt
er hat Angst

aber hab Angst
vor dem
der dir sagt
er kennt keinen Zweifel

Erich Fried: Gegengift

Ohnmacht in der Literatur

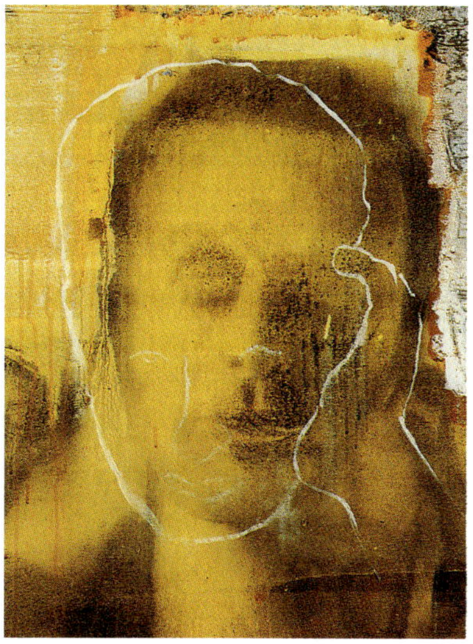

Entfremdung
In den Bäumen kann ich keine Bäume mehr sehen.
Die Äste haben nicht die Blätter, die sie in den Wind halten.
Die Früchte sind süß, aber ohne Liebe.
Sie sättigen nicht einmal.
Was soll nur werden?
Vor meinen Augen flieht der Wald,
vor meinem Ohr schließen die Vögel den Mund,
für mich wird keine Wiese zum Bett.
Ich bin satt von der Zeit
und hungere nach ihr.
Was soll nur werden?

Auf den Bergen werden nachts die Feuer brennen.
Soll ich mich aufmachen, mich allem wieder nähern?

Ich kann in keinem Weg mehr einen Weg sehen.

INGEBORG BACHMANN: Entfremdung

»Lebst du jetzt, wirklich?«

Nichts hat uns ferner gelegen als der Gedanke, man würde eines Tages irgendwo ankommen, und fertig. Etwas sein, und gut. Wir waren unterwegs, und etwas Wind war immer da, mal uns im Rücken, mal uns entgegen. Wir sind es nicht, doch wir werden es sein, wir haben es nicht, doch wir werden es haben, das war unsere Formel. Die Zukunft? Das ist das gründlich Andere. Alles zu seiner Zeit.(...) da mußte eines Tages die Frage entstehen: Wie werden wir sein? Was werden wir haben? Obwohl zum Innehalten die Zeit nicht ist, wird einmal keine Zeit mehr sein, wenn man nicht innehält. Lebst du jetzt, wirklich? In diesem Augenblick, ganz und gar? / Wann, wenn nicht jetzt?

▶ CHRISTA WOLF, 1929 geboren, ist eine bekannte deutschsprachige Autorin. Ihr Werk widerspiegelt das Leben in der DDR, die Auseinandersetzung mit den Fragen von Leben/Tod, Krieg/Frieden und Fortschrittsgefahren.
In ihrem Roman »Nachdenken über Christa T.« zeichnet sie das Leben einer verstorbenen Freundin nach – einer Lehrerin, die sich dem herrschenden Menschenbild in der DDR verweigert hatte (nebenstehend ein Auszug).

1. Schreibe Hiobs Klagen über die Sinnlosigkeit des Leides und seines Lebens weiter.
2. Versuche, Robs Lebenssicht aufzunehmen: Welche Möglichkeiten hat Rob, um nach seiner erfolglosen Sinnsuche nicht aufzugeben?
3. Diskutiert, wie man herausbekommen kann, ob man – im Sinne CHRISTA WOLFS – »wirklich lebt«?

Zu allen Zeiten mussten und müssen Menschen mit Sinnkrisen und ausweglosen Situationen fertig werden. Hiob, Rob, Ingeborg Bachmann und CHRISTA WOLF sind insofern ›Leidensgenossen‹. Stellen sie auch deine Fragen?

Wurzeln: weltweit gefragt

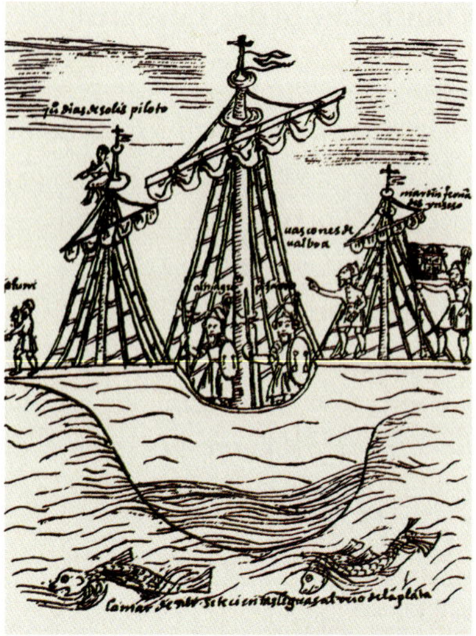

Spanische und andere Eroberer begannen vor gut 500 Jahren, weite Teile Lateinamerikas zu unterwerfen; davon zeugen auch Abbildungen aus jener Zeit. – Heute beklagen in Bolivien und anderswo zahlreiche Indianer den Verlust ihrer gemeinschaftlichen Identität*. Einige versuchen, die frühere Kultur wieder zu beleben – so die Aymara-Indianerin aus dem bolivianischen Hochland, die das Meditationstuch auf Seite 146 gestaltet hat. Die Künstlerin hat als Hintergrund des Tuches die Farben der Fahne des alten Inka-Reiches, des »Tawantinsuyo«, gewählt. Die Erinnerung an eine Vergangenheit, die besser gewesen sein soll, hinterlässt auch in der Literatur Spuren:

Großes Land Tawantinsuyo
wo Menschen leben
Götter der Berge
Pachamama und Vater Sonne.
Ihr wisst, wie wir 500 Jahre gelebt haben.

Wer hat die Schuld, dass wir so enden?

Die Weißen, die von weither kamen
haben Häuser, Länder, Tiere
Sie haben ...
und wir
Häuser, Land und unsere Tiere
was wir hatten
nichts geworden.

Wer hat die Schuld, dass wir so enden?

500 Jahre sind es, seit die Weißen kamen.
Unsere Geschichte ... nichts geworden
Unsere Sprache leer wie Grasland
hohl was wir gelehrt
Entscheidungen zerstoben
Gedanken schon zerronnen
zerstört, was wir geschrieben
gelähmt, was wir gemacht.
Verdreht, verkrümmt die Religion
zu etwas anderem.

Wie einer wollen wir zusammen sein
um noch einmal neu zu denken
aufzubrechen.

AGUSTIN GUTIERREZ: Wer hat die Schuld? (Aymara/Bolivien)

Ein neuer Anfang?

Im Bergland der philippinischen Hauptinsel Luzon leben die Igorot. Für ihren Reisanbau haben sie schon vor 2000 Jahren kunstvolle Terrassen angelegt, die als achtes Weltwunder gepriesen werden. Heute leben viele von ihnen in Not und Elend. Auch sie wurden Opfer der Kolonisation* aus Europa.

Viele Igorot und ihre Nachbarn, die Moro auf der Insel Mindanao, nehmen Vertreibung und Entwurzelung heute nicht mehr als unvermeidliches Schicksal hin. Mehr noch: Ausgerechnet aus den heiligen Schriften ihrer katholischen Eroberer schöpfen sie neue Hoffnung:

(...) Ich befand mich auf einem riesigen Schlachtfeld
dort waren viele verschiedene Stämme und Völker
sie zerstoben wie Spreu im Wind in alle Himmelsrichtungen (...)
dann wehte ein starker Wind von den Bergen
wirbelte über das Schlachtfeld
und versammelte die Menschen der ganzen Erde,
die Verstreuten wurden aufgelesen (...)
unsere Feinde verschwanden und ich erwachte.
Voller Freude sprang ich in die Luft, suchte mein Volk
mein Herz jubilierte angesichts der Klarheit meiner Vision (...)
hört zu, ihr Ausbeuter und Unterdrücker,
wir fürchten euch nicht länger
denn wir verstehen die Verheißung jetzt
die Erniedrigten sollen erhoben werden
die Schwachen sollen gestärkt werden. (...)

RENÉ AGBAYANI: Die Vision (Moro/Philippinen)

1. Informiert euch anhand von Nachschlagewerken über die Geschichte Boliviens und der Philippinen: Welche Spuren der Kolonisation sind auch heute noch erkennbar?
2. Erläutert, wie die beiden Dichter mit ihrer Situation umgehen.
3. Die Aymara und Moro suchen nach verlorenen »Wurzeln«: Überlegt, was damit gemeint sein könnte.
4. Tauscht euch aus, worin eure Wurzeln bestehen und warum sie euch wichtig sind. Diskutiert auch mögliche Gefahren für das Zusammenleben in der heutigen Zeit, wenn Menschen ihre eigene Herkunft zu sehr in den Vordergrund rücken.

»Vergessene« Gruppen und Völker, die ein Leben unter schwierigen Umständen fristen, suchen für ihre Existenz nach einem erfüllenden Sinngehalt. Indem sie sich auf das Erbe ihrer Vorfahren besinnen, streben sie nach Identität und Würde* als Menschen mit eigener Geschichte und Kultur.

Sinn-Werkstatt

Glaube ist für mich die Suche nach der Großen Kraft/Macht/Gestalt, die größer ist als ich und viele Namen hat: Gott, Buddha, Manitou, Natur.
Es ist die Suche nach mir selbst und meinem Gegenüber.
Monika N. (Studentin)

Unter nachdenklichen Menschen gilt es als »schick«, sich als religiös oder spirituell zu bezeichnen – ohne jedoch einer klassischen Religionsgemeinschaft anzugehören. Die Vermischung unterschiedlicher Elemente aus Religionen und Weltanschauungen (Synkretismus*) wird immer beliebter. Menschen werden zunehmend nicht mehr in eine Religion hineingeboren, sondern wählen je nach Belieben zwischen Sinnstiftungsangeboten aus.
Eine solche Auswahl aus einem »Sinnbaukasten« ist eine reine Privatangelegenheit.
Das persönliche Glaubens- und Sinnsystem zimmern interessierte Sinnsucher sich selbst - und Bastelmaterial liegt reichlich herum. In einem Klima »diffuser Religiosität« breitet sich eine »Cafeteria-Mentalität« aus – die neuen Gläubigen stellen sich ihr »Sinn-Menü« aus dem reichhaltigen Angebot zusammen: gregorianische Kirchengesänge, ein Häppchen Buddhismus, den frommen Schauder heiliger Orte, etwas Mystik* nach Feierabend, die stressmindernden Rituale der Meditation und so weiter.

Ideen
zur persönlichen Wurzelsuche

1. Bringe mit, womit du deinem Leben Sinn verleihst: Geschichten, Musik, Poster, Bücher … Tauscht euch darüber aus. Bezieht ein, was ihr in diesem Kapitel wichtig fandet.

2. Schreibt in Stillarbeit kleine Gedichte, etwa in Form von »Elfchen«. – die entstehen so:

ein Wort,	z. B.	Ich
zwei Worte	z. B.	irre herum
drei Worte	z. B.	suche mein Selbst
vier Worte	z. B.	was gibt mir Sinn
ein Wort	z. B.	Frage

3. Gestaltet in Kleingruppen eine Collage zum Thema »Lebenssinn«.

4. Im Text ist von Bastelmaterial für das eigene Sinnsystem die Rede. Womit bastelst du?
Glauben an …
Sehnsucht nach …
Hoffnung auf …
Erwartung an …
Wünsche nach ….
Zu sich finden durch …
Die eigenen Grenzen spüren und überschreiten bei …

5. Findet einen Platz, an dem ihr ein eigenes Graffiti zum Thema »Find your world« sprühen dürft.

6. Sinn zu finden heißt »Wurzeln« zu haben: Betrachtet Wurzeln verschiedener Pflanzenarten in der Natur, vergleicht die unterschiedlichen Formen, die es gibt. Zeichnet euch selbst mit euren »Wurzeln« unter den Füßen und beschriftet die einzelnen Stränge.

Sehen – Beurteilen – Handeln

Wohin geht die ›Reise‹ im 21. Jahrhundert? Genügt es den Menschen zu sein, wie und was sie sind oder sollten sie mehr sein wollen, als sie sind?
Wirtschaft und Technik boomen; doch das unterschiedliche Entwicklungstempo reißt neue Gräben zwischen reichen und armen Ländern auf.
Der technische Fortschritt hat auch im eigenen Land einen Preis: die schleichende Umweltzerstörung.
Immer mehr Menschen fragen: »Wer ist für unsere Zukunft verantwortlich?
Wo bleibt die Moral«?
Manch einer fühlt sich sogar an den biblischen »Turmbau zu Babel« erinnert, der seit alters den Fortschritt symbolisiert, zugleich aber auch Hochmut und Ohnmacht der Menschheit:

Beschreibe »Türme«, die alle Menschen miteinander verbinden können.
Wie sieht dein persönlicher »Traum-Turm« aus?

Verantwortung jetzt – oder erst später?

Verantwortung trägst du, wenn du über deine Absichten und Handlungen entscheiden kannst. Vielleicht bist du aber gar nicht so frei zu entscheiden, wie du von dir denkst. Eltern, Lehrer und auch die Medien versuchen, Einfluss auf dich auszuüben und manchmal drängen dich auch gute Freunde zu Dingen und Handlungen, die du eigentlich gar nicht willst.
Bisweilen ist es geradezu schön, sich treiben zu lassen, Verantwortung – für eine Weile wenigstens – »an den Nagel zu hängen«.

Happy birthday

»Mach doch mal ein Luftloch in deiner Bude auf, man sieht ja vor lauter Rauch die Bierbüchse nicht mehr in der eigenen Hand!« Etwas mühsam kommt Alex von der tiefgesessenen Couch hoch, wankt unsicher zur einzigen nicht mit Profilholz verkleideten Wand, aus der ihn der dunkle Lüftungsschacht anzustarren scheint. Mit der falschen, der linken Hand dreht er den rostigen Griff, der wieder einmal zum Erbarmen quietscht. Ohne sich zu Bertie extra herum zu drehen, grunzt er: »Was haben mein Kellerfenster und deine Honda gemeinsam? Klar, dass du nicht draufkommst! Beide brauchen Öl!« Irgend etwas aber scheint Bertie am Lachen zu hindern. »Was ist los, bist du so zu, dass du das Lachen verlernt hast?«, stochert Alex. »Nö, das nicht gerade, aber – wie du das mit der Honda und mit dem Öl gesagt hast, da ist mir die Sache aus dem letzten Jahr eingefallen. Wie geht's dem Benno eigentlich?«
Alex dreht sich immer noch nicht herum. Durch das ebenerdige Gitter, das den Schacht nach oben abschließt, schimmert ein quadratisch eingekästelter Sternenhimmel. »Benno? Den hab' ich gestern in der Reha besucht!« – »Und?« – »Schlimm halt – aber gut, dass du fragst. Ich glaub', von den anderen hat sich das noch keiner angetan, ich mein' den Anblick. Dabei waren doch alle dabei! Und wie die dabei waren ...« – »Wie ist das eigentlich gekommen? Ich weiß es nur aus der Zeitung. Gerade mal vier Zeilen mit der Überschrift »Tragisches Ende eines Biker-Treffens«. Willst du nicht mal erzählen, tut dir vielleicht gut?!«
»Ach, was die Zeitungsfritzen so schreiben«, protestiert Alex schwach, während er sich langsam auf die Couch zurückgleiten lässt. »Natürlich war's auch ein Biker-Treffen und die ganze Clique war da. Teddy mit seinem Yamaha Sporttourer, Philipp, der mit seinem Dickschiff von Aschersleben rüber gekommen war und seine tolle Braut in zünftigem Leder, ich natürlich, Goffy mit seiner Cross-Maschine und Andy mit seinem neuen Golf II, der auch noch eine etwas rätselhafte Braut mithatte. In Wirklichkeit aber war's eine Fete zu Ehren von Benno, der pünktlich zu seinem sechzehnten Geburtstag vom TÜV seinen Euroführerschein abgeholt hatte. – Im Garten haben wir gegrillt und natür-

▶ Geflügelte Worte

Ich fahr auf alles ab, womit man abfährt!

Ich geb Gas, das macht Spaß!

Saufen, saufen, saufen,
bis der Notarzt kommt.

Jeder ist seines Glückes Schmied.

Wer nicht wagt, der nicht gewinnt.

lich auch was dazu getrunken. Bis dahin ahnte ja keiner, was in der Nacht noch kommen würde ...«

»Hört sich bis dahin auch verlockend an«, unterbricht Bertie – »und ich Esel habe an dem Abend wahrscheinlich für die Prüfung vor der Handwerkskammer gebüffelt. Und was ist dann passiert? Wie seid ihr überhaupt vom Garten auf die Autobahn gekommen?« – »Na ja, wie´s halt spät und später wurde, waren alle ziemlich zu. Ich glaub', Goffy war's, der auf die Wahnsinnsidee kam, wir sollten jetzt zur Krönung der Feierlichkeiten noch ein Rennen fahren. Zu Ehren des Geburtstagskindes ... Teddy bot Benno sogar großzügig seinen Tourer an« – »Und?« – »Der wollte erst nicht, war ja auch der Jüngste in der Clique und hatte gerade erst den Micky-Mouse-Führerschein für sein Kindermotorrad. Irgendwie hat er aber dann doch den Sticheleien nachgegeben. Andy hat die ganze johlende Meute in den Golf gepackt und ab ging's. Bei Gotha sind wir dann auf die Autobahn und von da an gings zweispurig.« – »Ist Benno denn da überhaupt mitgekommen? Der kannte bis dahin doch nur seine kleine Maschine? Und so'n Golf fährt doch, glaub ich, an die zweihundert oder sogar drüber ...?«

»Natürlich hatten wir ihm so etwas wie eine Lernphase gelassen, aber dann schrien wir wie verrückt aus den Fenstern und aus der Dachluke: ›Heizen! Heizen!‹ Alle im Chor. Die Bräute haben wie irre gejohlt und auch etwas abgelassen wie ›Gib Speed!‹ oder so.«

»Ich ahne schon, was jetzt kommt«, kommentiert Bertie gespannt. »Nichts ahnst du, wir haben ja selber nicht die Bohne geahnt, was das noch werden sollte ... Jedenfalls zieht Benno plötzlich links an uns vorbei, Teddy versucht natürlich mitzuhalten und dann ist's halt passiert ... Totale Fehleinschätzung der Lage! In der langen Rechtskurve bei Eisenach fährt Benno einfach geradeaus und landet voll auf der Leitplanke. Wie und wo er dann auf dem Boden aufkam, hat eigentlich keiner von uns gesehen bei der Dunkelheit. Irgendwie war Benno einfach weg, wie von der Nacht verschluckt. Die vom Rettungsdienst haben ihn nach einer ganzen Weile hinter der Leitplanke gefunden. Dabei hat er noch Glück gehabt, dass er nicht ganz dabei draufging. Aber vielleicht wär's besser für ihn gewesen, wenn ich so an die Reha denke ...!?«

▶ *Der Mensch ist ein durch sich selbst gefährdetes Wesen, das sich ständig der Forderung unterstellen muss, die Ordnung seiner selbst als das Gute zu bewirken.*
Walter Schulz

▶ *Sie geben sich zum Schaden ihrer Gesundheit sinnlichen Genüssen hin, obgleich sie wissen, dass Gesundheit das größere Gut ist.*
John Stuart Mill

1. Was fasziniert Jugendliche an den Risiken, die mit Alkohol, Rauchen, Drogen und hohen Geschwindigkeiten verbunden sind?
2. Wer trägt eigentlich die Verantwortung für Bennos Unfall? Er selbst? Seine Eltern? Die Gesellschaft? Gott oder ein blindes Schicksal? Spielt eine Gerichtsszene, in der die Verantwortlichen zur Rechenschaft gezogen werden.
3. An welchem Punkt der Ereignisse hätte noch alles gut werden können? Schreibe von da an die Geschichte um.

Schwanger – was nun?

Jahr für Jahr werden in Deutschland mehr als zehntausend Mädchen schwanger. Diese Kinder und Jugendliche stellen sich die Frage: «Soll ich das Kind austragen oder abtreiben?«

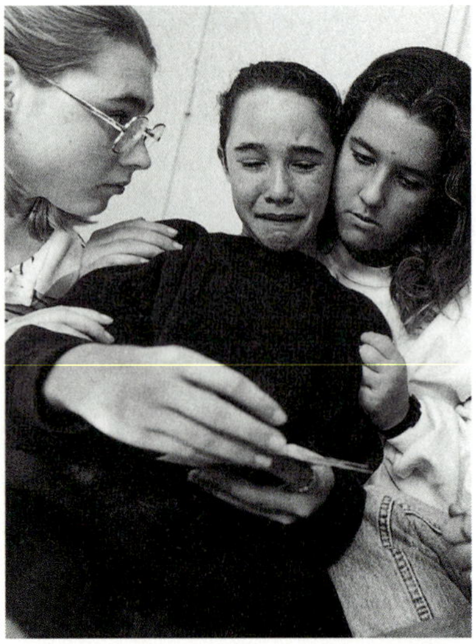

10. 1. 1993 *Seit Tagen warte ich auf meine Periode. Aber sie kommt nicht. Noch nie habe ich sehnsüchtiger auf diese braunroten Blutspuren im Slip gewartet. Ist da nicht ein Ziehen im Unterleib? Ich renne auf die Toilette. Falscher Alarm. Was soll ich tun? Seit Tagen bin ich aggressiv. Markus fragt mich die ganze Zeit, was los ist. Ich habe Angst, ihm von meinen Befürchtungen zu erzählen. Lieber warte ich noch ein bisschen. Vielleicht mache ich mich umsonst verrückt. Schließlich sind die Tage noch nie regelmäßig gekommen.*

15. 1. 1993 *Tante Rosa ist wirklich überfällig. Jeden Morgen horche ich in mich hinein. Hat sich was in meinem Körper verändert? Ich fühle mich elend, weiß aber nicht, ob das von der Angst kommt oder daher, dass ich schwanger bin. Was soll ich bloß machen? In der Schule bin ich fahrig und unkonzentriert. Markus findet mich nur ätzend.*

21. 1. 1993 *Ich bin ganz kribbelig, traue mich aber nicht zu einem Frauenarzt. Was soll ich bloß machen?*

22. 1. 1993 *Ich habe mit Markus gesprochen. Der war erst einmal froh, dass er wusste, warum ich in letzter Zeit so abweisend gewesen bin. Er meinte, um sicher zu gehen, sollte ich doch einfach einen Schwangerschaftstest machen. Dass ich da nicht selbst darauf gekommen bin! Mit der U-Bahn fuhr ich in die Stadt. Dort kennt mich niemand. Es war ganz einfach, den Test zu bekommen. Schon nach kurzer Zeit sah ich den Ring. Positiv! Von der Telefonzelle aus rief ich Markus an. Er war völlig geschockt. Morgen will er mit mir über das Problem reden. Ich brauche ihn aber heute. Jetzt. Sofort! Ich fühle mich so elend, so allein.*

23. 1. 1993 *Ist es der Schock? Mir ist kotzübel. Am liebsten würde ich den ganzen Tag über der Kloschüssel hängen bleiben. Nicht einmal den Frühstücksgeruch ertrage ich mehr. Mutter klopfte heute morgen an die Toilettentür und fragte besorgt, ob ich krank sei. Wenn die wüsste. Wie oft hat sie mich gewarnt: »Fang nichts mit einem Jungen an. Du weißt, die wollen alle nur das eine. Und dann sind sie weg. Auf Nimmerwiedersehen.« Als die Freundschaft mit Markus anfing, war ihr Kommentar: »Komm bloß nicht mit einem Kind nach Hause. Ich habe keine Lust, die Oma zu spielen und noch so eine Göre wie dich groß zu ziehen.« Warum gerade ich? Was habe ich bloß falsch gemacht?*

23. 1. 1993 *Ich kann nicht schlafen. Noch immer bin ich ganz durcheinander. Am Abend ging ich zu Markus. Als er mich zärtlich in die Arme nahm, fing ich zu heulen an. Fest drückte er mich an sich, streichelte mir immer wieder über das Haar und flüsterte: »Es wird alles wieder gut.« Da beruhigte ich mich langsam. Dann legte er meine Lieblingsmusik auf, Schwanensee von Tschaikowsky. Als ich ihn fragte, wie es weitergehen soll, platzte er heraus: Er sei zu jung, um mit 17 Jahren schon Vater zu werden. Auf jeden Fall wolle er das Abi machen, reisen und frei sein. Ein Kind sei in seiner jetzigen Lebensplanung nicht vorgesehen. Natürlich würde er mir helfen, wenn ich es wegmachen ließe, mit Adressen und mit Geld. Ich schaute ihn ungläubig an, sah, wie sein Mund auf und zu ging, hörte ihn reden und reden. Aber er war Lichtjahre von mir entfernt. Nur der eine Satz blieb hängen: »Ein Kind ist in meiner jetzigen Lebensplanung nicht vorgesehen.« Irgendwann stand ich auf. Mechanisch ging ich zur Tür, schüttelte seine Hand von meiner Schulter. Ich weiß nicht mehr, wie ich nach Hause gekommen bin. Zusammengekauert, die Arme um die Knie geschlungen, saß ich stundenlang auf meinem Bett. Jetzt weiß ich, ich bin ganz allein.*

»Warten auf Tante Rosa«. Aus dem Tagebuch einer Jugendlichen

1. Diskutiert, ob Markus und die Mutter ahnen, was sie durch ihre Äußerungen an gefühlsmäßigen Reaktionen auslösen.
2. Was wird das allein gelasssene Mädchen wohl tun? Wie würdest du in seiner Situation entscheiden?
3. Eine Abtreibung kommt für manche Menschen aus weltanschaulichen oder religiösen Gründen als »Lösung« nicht in Frage. Mache dich hierzu bei staatlichen und kirchlichen Einrichtungen kundig. Befrage auch Menschen in deiner näheren Umgebung.
4. Stell dir vor, Markus würde seine ehemalige Freundin einige Wochen später zufällig auf der Geburtstagsfeier einer gemeinsamen Bekannten wieder treffen. Spielt mögliche Verläufe dieser Begegnungen und sprecht über ihre jeweiligen Folgen.

Manchmal ist es schwer, die Verantwortung rechtzeitig zu erkennen, die du für dich und andere hast. Es gilt also wachsam zu sein und auf die Stimme des Gewissens zu hören.
Das Leben verlangt von dir bisweilen Entscheidungen mit sehr weit in die Zukunft reichenden und schwer vorauszusehenden Konsequenzen. In solchen Situationen, in denen dir die ganze Last deiner Verantwortung bewusst und fühlbar wird, bist du gut beraten, wenn du bei klugen, einfühlsamen Menschen um Rat fragst.

▶ Verzweiflung

Die Liebe hat gelogen,
Die Sorge lastet schwer,
Betrogen, ach, betrogen
Hat alles mich umher!

Es rinnen heiße Tropfen
Die Wange stets herab,
Lass ab, lass ab zu klopfen,
Lass ab, mein Herz, lass ab!

August Graf von Platen: Lied

▶ Meinungen …

Wie kann man nur in diese Welt Kinder setzen? Das versteh' ich nicht und das will ich auch nicht!
Mareen K. (16 Jahre)

Ja, ich möchte eines Tages Vater werden. Kinder sind für mich ein Geschenk, ja so etwas wie ein Vertrauensbeweis Gottes.
Ansgar F. (17 Jahre)

Die Kinder sind die Gelegenheitswirkungen der Eltern.
Die Erlaubnis, Kinder zu zeugen, sollte als eine Auszeichnung verliehen werden.
Der Zweck der Kindererzeugung ist, freiere Menschen als wir in die Welt zu setzen.
Friedrich Nietzsche

Und wie stehst du dazu?

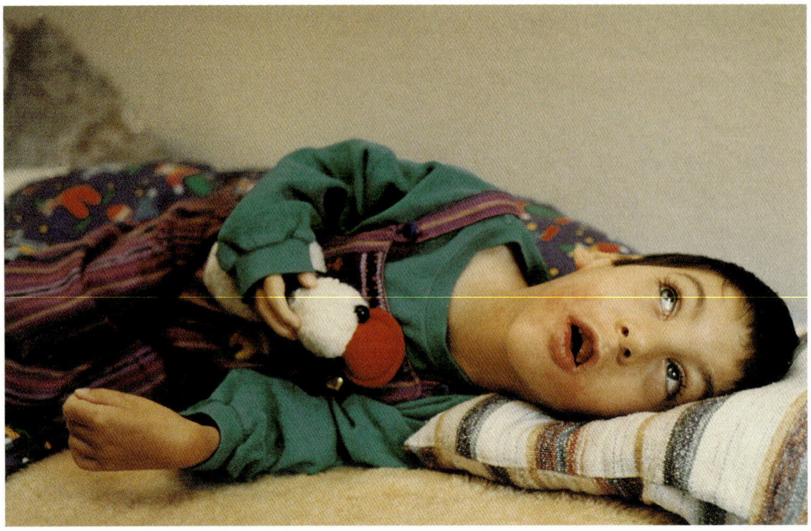

Vielleicht denkst du: »Was geht's mich an? Sollen die doch selbst sehen, wo sie bleiben!« Vielleicht fragst du dich aber auch, ob »so etwas« eigentlich gerecht ist – und ob da nicht endlich was gemacht werden müsste …

Treffpunkt Solidarität …?

Der Turm

Wie wäre es wohl, wenn du durch Unfall oder Erkrankung plötzlich selbst zu den behinderten Menschen gehören würdest? Der Schriftsteller Uwe Müller, seit einem Berufsunfall als Dachdeckerlehrling in eben dieser Lage, erzählt die Geschichte zweier junger Querschnittsgelähmter, die mit ihren Rollstühlen die steile Holztreppe eines alten Burgtums mit 119 Stufen in einer Nacht »befahren« wollen.

Peter stöhnte auf. Er stand auf der achten Stufe, von Robert aus gesehen, und schien erstarrt zu sein. Selbst der Rollstuhl stand da, als wäre er mit dem Holz der Treppenbohlen verwachsen.

»Was ist los?« – »Nur eine kurze Pause. Sch… tun die Hände weh. Es tut mir Leid, Robert, dass es so schlimm werden würde, hätte ich nicht gedacht.« (…)

Und diese Stufen, sie waren jetzt nicht mehr eine extreme sportliche Herausforderung, sondern sie waren ein Bild der Gesellschaft. Ein System, das einfach nicht behindertengerecht werden wollte, anscheinend unbezwingbar, das mit immer neuen Fallen lauerte, so wie der Turm. Der Turm wurde zur Verkörperung eines Denkens, viereckig, unbeweglich, eingemauert in Härte und Unnachgiebigkeit. Oder wollten sie nicht dagegen angehen? Lag es an ihnen selbst?

Ja, dieser Turm steht auch für unseren Kampf gegen diese Gesellschaft, deren tiefste Überzeugung immer noch ist, dass wir nicht in das saubere öffentliche Bild passen. Wir sollen lieber versteckt in Krankenhäusern und Rehabilitationszentren leben, wo wir das allgemeine ästhetische Empfinden nicht stören und sie trotzdem beruhigt und mit gutem Gewissen sagen können: »Seht, was wir alles für euch tun.«

▶ Gewissensfrage: Wieviel Verantwortung braucht mein Nächster?

Die ganze Welt dreht sich um mich
denn ich bin nur ein Ego!st
der Mensch, der mir am nächsten ist
bin ich, ich bin ein Ego!st.
Falko

▶ *(…) wenn ein anderer leidet*
und ich mich durch seinen Schmerz,
dem ich doch nicht abhelfen kann,
(…) anstecken lasse, so leiden ihrer
zwei (…).
Es kann aber unmöglich Pflicht sein,
die Übel in der Welt zu vermehren,
mithin auch nicht aus Mitleid
wohl zu tun.
Immanuel Kant*

Trotzdem

Die Leute sind unvernünftig, unlogisch und selbstbezogen.
Liebe sie trotzdem.
Wenn du Gutes tust, werden sie dir egoistische Motive
und Hintergedanken vorwerfen.
Tue trotzdem Gutes.
Wenn du erfolgreich bist, gewinnst du falsche Freunde
und echte Feinde. Sei trotzdem erfolgreich.
Das Gute, das du tust, wird morgen vergessen sein.
Tue trotzdem Gutes.
Ehrlichkeit und Offenheit machen dich verwundbar.
Sei trotzdem ehrlich und offen.
Was du in jahrelanger Arbeit aufgebaut hast, kann über Nacht
zerstört werden. Baue trotzdem.
Deine Hilfe wird wirklich gebraucht, aber die Leute greifen dich
vielleicht an, wenn du ihnen hilfst. Hilf ihnen trotzdem.

Anonyme Zeilen an der Wand eines Kinderheims in Kalkutta (Indien)

---

1. Welche Individuen und Gruppen gelten in unserer Gesellschaft als »benachteiligt«? Stellt dazu eine Collage her.
2. Erprobe an dir selbst (im »Experiment«), wie sich solche angenommenen Behinderungen auf deine Leistungsfähigkeit, dein Selbstbild und deine soziale Kontaktfähigkeit auswirken.
3. Stellt szenisch dar: Ein Mensch, der Hilfe brauchte, und sein Helfer bzw. seine Helferin verabschieden sich voneinander. Zum Schluss sagen sie sich ehrlich, was sie in der Zeit der Zusammenarbeit einander »gegeben«, aber auch »genommen« haben.
4. Umfragen haben ergeben, dass sich junge Menschen von einem befristeten sozialen Engagement auch Vorteile fürs spätere Berufsleben versprechen: Wie beurteilst du solche Motivationsformen? Was sagt dein Gewissen dazu?

Gründe, sich für Benachteiligte in Wort und Tat einzusetzen, gibt es viele: Vielleicht bringt es dir (und deinem Ego) selbst etwas, vielleicht trägt dich die Hoffnung, an einer schöneren, besseren und gerechteren Welt mitzubauen. Vielleicht setzt du dich auch ein, weil es deine religiöse Überzeugung so von dir verlangt. Oder aber, weil es »toll« ist, »einfach so« Gutes zu tun.
Lerne aber auch zu fragen: Wo sind meine Grenzen? Und wo sind die Grenzen derjenigen, für die ich mich da einsetze? Zeigt mir mein Gewissen auch den richtigen Weg? Oder muss ich es selbst infrage stellen?

▶ *Manche sagen mir, wenn wir Almosen verteilen, verringert das die Verantwortung der Regierung den Bedürftigen und Armen gegenüber. Ich mache mir deswegen keine Sorgen, denn Regierungen schenken normalerweise keine Liebe.*
Mutter Teresa: Der einfache Weg

▶ *Seit einem halben Jahr arbeite ich in der Rehabilitation straffällig gewordener weiblicher Jugendlicher. Ich will jetzt gar nicht sagen, was einige Leute sogar aus meinem Freundeskreis deswegen mir gegenüber schon alles abgelassen haben … Was mir aber dabei oft hilft: Jesus hat sich auch oft in »schlechter Gesellschaft« aufgehalten!*
Anne-Sophie, 20 Jahre

▶ *Hat also nicht jeder Mensch und haben nicht die einzelnen Zeitalter ihr je besonderes Gewissen? Wenn es aber so wäre, müsste dann nicht in der Subjektivität und Relativität der Gewissenserfahrungen, in diesem Chaos der Inhalte, alle Verbindlichkeit untergehen? Wäre dann nicht die Absolutheit, die das Gewissen für sich beansprucht, nur eine Täuschung? Das aber wäre unheimlich …*
Wilhelm Weischedel: Skeptische Ethik

»Natechturnik« – …?!

»Verantwortung übernehmen für unsere Mitmenschen!?« – Na klar! Aber was ist mit dem Rest der Welt – mit Tieren, Pflanzen, Landschaften? Und weiter gefragt: Können wir unsere Verantwortung auf Mitmenschen und Natur beschränken? Wie steht es mit Fabriken, Kraftwerken, Krankenhäusern, gentechnischen Labors und anderen technischen Groß-Einrichtungen? Was bedeutet an dieser Stelle das »Prinzip Verantwortung«, für das sich der Philosoph HANS JONAS stark gemacht hat (vergleiche Seite 193)?

Ansichtssache?

Die Menschen hier können glücklich sein, dass sie eine so reiche Natur haben, so reich an Öl. Durch die Ausnutzung dieser Ressource sichern wir ihnen Arbeit und Lebensunterhalt,
erklärt der Pressesprecher der Ölförderungsgesellschaft, wenn man ihn interviewt.

Sie zerstören meine Heimat, den Boden, das Wasser, die Pflanzen und Tiere. Ich will, dass meine Kinder und Kindeskinder auch künftig hier leben können. Wenn das so weitergeht, werden sie noch ihre Existenzgrundlage verlieren,
schimpft der einheimische Bauer, würde man ihn fragen.

Das Öl wird insbesondere von den hochindustrialisierten Ländern benötigt. Diese verbrauchen allein für sich zwei Drittel des Energieaufkommens der ganzen Welt,
erläutert die Soziologin in einer Energiestudie.

▶ Zur Sache
In einigen Ländern der so genannten Dritten Welt befinden sich große Ölvorkommen. Doch der unverhoffte Reichtum macht viele der dort lebenden Menschen nicht reich, sondern krank. Weil Umweltnormen wenig gelten, verseuchen undichte Ölrohre ungehindert ganze Landstriche und vergiften Raffinerien mangels Filter die Luft.
In den letzten Jahren sind besorgte Bürger/innen vor Ort zum Teil von ihrer eigenen Regierung verfolgt worden, nur weil sie sich gegen Missstände gewehrt und für eine gerechte Verteilung der Lasten und Vorteile eingesetzt haben.
Könnte es für die Entschärfung solcher Interessenkonflikte hilfreich sein, sich auf Grundsätze einer gerechten Verteilung und Nutzung des natürlichen Reichtums zu einigen?

Grenzfrage: Darf, soll, muss der Mensch alles ausprobieren und umsetzen, wozu er technisch in der Lage ist?

Weltsichten – Natursichten: Stimmungsbilder

Was ein Mensch über Welt und Natur denkt, kann mit seiner religiös-kulturellen Prägung, weltanschaulichen Bindung oder auch beruflichen Tätigkeit zusammenhängen. Eine bestimmte Welt- und Natursicht beeinflusst immer auch den ganz normalen Alltag, bis in Einzelheiten hinein. Vielleicht fallen euch Beispiele ein, wenn ihr die folgenden Meinungen erfasst:

Die Erde ist lebendig und zugleich wie unsere Mutter, da es ohne Erde keine Menschen gäbe. Menschen und auch Tiere sind Kinder der Erde. Die Erde behütet alle ihre Kinder und sorgt dafür, dass es für jeden genug zu essen gibt,
heißt es in einer Erzählung der Tahltan-Indianer in Westkanada.

Früher oder später werden unsere Maschinen so klug sein, dass sie sich ohne fremde Hilfe reproduzieren und vervollkommnen können. Eine Welt, die von denkenden Maschinen beherrscht würde, die sich selbst weiter entwickeln, wäre von unserer Welt der Lebewesen so verschieden, wie diese von der Welt der leblosen Chemie, die ihr voranging,
schwärmt Hans Moravec, Wissenschaftler auf dem Gebiet der Künstlichen Intelligenz (KI).

In der Stimmung eines rot glühenden Sonnenuntergangs fühle ich eine tiefe Geborgenheit, fühle den großen Zusammenhang, in dem Mensch und Natur stehen. Angesichts der Schöpfung erlebe ich die Gewissheit, dass es Gott gibt. Der Mensch genießt als »Krone der Schöpfung« besondere Rechte gegenüber der Natur und den Mitgeschöpfen – gerade deswegen hat er aber auch die Aufgabe, die Natur wie ein Gärtner zu hegen und zu pflegen,
bekennt der Theologe Max B.

Mein ethischer Grundsatz lautet kurz gefasst: »Bedenke die Folgen deines Handelns für alle Betroffenen«. Und betroffen von unseren Handlungen sind auch Tiere, Pflanzen und Landschaften. Deshalb sind wir auch ihnen gegenüber zur Rücksicht verpflichtet,
argumentiert die Philosophin Monika G.

1. Klärt, welche der vorgestellten Sichtweisen zu Welt und Natur den größten Gegensatz bilden, welche sich nahe stehen.
2. Wo stehst du selbst? Überlege, welche Begründung du gut nachvollziehen kannst und wo du Einwände hast. Bedenke, welche Folgen deine Einstellung für Mensch und Natur hat.
3. Diskutiert ein Umweltproblem aus eurer Umgebung: Ordnet eure Einschätzungen einer der genannten Naturauffassungen zu.

▶ *Größe des Menschen*

Nimm nur die Berge, die abträgt
der Regen
und schwemmt sie flusswärts
ins Meer wie nichts

Oder das Meer selber,
das schiffemordende
in der Sturmflut,
wie es die Inseln wegleckt

Oder wenn aufbrechen
die Wunden der Erde
in Vulkanen, städtebegrabenden
Massen

Oder auch, von denen wir
wieder hörten:
den länderzertrümmernden Erdbeben

– sie alle übertrifft der Mensch
in seiner Zerstörungskraft

Wolf Biermann: Größe des Menschen

(Alp-)Träume: von Computern und anderen »Wesen«

Seine Kinder hatten bei ihrem letzten Besuch einen alten Personalcomputer mitgebracht. Damit der Großvater mit der Welt Kontakt halten könne. Nun war er also vernetzt. Es fiel ihm nicht ganz leicht, sich an den Computer zu gewöhnen, aber mit der Ausdauer eines Bienenzüchters beschaute er sich das Treiben im Netz.

Bienen züchtete der alte Mann zwar schon lange nicht mehr; aber dieses Spiel erinnerte ihn an seine Bienen: Kleine, quirlige Wesen tobten über den Bildschirm und untersuchten und erkundeten alles, was sie in die Finger bekamen. Man konnte ihnen helfen, indem man ihnen Nahrung bereitstellte, man konnte sie trainieren, indem man sie immer wieder mit derselben Schwierigkeit konfrontierte, so dass sie die Lösung immer schneller fanden und dabei immer cleverer vorgingen. Außerdem konnte man sie so herrlich ärgern, wenn man ihre Umgebung veränderte: eine Tür, die sich nicht mehr öffnen ließ, eine angesägte Leiter – ihre Wutausbrüche waren putzig anzusehen. Sie waren verdammt gut programmiert – das musste sogar der Mann anerkennen, der ansonsten nicht viel vom Spielzeug seiner Enkelin hielt. Und die digitalen Wesen waren lernfähig. Der Mann war fasziniert. Er ersann alle möglichen Situtationen für seine »Glumpsche« – so nannte er sie liebevoll, wegen ihrer kugelrunden Bäuche – damit sie viel lernen konnten. Und das taten sie. Irgendwann checkten sie, dass da jemand außerhalb die Finger im Spiel hat. Es dauerte eine Zeit, ehe sie das Programm geknackt hatten, mit dem der Mann das Spiel lenkte; aber von da ab waren sie nicht mehr zu halten. Sie tummelten sich plötzlich überall auf der Festplatte, einige sollen sogar über das Netz ausgewandert sein.

So jedenfalls erzählte es der Mann. Er wurde nicht müde von ihrer Lernfähigkeit, ihrer Intelligenz, ihrer Stärke und Ausdauer sowie ihrem Witz zu schwärmen. Mittlerweile mochte selbst seine Enkelin ihm nicht mehr zuhören.

▶ »Nimm deinen Ingenieur-Hut ab und zieh deinen Leiter-Hut auf!«, wurde der für die Startfreigabe zuständige Ingenieur Robert Lund von seinem Vorgesetzten aufgefordert, obwohl es starke technische Bedenken gab. Am 28. Januar 1986 explodierte die Raumfähre »Challenger«. Sieben Astronauten kamen ums Leben.

Zwiespältige Technik I: »mit dem Universum Würfel spielen«?

Eine instrumentelle Vernunft, eine triumphierende Technik und eine zügellose Naturwissenschaft sind Suchtmittel. Sie schaffen eine konkrete Wirklichkeit, einen sich selbst erfüllenden Alptraum. Die optimistischen Technologen haben möglicherweise recht: Vielleicht haben wir den Punkt erreicht, an dem es kein Zurück mehr gibt. Aber ist das ein Grund für die Mannschaft, die uns so weit gebracht hat, in Jubelrufe auszubrechen? Warum sehen die Passagiere nicht von ihren Spielbrettern auf? Und schließlich, da endlich wir anstelle Gottes mit dem Universum Würfel spielen, wie schaffen wir es, immer nur Gewinnwürfe hinzulegen?

Joseph Weizenbaum: Die Macht der Computer und die Ohnmacht der Vernunft (1977)

▶ Kritik an der Technik ist beinahe so alt wie die Technik selbst: Bekannt geworden sind die »Maschinenstürmer«, die um ihre Arbeitsplätze fürchteten; es gab und gibt auch eine romantische Kritik an der Technik. Es melden sich aber auch zweifelnde Fachleute zu Wort, die sich über unkalkulierbare Folgen moderner Großtechnologien sorgen. Einer von ihnen ist der Computer-Fachmann Joseph Weizenbaum aus dem amerikanischen Boston, der heute in Berlin lebt.

Zwiespältige Technik II: Hoffnung für das 21. Jahrhundert?

Wir müssen heute etwas dafür tun, dass die knapp werdenden Ressourcen, und zwar Fläche, Wasser, Energie und was es noch alles gibt, nicht weiter ausgeräubert werden. Das vielleicht wichtigste Stichwort heißt »Faktor 4«. Wir vom Wuppertal-Institut und unsere Freunde am amerikanischen Rocky-Mountain-Institut weisen nach, dass man mindestens viermal so effizient werden kann im Umgang mit Fläche, mit Energie, mit Wasser und so weiter. Wenn man viermal so effizient werden kann, heißt das, dass man gleich viel Wohlstand mit einem ein Viertel so großen Aufwand hinkriegen kann.

Ich sehe sehr gute Chancen für die Einsicht, dass das blinde Wirken der Marktgesetze die Probleme einfach nicht automatisch löst, dass man regulierend eingreifen muss und zwar weltweit. Es muss in einer Verbindung von Demokratie, von Staat, von Marktwirtschaft, aber auch von ethischen und religiösen Erwägungen eine neue Zivilisation entstehen. Und ich sehe in allen Kulturen der Welt, auch der buddhistischen, auch der islamischen, sehr gute Ansätze dafür, dass wir das erreichen.

Ernst Ulrich von Weizsäcker: Wir brauchen eine neue Melodie für den technischen Fortschritt (1998)

---

1. Werdet euch klar über die Bedeutung des Computers: für euch persönlich, aber auch für das menschliche Zusammenleben insgesamt. Tauscht eure Meinungen und Erfahrungen aus.
2. Künstliches »Leben«: Fantasiegespenst? Chance? Horror? Tragt Vorstellungen dieser Art zusammen und begründet eure Auswahl.
3. Die moderne Welt ist ohne Technik nicht mehr denkbar. Erörtert die Chancen und Probleme, die sich hieraus ergeben.
4. Technik und Natur? Technik gegen Natur? Technik ohne Natur? Natur ohne Technik? Diskutiert in Kleingruppen die jeweiligen Alternativen im Hinblick auf ihre möglichen Folgen. Stellt eure Ergebnisse vor: als Reportage, im Rollenspiel, als Pantomime oder als Collage …

Natechturnik, pardon: Natur und Technik:
Der Mensch erforscht, kombiniert, verändert, benutzt seine Umgebung – und bewundert sie zugleich. So ist es seit Jahrtausenden.
Der Schritt vom Gebrauch zum Missbrauch ist kurz. Manchmal wachsen den Forschern oder Anwendern Natur und Technik auch bloß über den Kopf. Unter den Folgen solcher »Restrisiken« oder Fehler leiden viele Menschen, oft über Generationen.
Im Umgang mit Natur und Technik trägt jeder von uns »Verantwortung«: Doch was das im Einzelfall heißt, darüber muss immer wieder neu nachgedacht und nicht selten auch gestritten werden.

▶ Der Biologe Ernst Ulrich von Weizsäcker ist Präsident des Wuppertal-Instituts für Klima, Umwelt, Energie im Wissenschaftszentrum Nordrhein-Westfalen.

▶ Missverständnis oder Programmierfehler?
»Ich geh surfen!«, sagt die Tochter. Ihre Mutter gibt ihr ein Badehandtuch mit.
Wie »menschlich« oder »natur-lich« sprichst du über deinen Computer oder ein anderes technisches Produkt?

▶ Forschungen auf dem Gebiet der »künstlichen Intelligenz« haben zur Entwicklung von Computern beigetragen, die eigenständig und »intelligent« Probleme bearbeiten können. Schon sind sie dem Menschen überlegen, wenn es um logisch lösbare Probleme geht. Geforscht wird derzeit daran, wie ein Computer auch komplexeres Alltagswissen aufnehmen und verarbeiten kann: So ist es für einen Übersetzungscomputer noch nicht möglich, die männliche Katze »Kater« vom »dicken Kopf« nach dem Zechgelage zu unterscheiden. Die Entwicklung künstlichen Lebens ist möglicherweise nur noch eine Frage der Zeit.

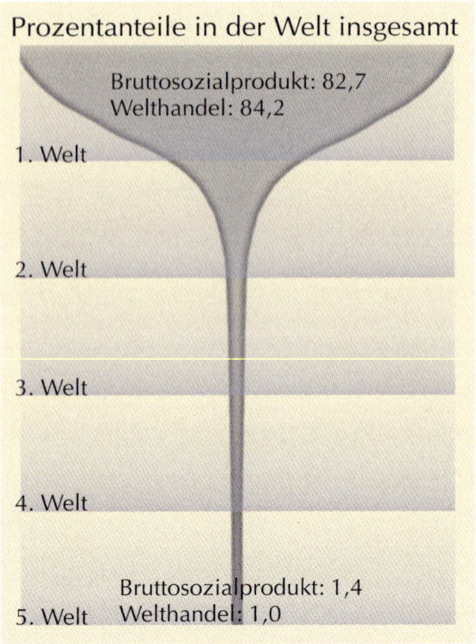

Erste, zweite, dritte, vierte Welt!? Aber wir leben doch auf einem immer enger verflochtenen Planeten – Soziologen sprechen seit dem Ende des 20. Jahrhunderts vom »global village«: Eine Welt!?

Arme Welt – reiche Welt

Herr M. und die Erdnüsse

Auf einem Markt in Tanzania fiel Herrn M. eine junge Frau auf, die Erdnüsse verkaufte. Sie saß neben einem großen Sack, aus dem sie Nüsse in Tüten abfüllte und vor sich auf einem Brett sortierte: große, mittlere und kleine Tüten, randvoll mit goldgelben Früchten, denen es keine Mühe machte, Herrn M.'s Verlangen zu wecken. Er fragte nach dem Preis der kleinsten Tüte: »10 Cent.« Und die mittlere? »10 Cent!« Herr M. wurde ganz aufgeregt: »Und die großen?« Die Frau schaute ihn verwundert an und schrieb eine große »10« auf das Papier.
Da gab es kein Halten mehr. Herr M. rief seinen Begleiter herbei und stapelte ihm 20 der großen Tüten auf die Arme, bezahlte und ging weiter, stolz über den gelungenen Handel. Doch er hielt noch mal ein, wandte sich zurück und fragte: »Sag', wer kauft dir eigentlich die ganzen mittleren und kleinen Tüten ab?« Die Frau lachte ihn an und rief: »Menschen, die nicht so einen Hunger haben wie du!«
Aus: Afrikanissimo – Die Entdeckung einer Literatur

Eine Welt

Wir sprechen von der industrialisierten Welt, von der Dritten und von der Vierten Welt. Doch in Wahrheit gibt es nur eine Welt. Wir in den ärmsten Ländern sind uns dieser Einheit der Welt sehr deutlich bewusst, weil wir Tag für Tag von den Ereignissen und Entscheidungen betroffen sind, die Tausende von Meilen weit von unseren Grenzen stattfinden. Doch letzten Endes ist niemand von den Rückwirkungen von Armut und wirtschaftlicher Ungleichheit in der Welt ausgenommen.
Julius K. Nyerere (1922–1999), vormals Präsident von Tanzania (1976)

Geteilte Welt

Wir haben heute etwa eine Milliarde im Wohlstand lebende Menschen und etwa fünf Milliarden, die eher ärmlich leben. (...) Es gibt einen Ausdruck, den der Schweizer MATTHIS WACKERNAGEL und der Kanadier WILLIAM REES entwickelt haben: die ökologischen »Fußabdrücke«. Das ist die Fläche, die man verbraucht für den eigenen Wohlstand, für Nahrungsmittel, für die Wohnung, für die Baumwolle, für die Kleidung, für die Erze, für all die Maschinen, die wir bauen, für den Verkehr, für die Energie, die wir verbrauchen und so weiter. Und da rechnet man aus, dass ein Durchschnittsdeutscher heute ökologische Fußabtritte von etwa vier Hektar hat. Nun haben wir etwa 80 Millionen Deutsche. Das, mal genommen mit vier Hektar, gibt 3,2 Millionen Quadratkilometer. Deutschland hat aber nur 380.000 Quadratkilometer: Gemessen an den ökologischen Fußabdrücken, sind wir die Überbevölkerten, während die Chinesen mit so vielen kleineren Fußabdrücken eigentlich in China noch Platz haben. Wir exportieren das Problem.

ERNST ULRICH VON WEIZSÄCKER (1998)

▶ BANAUSE

Als man dem
Campesino erzählte
Menschen seien
auf dem Mond gelandet
fragte er doch tatsächlich
ob es denn heute
Fisch
auf dem Markt
gegeben habe

HANS-PETER SCHWÖBEL: Wir Individualisten

1. In »Herr M. und die Erdnüsse« sind beide Akteure offenbar glücklich und zufrieden. Nenne Gründe: Versuche, ihr jeweiliges »Glück« in Worte zu fassen.
2. Stell dir vor, die Afrikanerin übernimmt die Denk- und Handlungsweise des Europäers: Schreibe die Geschichte in diesem Sinne um – erfinde einen passenden Ausgang.
3. Sucht nach Beispielen und Gegenbeispielen für globale Verflechtungen.
4. »Eine Welt« oder »Geteilte Welt«? Führt eine Pro- und Kontra-Diskussion durch.

Klage der Dritten Welt

Die Erste Welt hatte schon ihren Spaß.
Die Dritte Welt wollte gerade damit beginnen.
Doch die FCKW aus den Kühlschränken
Reißen Löcher ins Ozon, die wir nicht stopfen können.
Armut bleibt weiterhin unser Los,
Und aller Anfang kommt zum Stillstand.
Die Erste Welt hat sich schon eine goldene Nase verdient.
Nun präsentiert sie uns mit glänzenden
Doch täuschenden Zahlen eine neue Statistik.
(Gebildete Leute zeigen hier großes Geschick!)
Sie meinen: »Reisfelder verschmutzen die Umwelt stärker
als unsere Autos!«
Sie üben Druck aus auf arme Länder wie meins, und
Für ihre jahrelangen Vorrechte zahlen sie keinen Preis.
In solchen Geschäften haben wir keine Rechte.
Kredite werden zurückbehalten,
Es wird hart gefeilscht.
Mit dem Rücken zur Wand stehen wir.
Es bleibt uns nichts anderes als zu gehorchen.
Die Erste Welt geht wieder auf die Jagd.
Die armen Länder werden noch ärmer.
Wir müssen uns ändern, wenn wir wirklich wollen,
Dass die Armen bessere Tage sehen.

Rekha Menon aus Indien, 14 Jahre

»Kultur der Armut« – Zeichen der Hoffnung?

In Afrika entwickelten sich im Schoße zusammenbrechender Staats- und Wirtschaftsstrukturen vitale Überlebensökonomien, für die der Wissenschaft nur der grobschlächtige Begriff des »informellen Sektors« eingefallen ist. Geradezu absurd ist der Begriff der »Schattenwirtschaft«. Viel zutreffender ist der englische Begriff der »real-life-economics«. Diese Hinterland-, Hinterhof- oder Straßenrandökonomien beschäftigen schon mehr Menschen als der von der Entwicklungshilfe geförderte »formelle Sektor«. Der Zwang zur Überlebenssicherung schuf eine »Kultur der Armut«, mit eigenen Lebensformen, Bedürfnisstrukturen und Regeln des Zusammenlebens. Afrika ist viel lebendiger als die üblichen Berichte von Kriegen, Hunger und Katastrophen vermuten lassen.

Entwicklungshilfsorganisationen sollten nicht nur über das Schicksal der »absolut Armen« klagen, sondern durch eine aktive Lobby-Arbeit die reichen Länder an ihre internationalen Verpflichtungen erinnern, die sie unterschrieben haben.

Franz Nuscheler: Am Ende nur Ratlosigkeit? (1995)

»Klage der Dritten Welt«: Was Jugendliche darüber denken

Karsten: Wir sind nicht schuld, dass die so arm dran sind. Die sollen erst mal ihre heiligen Kühe schlachten, ihr Bevölkerungsproblem lösen und ihre Bürgerkriege beenden. Bevor sie das nicht in den Griff bekommen, sollten wir sowieso kein Geld in diese Länder reinpulvern.

Stefanie: Ich finde das auch, die Entwicklungsländer müssten bei sich anfangen. Sie können nicht durch Abholzung des Regenwaldes ihren Boden und auch unser Klima zerstören und dann noch auf unsere Hilfe hoffen. Außerdem soll es in diesen Ländern besonders viel Korruption geben.

Andreas: Entwicklungshilfe ist unmoralisch, weil sie die Probleme verschlimmert. Das Boot ist voll, wir haben nicht genügend Rettungsboote für alle und müssen zusehen, dass wir nicht alle untergehen.

Anna: Wenn wir keine Hilfe leisten, werdet ihr erleben, dass immer mehr Menschen aus der Dritten und Vierten Welt zu uns kommen werden. Ich habe mal einen Film gesehen, da gab es einen Marsch von Millionen von Menschen aus dem Süden in die europäischen Länder. Wollt ihr, dass das so kommt?

Tobias: Dann wäre Hilfe aber bloßer Egoismus. In diesem Falle würden wir nur helfen, weil wir Angst vor nachteiligen Entwicklungen für uns haben. Die Menschen selbst wären uns dann doch eigentlich egal. Aber gibt es nicht auch eine allgemeine moralische Verpflichtung anderen zu helfen?

Milena: Davon abgesehen bin ich der Meinung, dass die Entwicklungsländer für ihre Güterlieferungen, zum Beispiel Rohstoffe, viel zu wenig bekommen. Da findet kein fairer Handel statt. Wir müssten mehr an sie zurückgeben als es bislang geschieht.

Oliver: Warum sollen wir aber einfach so jetzt etwas abgeben, auf etwas verzichten, was wir uns hart erarbeitet haben? Und außerdem sehe ich nicht ein, wieso ein Verzicht bei uns automatisch den Menschen in den armen Ländern helfen soll.

Zerstörung der Umwelt
... durch Armut
... und durch Reichtum

1. Untersucht die Text- und Bildmaterialien dieser Doppelseite: Worin besteht nach eurer Einschätzung der Kern des Konflikts zwischen armen und reichen Weltregionen?
2. Diskutiert die Stellungnahmen der sieben Jugendlichen zur Klage von Rekha Menon in Gruppen. Danach könnt ihr diese Aussagen bewerten, indem ihr sie auf einer Skala von 1 bis 7 in eine Rangfolge der Zustimmung bringt: Vergleicht eure Bewertungen mit den Positionen der anderen Gruppen und begründet mögliche Abweichungen.
3. Befragt Mitschüler/innen, Eltern oder Leute auf der Straße, ob sie aus freien Stücken ihre Konsumansprüche einschränken würden, falls dies der armen Welt helfen sollte.

Die Eine Welt: viele Fragen – einige Fakten

Die großen Weltprobleme kennen keine Grenzen mehr: Hunger und Gewalt, das Massensterben der Meeresflora und -fauna in großen Teilen des »Stillen Ozeans«, das Waldsterben bei uns und das Abholzen tropischer Regenwälder betreffen uns letztlich alle. Besorgte Menschen haben nicht auf alles eine Antwort, stellen aber Fragen:

Droht ein »globaler Marsch« von Armutsflüchtlingen in die hoch entwickelten Länder? Braucht die Menschheit eine starke globale Weltregierung, gar eine »Öko- und Verteilungsdiktatur«? Können die reichen Länder so wirksam helfen, dass die armen Regionen einen wenigstens bescheidenen Aufschwung erleben? Kommt die Hilfe wirklich dort an, wo die Not am größten ist oder versickern Spendengelder in den Taschen von Entwicklungshilfeorganisationen und korrupten Diktatoren? Haben »wir« in Europa nicht selbst genug Probleme vor der eigenen Haustür?

Viele Menschen befürworten grundsätzlich Hilfe für die armen Völker; sie sind aber verunsichert, ob die Entwicklungshilfe privater und staatlicher Einrichtungen wirkungsvoll ist. Katastrophenmeldungen in den Medien erwecken den Anschein, als versickere jede Hilfe wie in einem Fass ohne Boden. Es gibt aber nach Regierungsangaben durchaus Anzeichen, dass die weltweiten Hilfsanstrengungen zugunsten der armen Länder auch Erfolge aufweisen. Zwischen 1960 und 1993 stieg dort die Lebenserwartung um mehr als ein Drittel, teilweise auf über 70 Jahre; das Pro-Kopf-Einkommen erhöhte sich um durchschnittlich 3,5 Prozent pro Jahr; die Alphabetenrate kletterte von 26 auf 60 Prozent.
Ist die Wirklichkeit vielleicht doch besser als von Vielen angenommen?

▶ Argumente oder Ausreden?

Bin ich der Hüter meines Bruders?
Kain über Abel – nach Genesis 4,9

Dieses Europa ist buchstäblich ein Werk der Dritten Welt. Die Reichtümer, an denen es erstickt, sind den unterentwickelten Völkern gestohlen worden. Deshalb werden wir nicht zugeben, dass die Hilfe an die unterentwickelten Länder als ein Werk der Barmherzigkeit verstanden wird. Natürlich hat die Dritte Welt keineswegs vor, einen Kreuzzug des Hungers gegen Europa zu führen.
Sie erwartet von denen, die sie jahrhundertelang versklavt haben, nur eines: Der Mensch muss wieder in seine Rechte eingesetzt werden.
Frantz Fanon: Die Verdammten dieser Erde (1969)

Die Afrikaner sind die einzigen Menschen auf der Welt, die noch meinen, dass sich andere als sie selbst um ihre Entwicklung kümmern müssen. Sie sollten endlich erwachen.
Axelle Kabou, Kamerun (1993)

▶ Für eine menschenwürdige Grundversorgung aller Menschen in armen Weltregionen sind relativ geringe Aufwendungen nötig – gemessen an den jährlichen Ausgaben für allerlei luxuriöse oder zweifelhafte Güter in reichen Ländern (Angaben in Milliarden US-Dollar).

**Diesen Betrag bräuchten die armen Länder für eine menschenwürdige Grundversorgung.*

Selbstverantwortung und Gerechtigkeit: Positionen und Motive

»Die Erde ist für alle da«

Es ist nicht dein Gut, mit dem du dich gegen den Armen großzügig erweist. Du gibst ihm nur zurück, was ihm gehört. Denn du hast dir nur herausgenommen, was zu gemeinsamer Nutzung gegeben ist. Die Erde ist für alle da, nicht nur für die Reichen.

Ambrosius, Kirchenlehrer (340 - 397)

»Mitleid« als moralischer Wert

Es ist das alltägliche Phänomen des Mitleids, d. h. der ganz unmittelbaren, von allen anderweitigen Rücksichten unabhängigen Teilnahme zunächst am Leiden eines andern und dadurch an der Verhinderung oder Aufhebung dieses Leidens, als worin zuletzt alle Befriedigung und alles Wohlsein und Glück besteht. Dieses Mitleid ganz allein ist die wirkliche Basis aller freien Gerechtigkeit und aller echten Menschenliebe. Nur sofern eine Handlung aus ihm entsprungen ist, hat sie moralischen Wert.

Arthur Schopenhauer, deutscher Philosoph (1788 - 1860)

»Theorie der Gerechtigkeit«

Soziale und wirtschaftliche Ungleichheiten, etwa verschiedener Reichtum, sind nur dann gerecht, wenn sich aus ihnen Vorteile für jedermann ergeben. Es ist nichts Ungerechtes an den größeren Vorteilen weniger, falls es dadurch auch den nicht so Begünstigten besser geht.

John Rawls, amerikanischer Moral- und Sozialphilosoph (geboren 1921)

Transfair – »shopping for a better world«*

▶ Gedankenexperiment

Stellt euch vor, ihr seid Mitglieder einer Weltgesellschaft, in der Begabungen, Ressourcen und Reichtümer unterschiedlich verteilt sind. Euren eigenen Platz im Spektrum dieser Weltgesellschaft kennt ihr nicht, könnt eure persönlichen Lebenschancen also nicht im Voraus kalkulieren. Auf welche Prinzipien einer Weltgesellschaftsordnung verständigt ihr euch?

Wer die Not an ihren Wurzeln packen will, muss auch politische Missstände bekämpfen, ungerechte Welthandelsstrukturen reformieren, aber auch korrupte und aufgeblähte Staatsapparate erneuern und die Fähigkeit der Betroffenen zur Selbsthilfe stärken.
Wie können die Lebensinteressen auch künftiger Generationen berücksichtigt werden? Das eigene gute Leben (Selbstverwirklichung, Glück, Lebenssinn) ist mit dem guten Leben der anderen (Prinzipien der Solidarität, der Fairness und der Gerechtigkeit) in Übereinstimmung zu bringen.
So stehen Staaten ebenso wie private Einrichtungen in den reichen und armen Weltregionen vor der Aufgabe, immer neu auszuhandeln, wie Selbstverantwortung und Gerechtigkeit zum gegenseitigen Nutzen aller in der Einen Welt gefördert werden kann (Nachhaltige Entwicklung*). Es liegt auch an uns, ob das 21. Jahrhundert von einem Lebensstil geprägt sein wird, den alle Beteiligten als verallgemeinerungsfähig empfinden.

Schönes Leben – gutes Leben?

Praxis sei »auf unabsehbare Zeit vertagt«, schrieb der Philosoph Theodor W. Adorno. Meinte er, dass es in unserer Welt nichts Sinnvolles mehr zu tun gibt? Dass du in einer Welt, in der alles klappt, aber nichts wirklich gelingt, nicht mehr tun kannst als den Verlockungen des Konsumangebotes, der Medien und gesteigerter Beweglichkeit nachzugeben? Dass Solidarität und Mitverantwortung alte Zöpfe sind, die es abzuschneiden gilt, weil nur noch »know how«, Durchsetzung und »Selbstverwirklichung« zählen? Heißt das vielleicht sogar, dass diejenigen gar nicht mehr gefragt sind, denen es (immer noch) darum geht, ein wirklich »gutes« und nicht nur schönes und erfolgreiches Leben zu führen? Ein Leben, in dem es dir darum geht, dass deine Rechte geachtet werden und die der anderen? Ein Leben, in dem auch die Stimme derjenigen gehört wird, die keine haben und ohne deinen Einsatz auch vielleicht nie haben werden? Ein Leben, in dem auch Tiere und Pflanzen geachtet werden?
Probiere es doch einfach aus – allein, aber auch mit anderen zusammen. Vielleicht erlebst du dann, dass sich Türen öffnen, dass unüberwindlich scheinende Mauern von Gleichgültigkeit, Ablehnung und Hoffnungslosigkeit nachgeben können. Die folgenden Vorschläge sind eine Starthilfe:

Zeit zum Handeln

1. Berichte in der Lerngruppe: »Wie ich einmal unerwartet Hilfe erfuhr.« Vergleicht anschließend eure Erfahrungen.
2. Erarbeitet im Team ein Referat über Menschen, die Vorbilder sein können: im sozialen und ökologischen Engagement oder bei der Gerechtigkeitssuche.
3. Protokolliert über längere Zeiten auf öffentlichen Plätzen, in Fußgängerpassagen und Straßen usw. kleine Formen geleisteten (oder verweigerten) Solidarverhaltens. (Ein ähnliches Projekt könnt ihr auch unter ökologischer Perspektive machen.) Wertet eure Beobachtungen sorgfältig aus: Welche Rolle spielen etwa Alter und/oder Geschlecht?
4. Stellt einen Katalog sozialer und ökologischer Pflichten auf. Ordnet diese nach dem Grad ihrer Dringlichkeit auf einer »Verantwortungsuhr« an. Stimmt ab: Welche Pflicht gehört auf »Fünf vor Zwölf«?
5. Stell dir vor: Dir und deinem Forscherteam ist ein großer Durchbruch im Bereich der Gentechnik gelungen: Durch gezielte Eingriffe in menschliche Erbinformationen (»Genmanipulationen«) können Schwerstkranke und ihre Nachkommen erstmals geheilt werden. Freilich ahnst du auch, was geschehen könnte, wenn das Mittel in falsche Hände käme: Stellt gemeinsam szenisch dar, wie ein Gespräch zwischen dir und dem Unternehmens-Management laufen könnte, wo du über Chancen und Gefahren der Entdeckung berichtest …
6. Teilt euch im Stuhlkreis mit, was ihr im Leben zu geben bereit seid und wozu ihr euch nicht hergeben möchtet.
7. Übt szenisch (und mit wechselnden Rollen) ein, wie ihr mit guten Argumenten unangemessene Ansprüche auf Hilfe und Solidarität zurückweisen könnt. Erprobt aber auch, welche Wirkung es auf die jeweiligen Partner der Szene hat, wenn ihr begründungslos »Nein!« sagt.
8. Mache dich kundig, bei welchen Organisationen und Initiativen du guten Gewissens mitarbeiten könntest, um deinen Beitrag zur Mitverantwortung zu leisten. (Schau auch in deinem Ethikbuch unter »Gefragte Adressen« nach, vielleicht findest du dort Anregungen und Ideen.)
9. Schreibt für den »global chat« ein Szenario über die Welt im Jahr 2020 …

Verantwortungsbewusstsein ist die Kraft, die das Schicksal in eine Lebensaufgabe verwandelt.
DAISAKU IKEDA, Oberhaupt einer buddhistischen Gemeinschaft in Japan (1998)

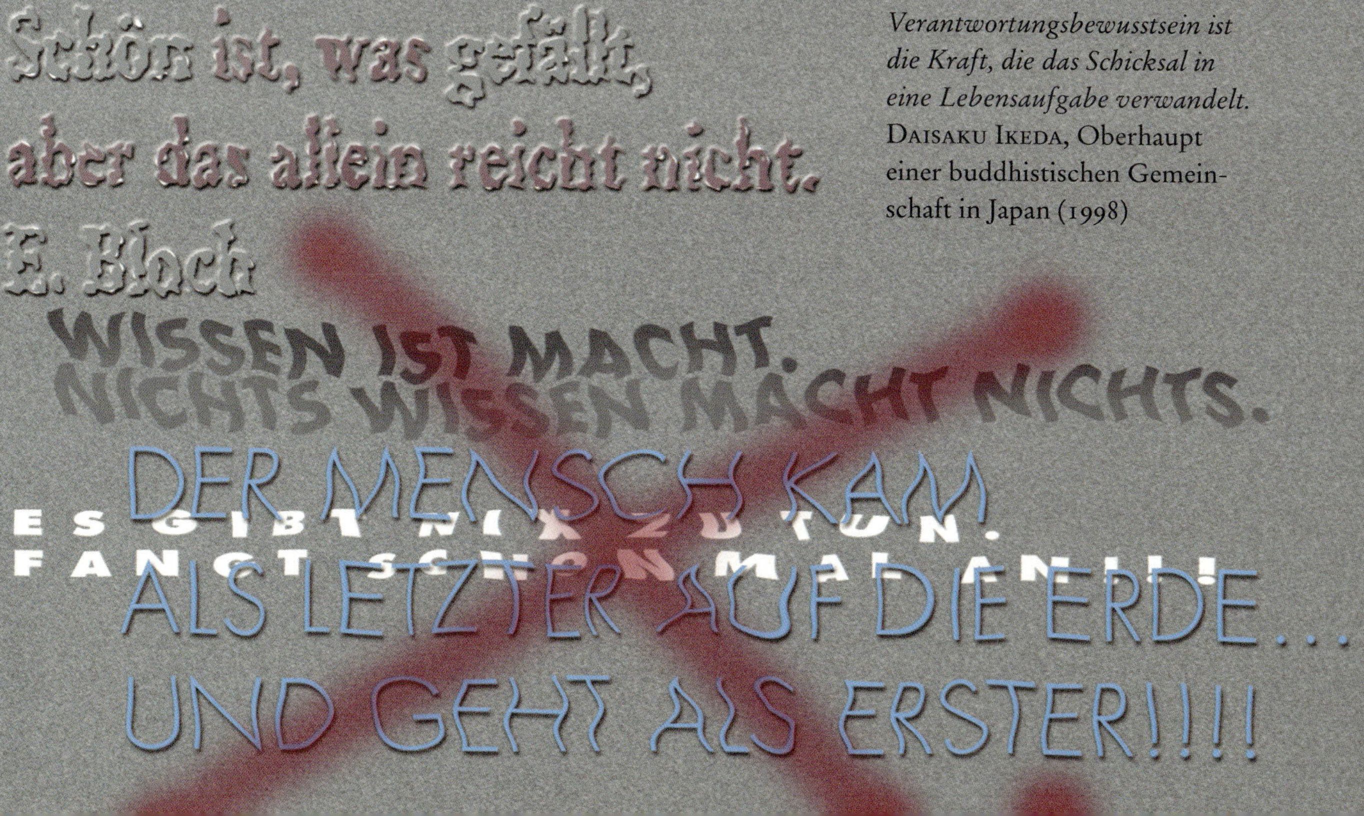

Und Gott, der HERR, nahm den Menschen und setzte ihn in den Garten Eden, damit er ihn bebaue und bewahre.
Genesis 2, 15 (10. bis 7. Jahrhundert v. Chr.)

Seid fruchtbar und mehret euch und erfüllet die Erde und machet sie euch untertan.
Genesis 1, 28b
(6. Jahrhundert v. Chr.)

Viel Ungeheures ist, doch nichts so Ungeheures wie der Mensch.
SOPHOKLES, *griechischer Dichter*
(5. Jahrhundert v. Chr.)

Bilde dir deine eigene Meinung!

Was ist der Mensch?

Schon frühe Hochkulturen ließen sich von dieser uralten Menschheitsfrage umtreiben – und wagten unterschiedliche Antworten.

»… das Maß aller Dinge«?

Zu allen Zeiten und in allen Kulturen hat sich der Mensch selbst hinterfragt: Weise wie der Chinese LAOTSE, Philosophen wie die Griechen PLATON* und PROTAGORAS, aber auch Schülerinnen und Schüler in eurem Alter haben darüber nachgedacht:

Der Mensch ist ein Wunderwerk der Natur. Er kann selber Entscheidungen fällen, er kann denken, fühlen und handeln. Jeder Mensch ist etwas Besonderes.
Martin, 15 Jahre

Jeder Einzelne von uns muss ein Stück Hoffnung in sich tragen, denn ohne Hoffnung gäbe es die Menschen nicht mehr. Sie ist wie ein Lichtlein, das uns den Mut gibt weiterzuleben.
Susan, 16 Jahre

Die Liebe zwischen den Menschen prägt das Leben einer Person. Ohne sie kann keiner existieren. Auch in schweren Zeiten muss immer Hoffnung vorhanden sein auf einen Wiedereinstieg in die Gesellschaft, auf neue Bekanntschaften, neue Liebe, auf Versöhnung.
Kristian, 16 Jahre

Collage von Schülerinnen und Schülern aus Thüringen

▶ LAOTSE (um 604–520 v. Chr.) sah in der Gewissheit menschlichen Nichtwissens die höchste Form der Erkenntnisfähigkeit.
Daraus leitete der »Altmeister« chinesischer Philosophie die Notwendigkeit ab, sich innerlich vom ›Getriebe‹ der Welt zu lösen und möglichst wenig auf den Geschichtsverlauf einzuwirken:

ein land regiert man nach regel
und maß
krieg führt man ohne regel mit list
das reich aber erringt man ohne taten
woher weiß ich, dass die welt so ist?
daher:
je mehr verbote
um so ärmer das volk
je mehr scharfe waffen im volk
um so wirrer der staat
je geschickter die menschen
um so mehr seltene waren
je mehr gesetze
um so mehr diebe und räuber
darum sagt der weise:
ich tue nichts und das volk
wandelt sich von selbst
ich verhalte mich still und das volk
findet das maß
ich bleibe tatenlos und das volk
gelangt zu wohlstand
ich bin begierdelos und das volk findet
zur unverdorbenheit

Eine Frage, die man durchaus in den nächsten Jahrhunderten beantworten wird, ist, ob der Mensch wohl einmal von der Technik ersetzt wird oder ob die Erde eines Tages durch Natureinflüsse oder Apokalypse zerstört wird.
Andreas, 16 Jahre

Der Mensch kann denken und auch dementsprechend handeln; er hat eine Moral und ein Gewissen, die ihn vom Tier unterscheiden.
Nadine, 15 Jahre

Außenseitergruppen, Menschen, die andere Dinge tun, die eine andere Denkweise haben, werden ausgestoßen, man versucht nicht, sich mit ihnen auseinander zu setzen.
Manuela, 17 Jahre

Manche glauben an Gott und dessen Einfluss auf Schicksale und Ereignisse. Sie hoffen auf ein Leben nach dem Tod sowie auf Zufriedenheit und Ruhe während des Lebens.
Claudia, 16 Jahre

Ich denke, dass der Mensch Mensch ist, weil er darüber reflektiert, was ihn zum Menschen macht: das heißt, er denkt über sich selbst nach, sucht sich und sucht Antworten.
Christin, 15 Jahre

Der Mensch entwickelt sich immer weiter, um sich das Leben einfacher zu gestalten und merkt dabei nicht, dass es immer komplizierter wird.
Marko 16, Jahre

1. Was ist der Mensch? Stelle Aussagen zusammen, denen du zustimmst und die du ablehnst: Vergleiche die Ergebnisse mit den Einstellungen deiner Mitschüler/innen.
2. Ordnet die Meinungen der Schüler/innen nach den drei Kategorien des wissenden, des handelnden und des hoffenden Menschen.
3. Vergleicht heutige Auffassungen vom Menschen mit denen von LAOTSE, PLATON und PROTAGORAS: Diskutiert, ob der Mensch im Ganzen klüger geworden ist.

Der Philosoph PROTAGORAS (5. Jahrhundert v. Chr.) war davon überzeugt: »Der Mensch ist das Maß aller Dinge.« Nicht erst seit heute – nach zahlreichen Irrtümern und Brüchen in der Menschheitsgeschichte – ist der Geltungsanspruch dieses Satzes umstritten: Wie würdest du ihn formulieren?

▶ PLATON, der bekannte Philosoph aus Athen (427-347 v. Chr.), versuchte seinen Mitmenschen Wege zur Erkenntnis des »Guten« aufzuzeigen – ausgedrückt in den vier Kardinaltugenden Weisheit, Tapferkeit, Besonnenheit und Gerechtigkeit.
PLATON ging davon aus, dass die wahrnehmbare Welt nur ein unvollkommener Spiegel einer schon immer existierenden vollkommenen Ideenwelt ist (Idealismus*).
In den Ideen der Gerechtigkeit, Schönheit usw. steckt PLATON zufolge ein Richtmaß sittlich guten Handelns, das der Mensch denkend und ahnend erfassen kann.

Der wissende Mensch

Auf alten Bildern gibt Eva dem Adam eine Frucht vom »Baum der Erkenntnis«, wie es die biblische Schöpfungserzählung ausdrückt. Weil Adam (hebräisch: »Mensch«) von diesem Baum »gegessen« hat, gibt es kein Zurück! Bis heute scheint »Adam« so viel Wissen angehäuft zu haben, dass die Zukunft der ganzen Welt in seinen Händen liegt. Darum ist auf der Auftakt-Doppelseite die Frucht durch die Weltkugel ersetzt worden. Wer der Frage nachgeht, wie es zu dieser Entwicklung gekommen ist, stößt immer wieder auf die alten Griechen. Sie kamen vor über 2000 Jahren auf erstaunlich »moderne« Gedanken – zum Beispiel im Hinblick auf das Fliegen:

Der Traum vom Fliegen

In der griechischen Sage von Daidalos und Ikaros wird erzählt, dass der Künstler Daidalos im Dienste des Königs Minos von Kreta stand. Als der Künstler die Insel mit seinem Sohn verlassen wollte, erlaubte es der König nicht und so baute Daidalos Flügel für sich und seinen Sohn: *Nachdem er letzte Hand an seine Arbeit gelegt hatte, passte sich Daidalos selbst die Flügel an den Leib und schwebte wie ein Vogel empor in die Lüfte. Dann senkte er sich wieder zu Boden und belehrte auch seinen Sohn Ikaros, für den ein kleines Flügelpaar bereit lag. »Flieg immer, lieber Sohn, in der Mitte, damit nicht, wenn du den Flug zu sehr nach unten senkst, die Fittiche ans Meerwasser streifen und von Feuchtigkeit schwer dich in die Tiefe ziehen oder, wenn du zu hoch in die Lüfte steigst, dein Gefieder den Sonnenstrahlen zu nahe kommt (…)«*

Gustav Schwab: Sagen des klassischen Altertums

▶ Ebenfalls an antike Ideen knüpften Wissenschaftler in der Neuzeit an, als sie die Materie genauer zu erforschen versuchten. Neuere physikalische und chemische Erkenntnisse über Struktur und Verbindungen der Atome (Mikrokosmos*) beeinflussen – fast unbemerkt – die Lebensgrundlage der modernen Welt (Makrokosmos*).

Vom Traum zur Wirklichkeit: Flüge ins All

Die Sonne erstrahlt als gleißender Stern. Vom Weltraum aus gesehen steht sie mitten im Schwarzen. Ich konnte sie nicht ohne Augenschutz betrachten, weil mir vor Helligkeit die Augen schmerzten. Das tiefe Schwarz des Weltraums und die gleißende Sonne bildeten den extremsten Gegensatz, den ich je gesehen hatte.

Um die Sterne zu sehen, brauchten wir nicht lange zu warten, denn innerhalb von 90 Minuten umrundete unser Raumschiff die Erde. In dieser Zeit geht die Sonne auf und wieder unter. Der Sonnenauf- und -untergang verläuft 16 mal schneller als am Boden. Es ist faszinierend diesem Schauspiel zuzusehen. Es wird sehr rasch dunkel, so, als würde in einer romantischen Oper der Beleuchtungsmeister die Bühnenbeleuchtung ausgehen lassen. Kurz bevor die Sonne endgültig versinkt, leuchtet der dünne Saum der Atmosphäre nochmals in allen Farben des Regenbogens auf.

Ulf Merbold: Flug ins All

▶ Längst ist es selbstverständlich geworden, dass Menschen das Schwerefeld der Erde verlassen und sich über längere Zeit im All aufhalten können. Der deutsche Astronaut Ulf Merbold berichtet hier von seinem ersten Flug ins All.

Woher wissen wir überhaupt etwas?

Immer wieder sind in der Geschichte Zweifel daran aufgekommen, ob wir wirklich so viel über die Welt wissen, wie wir glauben. Könnte es nicht sogar sein, dass unsere Erfahrungen uns systematisch darüber täuschen, wie die Welt wirklich beschaffen ist? Stelle dir für einen Moment vor, wir seien in Wirklichkeit körperlose Gehirne, angeschlossen an einen Computer auf einer fernen Raumstation; durch die elektronischen Stimulationen seines raffinierten Programms würde uns die 'Welt', in der wir zu leben meinen, nur vorgegaukelt. Hier fragt der philosophische Skeptiker: Wenn wir diesen und ähnliche Fälle nicht ausschließen können – mit welcher Berechtigung können wir dann noch den Anspruch erheben, irgendetwas über die Welt zu wissen? Der französische Philosoph René Descartes*, der im 17. Jahrhundert als erster die Möglichkeit einer umfassenden Täuschung bedachte, hat versucht, den mit ihr drohenden Skeptizismus* zu widerlegen:

Wir können nicht annehmen, dass wir, die wir solches denken, nichts sind; denn es ist ein Widerspruch, dass das, was denkt, zu dem Zeitpunkt, wo es denkt, nicht existiert. Demnach ist der Satz: »Ich denke, also bin ich« die allererste und gewisseste aller Erkenntnisse, die sich jedem ordnungsgemäß Philosophierenden darbietet.

René Descartes: Die Prinzipien der Philosophie

Wie man aber von der inneren Gewissheit des »Ich denke« philosophisch zur Erkenntnis der Außenwelt gelangt, ist bis heute umstritten.

▶ *So bleibt es immer ein Skandal der Philosophie und allgemeinen Menschenvernunft, das Dasein der Dinge außer uns (...) bloß auf G l a u b e n annehmen zu müssen, und, wenn es jemand einfällt es zu bezweifeln, ihm keinen genugtuenden Beweis entgegenstellen zu können (...)*

Der verlangte Beweis muss also dartun, dass wir von äußeren Dingen auch E r f a h r u n g und nicht bloß E i n b i l d u n g haben; welches wohl nicht anders wird geschehen können, als wenn man beweisen kann, dass selbst unsere i n n e r e, dem Cartesius (Descartes) unbezweifelte, Erfahrung nur unter Voraussetzung ä u ß e r e r Erfahrung möglich sei.

Diese Beweisstrategie stammt von Immanuel Kant* und ist später sehr berühmt geworden. Denn wenn sie gelingt, zeigt sie, dass die Erfahrung von Dingen in unserer Außenwelt keineswegs zweifelhafter, sondern ebenso gewiss ist wie die innere Erfahrung des »Ich denke«, deren Voraussetzung sie ist.

---

1. Nenne Erkenntnisse aus Physik, Chemie und Biologie, die du für besonders wichtig hältst.
2. Sammelt Ideen, welche wichtigen Erkenntnisse und Entdeckungen der Menschheit noch bevorstehen mögen.
3. Denkt über Möglichkeiten nach, skeptische Täuschungsannahmen zu widerlegen. Welche Folgerungen können sich daraus ergeben?
4. Gestaltet eine Pro- und Kontra-Diskussion zu den Grenzen des Wissens: Sollte sich der Mensch selbst begrenzen, um sein Überleben langfristig zu sichern?

Die Grenzen des Wissens über den Kosmos scheinen sich immer weiter auszudehnen und verheißen nie gekannte Chancen, aber auch Risiken für die menschliche Lebensqualität. Skeptische Täuschungsszenarien hingegen stellen die Möglichkeit echten Wissens grundsätzlich in Frage. Ob der Skeptizismus widerlegt und unsere Welt auf ein dauerhaft gesichertes Wissensfundament gestellt werden kann, ist bis heute eine offene Frage ...

Der handelnde Mensch

Sein Wissen weist dem Menschen eine besondere Stellung in der Natur zu. Das bringt der Mythos von Adam und Eva zum Ausdruck und so sehen es auch die Sagen im klassischen Griechenland. Wissen bestimmt auch das Handeln des Menschen und dieses kann gut oder böse sein. Darauf macht der Dichter SOPHOKLES in seiner Tragödie »Antigone« aufmerksam: Die zwei Brüder der Antigone haben sich im Kampf um ihre Heimatstadt Theben gegenseitig erschlagen. Der Herrscher Kreon befiehlt, dass der Verteidiger der Stadt ehrenvoll bestattet wird – er hat ja gut gehandelt -, dass aber der Angreifer unbeerdigt bleiben soll. Der Chor kommentiert den Befehl des Königs und hebt dabei das menschliche Können hervor:

Viel Ungeheures ist, doch nichts
So Ungeheures wie der Mensch.
Der fährt auch über das graue Meer
Im Sturm des winterlichen Süd
Und dringt unter stürzenden Wogen durch.
Und der Götter Heiligste, die Erde,
Die unerschöpfliche, unermüdliche, plagt er ab,
Mit wendenden Pflügen Jahr um Jahr
Sie umbrechend mit dem Rossegeschlecht (...)

Auch die Sprache und den windschnellen
Gedanken und städteordnenden Sinn
Bracht' er sich bei, und unwirtlicher Fröste
Himmelsklarheit zu meiden und bösen Regens
Geschosse, allerfahren. Unerfahren
Geht er in nichts dem Kommenden entgegen.
Vor dem Tod allein
Wird er sich kein Entrinnen schaffen.
Aus Seuchen aber, unbewältigbaren,
Ausgesonnen hat er sich Auswege.

In dem Erfinderischen der Kunst
Eine nie erhoffte Gewalt besitzend,
Schreitet er bald zum Bösen, bald zum Guten.
Achtet er die Gesetze des Lands
Und das bei den Göttern beschworene Recht:
Hoch in der Stadt! Verlustig der Stadt,
Wem das Ungute sich gesellt
Wegen seines Wagemuts! -
Sitze mir nicht am Herd
Wer so tut noch habe Teil mit am Rat!

▶ Antigone, die Schwester der beiden Streiter, handelt dem königlichen Gebot zuwider. Weil sie ihre beiden toten Brüder unterschiedslos beerdigt hat, wird sie vor den Thron gebracht.

Aufführung »Antigone« nach SOPHOKLES *im Stadttheater von Karl-Marx-Stadt (Chemnitz), 1972*

▶ HIPPOKRATES
war ein berühmter Arzt im antiken Griechenland. Er formulierte einen Eid, in dem der Arzt schwört, sein Wissen und Können nur zum Wohle der Patienten zu gebrauchen (Hippokratischer Eid).
Damit entspricht der Eid dem, was schon Dichter und Denker seiner Zeit forderten: die Zusammengehörigkeit von Wissen und Moral.

»Das Prinzip Verantwortung«

Hans Jonas beginnt sein wichtigstes Buch mit dem Chorlied des Sophokles. Hatte schon der antike Dichter das »Ungeheure« des Menschen erfasst, so untersuchte der moderne Philosoph die gigantische Steigerung menschlicher Handlungsfähigkeit:

Die moderne Technik hat Handlungen von so neuer Größenordnung, mit so neuartigen Objekten und so neuartigen Folgen eingeführt, daß der Rahmen früherer Ethik sie nicht mehr fassen kann. Man nehme zum Beispiel die kritische Verletzlichkeit der Natur durch die technische Intervention des Menschen. Nicht weniger als die gesamte Biosphäre des Planeten ist dem hinzugefügt worden, wofür wir verantwortlich sein müssen, weil wir Macht darüber haben. (...)

Heute winkt uns durch gewisse Fortschritte in der Zellbiologie die praktische Aussicht, den biochemischen Altersprozessen entgegenzuwirken und die menschliche Lebensspanne zu verlängern, vielleicht gar auf unbestimmte Zeit hinauszuziehen. Der Tod erscheint nicht mehr als eine zur Natur des Lebendigen gehörige Notwendigkeit. Eine ewige Sehnsucht der Menschheit scheint ihrer Erfüllung näher zu kommen. Und zum ersten Mal haben wir uns im Ernst die Frage vorzulegen: Wie wünschenswert ist dies? (...)

Hans Jonas hat Vorschläge gemacht, wie die Verantwortung des Menschen neu definiert werden kann:

»Handle so, daß die Wirkungen deiner Handlungen nicht zerstörerisch sind für die künftige Möglichkeit solchen Lebens« oder einfach: *»Gefährde nicht die Bedingungen für den Fortbestand der Menschheit auf Erden.«*

▶ 1903 in Mönchengladbach geboren, starb der deutsch-jüdische Philosoph Hans Jonas 1993 in den USA. Wegen der antijüdischen Verfolgungen in Deutschland war er 1933 über Großbritannien nach Palästina geflüchtet, später nach Nordamerika übergesiedelt. »Das Prinzip Verantwortung«, sein Hauptwerk, erschien 1984 auch in Deutschland.

1. Beschreibe das Menschenbild in Sophokles' »Antigone«.
2. Erkläre, inwiefern sich nach Hans Jonas die Handlungsmöglichkeiten des heutigen Menschen erweitert haben.
3. Diskutiert, wie wünschenswert eine nahezu unbegrenzte Lebensverlängerung wäre.
4. Überlegt in kleinen Gruppen, was geschehen müsste, damit die ethischen Grundsätze von Hans Jonas in die Tat umgesetzt werden.

Moderne Ethik, die den Namen verdient, greift die Anstöße früherer Epochen auf; sie fußt auf der Verschränkung von Wissen und Moral, fügt aber als neues Element die Zukunftsfähigkeit hinzu: *Handle so, daß die Wirkungen deiner Handlung verträglich sind mit der Permanenz (Dauer) echten menschlichen Lebens auf Erden.* (Hans Jonas)

Der hoffende und sich übersteigende Mensch

Hoffnung auf ein besseres, erfüllteres Leben? Sehnsucht nach außergewöhnlichen Erfahrungen? – Die Frage nach Unendlichkeit, Ewigkeit und Transzendenz* ist ein besonderes Kennzeichen des Menschen; es hat in Geschichte und im Alltag Spuren hinterlassen, auch außerhalb von Religionen und philosophischen Ansätzen. Doch was bedeuten die unterschiedlichen Hoffnungsbilder?

Unsterblichkeit im Jenseits? Ein sokratischer Dialog

»Warum denn«, fragte Simmias, »meinst du, unsere Seele müsse unsterblich sein?« – »Überlege doch«, antwortete Sokrates, »stets machen wir Erfahrungen und bezeichnen sie als schön oder gut; woher aber kennen wir das Schöne und Gute?« – »Ach, du meinst, das Schöne selbst und das Gute selbst sind uns je schon zugehörig?« – »So ist es, Simmias! Und darum muss auch unsere Seele wahrhaft sein, noch ehe wir geboren werden.« – »Gut, aber wie ist es, wenn wir sterben, dann werden wir doch gänzlich aufgelöst?« – »Nein, mit dem Tode wird zwar unser Leib aufgelöst; doch die Seele macht sich los und zieht nichts vom Leibe mit sich. Vielmehr geht sie zu dem, was ihr ähnlich ist, dem Unsichtbaren, dem Göttlichen, Unsterblichen, Vernünftigen.« – »Ich verstehe«, sagte Simmias, »denn nur dort vermag sie glücklich zu sein, befreit von Irrsal und Unverstand, von Furcht und wildem Begehren und allen anderen menschlichen Übeln.« – »So ist es«, sagte Sokrates.

Nach PLATON: Phaidon

Weiterleben in der Erinnerung?

Jeder Teil dieses Landes ist meinem Volke heilig. Jeder Hang, jedes Tal, jede Ebene und jedes Gehölz ist geheiligt durch eine zärtliche Erinnerung oder eine traurige Erfahrung meines Stammes. Sogar die scheinbar stumm in der Sonne brütenden Felsen der Küste in ihrer feierlichen Größe sind getränkt mit Erinnerungen an vergangene Ereignisse, die mit dem Schicksal meines Volkes verbunden waren. Und selbst der Staub unter unseren Füßen antwortet liebevoller auf unsere Schritte als auf eure; denn er ist die Asche unserer Vorfahren und unsere nackten Füße sind sich der wohlwollenden Berührung bewusst, da der Boden reich ist durch das Leben unserer Familien. (…)

Und wenn der letzte Rote Mann von dieser Erde verschwunden sein wird und die Erinnerung an ihn unter den Weißen zu einem Mythos geworden ist, dann werden diese Gestade wimmeln von den unsichtbaren Toten meines Volkes; und wenn sich eure Kindeskinder allein fühlen auf dem Feld, im Geschäft, auf der großen Straße oder in der Stille der Wälder: Sie werden nicht allein sein. (…)

Aus der Rede des Indianderhäuptlings CHIEF SEATTLE (1853/54)

FRIDA KAHLO, *»Selbstporträt mit Dornenkette und Kolibri«, 1940;*
Foto (Selbstporträt) aus ihrem gemalten Tagebuch (1940–1954)

▶ CHIEF SEATTLE, Häuptling der Suquamish- und der Duwamish-Indianer, soll diese Sätze dem US-amerikanischen Gouverneur STEVEN vorgetragen haben. Der amerikanische Arzt HENRY SMITH hat die »Rede« überarbeitet und 1887 in einem Zeitungsartikel erstmals veröffentlicht.

»Wagnis des Erkennenden«?

Wer kennt nicht das Lied »Die Gedanken sind frei« – aus dem frühen 19. Jahrhundert? Wenn auch vieles im Leben zweifelhaft erscheint, ist jeder Mensch immerhin in seinem Denken ganz bei sich selbst. Der Mensch ist frei und kann sich – sich selbst überschreitend – beziehen auf andere ›Welten‹, auf Vergangenheit, Zukunft, auf Unendliches. Philosophen wie DESCARTES* und andere bezeichnen diese Fähigkeit als »Seele« oder »Geist« des Menschen.

Im 19. Jahrhundert begann der Glaube an Gott und an ein Jenseits in Europa zu zerrinnen. FRIEDRICH NIETZSCHE meinte:

Wir Philosophen und »freien Geister« fühlen uns von der Nachricht, dass der »alte Gott tot« ist, wie von einer neuen Morgenröte angestrahlt; (...) endlich erscheint uns der Horizont wieder frei, gesetzt selbst, dass er nicht hell ist, endlich dürfen unsere Schiffe wieder auslaufen, auf jede Gefahr hin auslaufen, jedes Wagnis des Erkennenden ist wieder erlaubt, das Meer, unser Meer liegt wieder offen da, vielleicht gab es noch nie ein so offenes Meer.

Transzendieren ohne Transzendenz?

Braucht der Mensch des 21. Jahrhunderts transzendente Bezüge? Woraus lebt der Einzelne, wenn alle »Horizonte« abgeschafft sind? Der Medientheoretiker VILÉM FLUSSER glaubt, in digitaler Vernetzung könne der Mensch eine neue Daseinsform finden:

Der mit elektronischen Apparaten spielende und sich an ihnen berauschende ›neue Mensch‹ wird keine Hände mehr benötigen, denn er wird nichts mehr behandeln müssen. Sein Leben wird kein Drama mehr sein, das eine Handlung hat, sondern es wird ein Schauspiel sein, das ein Programm hat. Der neue Mensch wird nichts mehr tun und haben wollen; er wird genießen wollen, was auf dem Programm steht. Nicht Arbeiter, Homo faber, sondern Spieler mit Formen, Homo ludens, ist der Mensch der undinglichen Zukunft.

Worin findet die Mehrheit der Menschen heute Orientierung? Im freien Spiel der Kräfte, in der »Spaßgesellschaft«, in der alles möglich ist? Die Philosophie verweist auf die Begegnung mit dem Anderen und auf die Kraft der Sprache, in der wir uns bewegen, weil sie uns Halt »zuspricht« (MARTIN HEIDEGGER*). Wahres, sich selbst überschreitendes Denken ist für Heidegger die Dichtung. Und es können ebenso Werke aus der Musik oder aus der Kunst sein, die uns auch dann noch etwas zu ›sagen‹ haben, wenn Worte versagen ...

Die meisten Menschen leben nicht bloß, sondern greifen über ihr endliches Leben hinaus: in Sprache, Geschichte, Religion, Kunst; auch darin besteht ihre Würde* als Menschen.

ALBERTO GIACOMETTI: *Drei schreitende Männer (1948);*
« Von Photographen gesehen« (1986)

▶ Wollt ihr mehr als Essen und Liebe ...?
Slogan der Love-Parade in Berlin

Menschenbilder und ihre Konsequenzen

Der kategorische Imperativ

Immanuel Kant* gehört zu den großen Philosophen der Neuzeit, die sich von der Frage nach dem Wesen des Menschen faszinieren ließen. Worin sah er die ethische Bestimmung des Menschen?

Nach Kant hat der Mensch die Freiheit, dem »guten Willen« zu folgen und das unterscheidet ihn von allen anderen Wesen. »Das Gute« hat der Philosoph bestimmt als das, was auch allgemein als »gut« gebilligt werden kann. In seiner so genannten »Pflichtethik« betonte er folgenden Grundsatz: Was wir tun sollen, ist nicht äußeren Zielsetzungen oder Zwecken geschuldet; ihr moralischer Wert beruht allein auf der inneren Pflicht, die uns mit allen Menschen verbindet. In Kants berühmt gewordenem »kategorischen Imperativ« finden bis heute viele Menschen eine verbindliche Orientierungshilfe:

Handle so, dass die Maxime deines Willens jederzeit zugleich als Prinzip einer allgemeinen Gesetzgebung gelten könne.

Völkerbund und Weltbürgerrecht

Unter dem Eindruck verheerender Kriege in Europa und anderswo fragte sich Kant: Wie können die Staaten der Welt miteinander auskommen, ohne immer wieder in blutige Kriege verstrickt zu werden? Der Philosoph entwickelte in seiner Schrift »Zum ewigen Frieden« als Erster die Idee eines »Völkerbundes«, der ein friedliches Miteinander der Völker garantieren sollte.

Es war der amerikanische Präsident Thomas Woodrow Wilson, der noch während des 1. Weltkriegs darauf drängte, das Kantische Konzept zu verwirklichen. Er scheiterte aber zunächst an Widerständen – auch im eigenen Land. Erst unter dem Eindruck der barbarischen Erfahrungen im 2. Weltkrieg gründete die weltweite Staatengemeinschaft die UNO – als Nachfolgeorganisation des Völkerbundes. Trotz aller Rückschläge ist die UNO heute eine Einrichtung, der die Entschärfung von Konflikten zwischen Staaten und Völkern am ehesten zugetraut wird.

Seiner und unserer Zeit noch weiter voraus war Kants Forderung nach einem Weltbürgerrecht: Weil alle Menschen ein Recht auf gemeinschaftlichen Besitz der Erdoberfläche haben, müssten sich auch alle dulden und einander Gastrecht gewähren, da heute »die Rechtsverletzung an einem Platz der Erde an allen gefühlt wird.«

Utilitarismus – Ethik der Nützlichkeit

Wie Kant interessierte sich auch der englische Philosoph Jeremy Bentham (1748-1832) für die Natur des Menschen. Doch gewann er die Überzeugung, dass der Mensch nicht in erster Linie von der Frage nach »gut« und »böse« bestimmt werde – entscheidender sei das Verhältnis von Freude und Leid. In einer »Einführung in die Prinzipien von Moral und Gesetzgebung« schrieb BENTHAM:

Die Natur hat die Menschheit unter die Herrschaft zweier souveräner Gebieter – Leid und Freude – gestellt. Es ist an ihnen allein aufzuzeigen, was wir tun sollen, wie auch zu bestimmen, was wir tun werden. Das Prinzip Nützlichkeit erkennt dieses Joch an.

Mit diesen Sätzen wurde BENTHAM zum Begründer des Utilitarismus – einer Ethik, die in der »Nützlichkeit« (lateinisch: utilis = nützlich) das entscheidende Merkmal richtigen Handelns sieht. Als Orientierungshilfe für schwierige Entscheidungen führte BENTHAM das »hedonistische Kalkül«* ein (griechisch: hedone = Lust): Er empfahl, in jeder Entscheidungssituation eine »Rechnung« aufzumachen und Freude sowie Leid jeweils nach Intensität, Dauer, Gewissheit, Nähe, Folgen, Reinheit und Anzahl der betroffenen Personen abzuschätzen und aufzurechnen. Wie also hätte BENTHAM seine ethische Zielstellung formulieren können?

Handle so, dass du das größte Glück für die größtmögliche Zahl von Menschen förderst.

Wehrpflicht auch für Frauen – Folge konsequenter Gleichberechtigung?

Qualität statt Quantität

Eine Verfeinerung der utilitaristischen Ethik setzte JOHN STUART MILL (1806-1873) durch. Art und Weise von Freude und Leid wurden jetzt ethisch höher bewertet als ihr bloßes Ausmaß: Qualität bekam Vorrang vor Quantität.

Zusammen mit seiner Frau HARRIET TAYLOR MILL und seiner Stieftochter HELEN TAYLOR setzte sich MILL für gleiche Rechte von Frauen und Männern ein. Da Frauen im 19. Jahrhundert in Familie und Gesellschaft noch erheblich benachteiligt waren, verfassten die MILLS zu dritt Schriften, in denen sie für eine gerechtere Gesetzgebung eintraten. Erst Jahrzehnte später wurden ihre Forderungen allmählich umgesetzt – zum Beispiel das Wahlrecht auch für Frauen:

Die moralische Regeneration der Menschheit wird in Wahrheit erst dann beginnen, wenn die Hauptgrundlage der gesellschaftlichen Beziehungen unter das Gesetz gleicher Gerechtigkeit gestellt ist.

JOHN STUART MILL/HARRIET TAYLOR MILL/HELEN TAYLOR: Die Hörigkeit der Frau

▶ 1869 veröffentlichte JOHN STUART MILL das Buch »The Subjection of Women«, das noch im selben Jahr ins Deutsche übersetzt wurde (»Die Hörigkeit der Frau«). Der Text hatte großen Einfluss auf die europäische und amerikanische Frauenbewegung. Es ist heute bekannt, dass Teile der Schrift von seiner Frau HARRIET TAYLOR MILL und ihrer Tochter HELEN TAYLOR stammen.

Abbildungen auf Seite 196, von oben nach unten:
Immanuel Kant *(1848/55);*
JEREMY BENTHAM;
JOHN STUART MILL *und* HARRIET TAYLOR MILL

---

1. Beschreibe die Pflichtethik KANTS und die ethischen Grundsätze des Utilitarismus: Finde Gemeinsamkeiten und Unterschiede heraus.
2. Inwiefern bieten beide philosophischen Ansätze Hilfen zum richtigen Handeln an?
3. Zählt Beispiele auf, wo philosophische Einsichten der Neuzeit das Leben von Menschen verändert haben.

▶ Schülerinnen und Schüler der 10. Klasse eines Tübinger Gymnasiums haben ethische Kernsätze aus der philosophischen Tradition auf den Prüfstand gestellt – und miteinander diskutiert.

Kategorischer Imperativ oder das Prinzip Nützlichkeit?

Gerrit: Der Utilitarismus ist vielleicht die menschlich näher liegende Form des Handelns. Doch betrachte ich den kategorischen Imperativ etwas genauer, so kann ich damit doch zu einigen klaren Aussagen über mich selbst und die Umwelt kommen. Kant* fordert auf, sich selbst zu entscheiden, was das Beste ist. Ich muss diese Wahl treffen auf einer ethischen Basis, die das gesamte bisherige Leben einschließt. Nun drücke ich mit dieser Entscheidung aber nicht nur einen eigenen Wunsch aus, sondern ich muss zugleich bedenken, wie sich die Gemeinschaft um mich herum an meiner Stelle entscheiden würde.

Sonja: Ich sehe das anders. Ich halte das Nützlichkeitsdenken für die beste Handlungsanleitung. Es ist doch am besten, wenn jeder das größte Glück der größten Zahl von Menschen zu erreichen sucht. Wenn ich nicht weiß, was ich tun soll, versuche ich die vorhandenen Möglichkeiten abzuwägen: Wem würde das etwas nützen? Komme ich mit einer bestimmten Handlung den überwiegenden Interessen der meisten Beteiligten entgegen? – Wenn jeder Mensch noch vor seinem Handeln solch eine Interessenabwägung vornehmen würde, ginge es den Beteiligten ein ganzes Stück besser …

Rizwan: Wir sollten die Grundsätze an einem Beispiel überprüfen. Nehmen wir mal an, Mutter und Sohn gehen in einen Getränkemarkt und wollen vier Kisten Mineralwasser kaufen. Während sie vor der Kasse stehen, vergisst die Kassiererin, eine von den vier Kisten einzuscannen. Als die Mutter draußen bemerkt, dass sie nur für drei Kisten bezahlt hat, will sie sofort wieder in den Laden gehen, um die eine Kiste nachzuzahlen. Ihr Sohn hält das nicht für nötig. – Was also tun?
Nach dem kategorischen Imperativ müsste ihre Entscheidung als allgemeine Gesetzgebung gelten können. Wenn sie aber nicht zahlte und auch alle anderen in derselben Situation so handeln würden, dann

ginge der Getränkeladen vielleicht bald pleite. Ein Utilitarist dagegen könnte zu einem anderen Ergebnis kommen. Die Frau hat vielleicht nicht viel Geld und dann würde es sie glücklich machen, etwas einsparen zu können. Der Getränkemarkt macht genug Gewinn, um den Verlust zu verkraften. Der Geschäftsführer dürfte darüber weniger glücklich sein, aber wiegt das das Glück der Frau auf?

Sebastian: Beim utilitaristischen Prinzip ist die Gefahr groß, egoistisch zu entscheiden – auch wenn die Begründer der Grundsätze dies so nicht gewollt haben.

Annika: Mich überzeugt bei dem Nützlichkeitsdenken, dass jeder das größtmögliche Glück zu den Menschen bringen soll. Ich kann deshalb gut verstehen, dass sich Mill für die Mehrheit einsetzte. Wenn er allerdings immer nur die größte Zahl der Menschen ansprechen wollte, hat er die Minderheiten wohl vergessen. Deshalb stimme ich doch lieber dem kategorischen Imperativ zu, der globaler ist und die Worte »alle« und »allgemein« betont.

Gerrit: Da dürfen wir aber nicht vergessen, dass es gerade Utilitaristen waren – das Ehepaar Mill und ihre Stieftochter –, die für das allgemeine Wahlrecht gestritten haben.

Sonja: Gut, aber andere Probleme sind heute dringlicher: Es muss endlich Schluss sein mit Völkermord, Umweltzerstörung und Kriegen, mit Verbrechen im Namen verworrener oder auch hoher Ideale! Millionen Menschen sterben, Städte werden zerstört, Menschen trauern. Das macht mich wütend und traurig zugleich.

Sandra: Für die Zukunft unserer Welt wird das »Prinzip Verantwortung« von Hans Jonas immer wichtiger.

Gerrit: Auch wenn jeder Einzelne von uns gefragt ist: Für all diese Missstände brauchen wir eine Organisation, die die ganze Welt im Auge hat.

1. Diskutiert an Beispielen – Abtreibung, Tierschutz, Tyrannenmord, Atomenergie, Gentechnik – das Für und Wider der utilitaristischen und der Pflichtethik.
2. Unternehmt eine Gedankenreise in das 22. Jahrhundert: Wie könnte künftig ein verbindlicher ethischer Grundsatz lauten?

Mit dem kategorischen Imperativ (1785) und dem hedonistischen Kalkül* (1789) verfügt die Neuzeit über zwei sich ergänzende Grundsätze ethischer Orientierung. Obwohl beide Prinzipien auch Nachteile erkennen lassen, unterstützen sie im Ganzen eine humane Lebensgestaltung. Aus Sorge um die Zukunft der Menschheit, ja der gesamten Natur oder Schöpfung, ist im 20. Jahrhundert das »Prinzip Verantwortung« hinzugetreten.

Menschsein gefragt

Wer ist Philosoph/in?

Der griechische Weise und Naturforscher THALES* ist eines Tages, so berichtet PLATON*, beim Betrachten der Sterne in den Brunnen gefallen; das soll ihm schallendes Gelächter der Marktfrauen eingetragen haben: Ganz mit den höchsten Dingen beschäftigt, hat THALES offenbar den Boden unter den Füßen verloren. Doch ein Philosoph wie THALES ist eben nicht bloß am Naheliegenden interessiert: »Was aber der Mensch überhaupt ist, danach sucht er und müht sich es herauszufinden«, ist bei PLATON nachzulesen. – Wer so weiter fragt, ist ein Philosoph oder eine Philosophin.

Grundfragen der Philosophie

Die Ethik ist ein Teilgebiet der Philosophie. Im Unterschied zur Moral, mit der jeder Mensch Handlungen auf »gut« und »böse« beurteilt, erörtert die Ethik allgemein-vernünftige Grundlagen unserer moralischen Fragen und Antworten.

Die Ethik ist eingebettet in ein System dreier grundlegender philosophischer Fragen. IMMANUEL KANT* hat sie so formuliert:

1. Was kann ich wissen?
2. Was soll ich tun?
3. Was darf ich hoffen?

Die erste Frage untersucht die Bedingungen menschlichen Wissens: Welche Rolle spielen sinnliche Wahrnehmungen und Verstandestätigkeiten bei der Bildung von Erkenntnis? Was ist für uns überhaupt »Realität«, »Wirklichkeit«, »Objektivität« und was können wir davon wissen?

Die zweite Frage zielt auf die Anwendung von Wissen unter moralischen Gesichtspunkten: Hier geht es um den Sinn von »Freiheit«, »Verantwortung« und »Moralität« – der eigentliche Bereich der Ethik.

Die dritte Frage erörtert Grenzen der Vernunft: Wo finde ich Glück oder letzte Orientierung? Welchen Sinn haben »Kunst«, »Geschichte« und »Religiosität«?

Kant meinte, dass sich die drei Disziplinen der Philosophie auf die eine Grundfrage beziehen: WAS IST DER MENSCH?

Philosophische Projektideen

1. Ethik 9/10 – vorwärts und zurück blättern:
– Sucht nach Namen und Bildern von Philosophinnen und Philosophen. Schlagt nach, wann sie gelebt haben, was ihre wichtigsten Aussagen waren.
– Findet heraus, welcher der drei Kantischen Fragen die einzelnen Kapitel zuzuordnen sind und was ihre philosophischen Eigenarten ausmacht.

2. Menschenbilder ›sammeln‹:
– Forscht nach Material aus Medien, Werbung und Politik zu aktuellen Diskussionen um den Menschen.
– Mit welchen Worten und Begriffen wird vom Menschen geredet? Welche Rolle spielt jeweils die »Würde*« des Menschen?
– Überlegt, was jeder einzelne Mensch konkret tun kann, um Bedingungen für gelingendes Menschsein für sich und andere zu schaffen.

3. Mensch und Wissenschaft unter die Lupe nehmen:
– Was ist der Mensch? Findet heraus, welche Antworten die Wissenschaften anbieten: Biologie, Medizin, Geschichte, Psychologie, Soziologie, Religions-, Musik- und Kunstwissenschaften.
– Vergleicht die Ergebnisse mit der philosophischen Frage nach dem »Wesen« des Menschen.

4. Menschsein – Mut zum Träumen:
Ruft eine Zukunftswerkstatt* ins Leben, indem ihr Vorschläge für ein menschliches Leben von morgen entwickelt: Foto-Collagen, Gedichte, Meditationen, Expertenbefragungen und so weiter …

Namen und Begriffe

Adoleszenz
Lateinischer Ausdruck für das »Jugendalter«, die Zeit zwischen der Geschlechtsreife und dem Erwachsenenleben. ↗ 9

Aristoteles
lebte um 384 bis 322 v. Chr. und darf als der bedeutendste systematische Philosoph des griechischen Altertums gelten. Neben seiner Wissenschafts-, Erkenntnis- und Naturphilosophie sind auch Aristoteles' ethische Schriften bis heute wichtig. Aristoteles argumentierte dafür, dass das höchste menschliche Gut im Glück zu sehen sei, welches im Tätigsein gemäß der eigenen »Tüchtigkeit« oder Tugend* bestehe. Als moralische Norm galt ihm, im tugendhaften Handeln stets die ausgleichende »Mitte« zwischen einem Zuviel und einem Zuwenig zu suchen: So liegt z. B. das »tapfere« Handeln in der Mitte zwischen Feigheit und Verwegenheit, die »Freigebigkeit« zwischen Verschwendungssucht und Geiz usw. ↗ 64, 67, 74

Asket
Wer sich einer besonderen Lebensaufgabe widmet, kann sich im Extremfall einer streng enthaltsamen Lebensweise unterziehen: z. B. regelmäßig fasten, auf Besitz und Karriere verzichten und keusch leben. Die freiwilligen Selbstbeschränkungen (Übungen) eines Asketen sind häufig religiös motiviert – zwecks körperlich-geistiger Selbstüberwindung. ↗ 154

Atheismus
Verneinung der Existenz Gottes. Schon in der Antike gab es Menschen, die die Existenz Gottes in Frage gestellt oder verneint haben. Im 19. Jahrhundert entstand eine breite Bewegung von Menschen, die aus philosophischen oder »wissenschaftlichen« Gründen eine antireligiöse Grundeinstellung annahmen. Seit den Menschheitsverbrechen der Nationalsozialisten ist ein altneues Problem ins Blickfeld gerückt: Wie kann Gott ebenso gütig wie allwissend und allmächtig sein, wenn er die Ausrottung ganzer Menschengruppen zulässt? In den letzten Jahrzehnten haben atheistische und religiöse Humanisten begonnen, trotz weltanschaulicher Unterschiede nach ethischen Gemeinsamkeiten zu suchen – z. B. im Einsatz für die Menschenrechte. ↗ 158,160

Autonomie
bedeutet wörtlich »Selbstgesetzgebung« und meint die Fähigkeit des Menschen, die Grundsätze seines Handelns selbst und eigenverantwortlich zu bestimmen (und sie sich nicht von anderen vorgeben zu ↗ 13

lassen: »Heteronomie«). Selbstbestimmt zu handeln hieß im Verständnis der europäischen Aufklärung vor allem, der eigenen Gewissensstimme und somit der Moral zu folgen. In der Moderne wurde der Begriff der Autonomie immer mehr von der Moral gelöst oder ihr sogar entgegengesetzt. Der »inneren Stimme« zu folgen, hieß nun vor allem, das je eigene Lebens-»Gesetz« zu finden, das in jedem Menschen verschieden sei und sein Leben einzigartig mache. Je weiter sich die autonome Lebensweise jedoch von moralischen und gemeinschaftsbildenden Bindungen und Werten löst, desto mehr führt sie den Einzelnen auch in die soziale Vereinsamung.

chassidisch (auch: Chassidismus)

Die um die Mitte des 18. Jahrhunderts in Polen entstandene jüdische Erneuerungsbewegung der »Chassiden« betont, dass Gott die ganze Schöpfung durchdringe. Zur Frömmigkeit dieser Mystiker* gehören Freude, Tanz und Musik. Martin Buber hat in seinen »Erzählungen der Chassidim« dieser Bewegung ein Denkmal gesetzt. ↗ 148

Chidr

Nach islamischer Vorstellung ein unbekannter »Prophet-Heiliger«. Die mythische Figur taucht als »Helfer der verirrten Wanderer und Führer der Suchenden« auf (Annemarie Schimmel). ↗ 145

Conditio humana

Eine oder (besser) »die Grundbedingung des Menschseins«. Es gibt biologische Lebensbedingungen wie Nahrung und Schlaf. Darüber hinaus ist jeder Mensch auch auf soziale Lebensbedingungen angewiesen, zu denen sprachliche Verständigung und Anerkennung in einer Gemeinschaft gehören. Ein gelingendes und erfülltes Leben erfordert darüber hinaus die Beteiligung an einer sozial anerkannten Tätigkeit (Arbeit), Spiel und gelegentliche Selbstbesinnung (Muße). ↗ 53

Descartes, René

Als Zeitgenosse Galileo Galileis lebte der französische Naturwissenschaftler, Mathematiker und Philosoph (1596 bis 1650) in einer Umbruchszeit: Jahrhundertealte weltanschauliche Überzeugungen (»Die Erde ist das unbewegliche Zentrum des Universums.«) wurden durch naturwissenschaftliche Entdeckungen in Frage gestellt. Descartes fragte sich immer wieder, wie der Mensch zu sicherem Wissen über die Welt und seinen Platz in ihr gelangen kann. Berühmt wurde er für die Methode des radikalen Zweifels, die zunächst alles zurückweist, worin wir uns täuschen könnten. Auch daher gilt Descartes als »Vater der modernen Philosophie«. ↗ 191, 195

Dunant, Henri

Der schweizerische Schriftsteller lebte von 1828 bis 1910. Unter dem Eindruck eigener Kriegserlebnisse regte er 1862 die Gründung einer neutralen Hilfsorganisation an, aus der später das »Internationale Rote Kreuz« hervorging. 1864 gelang ihm die Durchsetzung eines Abkommens zum Schutz der Verwundeten, Kriegsgefangenen und Zivilisten. Diese »Genfer Konvention« ist im Kern bis heute gültig und wird von nahezu allen Staaten der Erde respektiert – zumindest auf dem Papier. 1901 erhielt Dunant den Friedensnobelpreis.

↗ 130

Entwicklung, nachhaltige

Sie strebt einen zukunftsfähigen Ausgleich von Mensch und Natur an. Die »Weltkommission für Umwelt und Entwicklung« definierte 1987 ihr neues Leitbild wie folgt:
»Unter dauerhafter Entwicklung verstehen wir eine Entwicklung, die den Bedürfnissen der heutigen Generation entspricht, ohne die Möglichkeiten der zukünftigen Generationen zu gefährden, ihre eigenen Bedürfnisse zu befriedigen und ihren Lebensstil zu wählen. Die Forderung, diese Entwicklung dauerhaft zu gestalten, gilt für alle Länder und Menschen.«
Die Zielbestimmung nachhaltiger Entwicklung ist in drei Ansätzen weiterentwickelt worden – im Konzept
– einer ökologischen Modernisierung: »doppelter Wohlstand – halbierter Naturverbrauch«;
– eines ökologisch orientierten Strukturwandels: ökologische, ökonomische und soziale Aspekte bestimmen gleichberechtigt einen erweiterten Wohlstandsbegriff;
– einer nachhaltigen Regionalentwicklung durch Unterstützung humanitärer Nichtregierungsorganisationen (»NGOs«), die als die treibenden Kräfte einer globalen Demokratisierung angesehen werden: »think global – act local«.

↗ 183

Familie

Bis heute ist umstritten, was unter »Familie« zu verstehen ist. Der gängige Familienbegriff umfasst Ehepaare und Alleinerziehende mit ihren noch zum Haushalt gehörenden ledigen Kindern, schließt aber zunehmend auch kinderlose Lebenspartner und solche, deren Kinder schon erwachsen sind, ein.
Hervorstechendes Kennzeichen einer Familie sind Stabilität (Nichtaustauschbarkeit) und Dauerhaftigkeit der Beziehungen ihrer Angehörigen. Immer mehr Definitionen beziehen daher ausdrücklich auch gleichgeschlechtliche Lebensgemeinschaften in den Familienbegriff ein.

↗ 29, 33, 34, 36, 38

Freud, Sigmund

Österreichischer Nervenarzt (1856 bis 1939), der 1938 als Jude vor den Nationalsozialisten nach London flüchtete. Er entwickelte das Verfahren der Psychoanalyse. Es beruht auf Theorien vom »Unbewussten«, von der »Verdrängung« und der Triebhaftigkeit des menschlichen Lebens. Freud versuchte, seelische Vorgänge und Störungen umfassend zu erklären und zu behandeln. Seine Lehre von unbewussten psychischen Vorgängen hat das herkömmliche Selbstverständnis des Menschen als vernunftgeleitetes Lebewesen grundsätzlich erschüttert.

↗ 13

Heidegger, Martin

Deutscher Philosoph, der von 1889 bis 1976 lebte und als einer der wichtigsten Vertreter der Existenzphilosophie gilt. Charakteristisch für Existenzphilosophen ist die Überzeugung, dass die »Essenz«, d. h. das Wesen des Menschen, in seiner «Existenz« bestehe. Nach ihr gibt es keine ein für allemal festgelegten Wesenseigenschaften des Menschen, sondern was oder wer er ist, hängt von seiner »Existenz«- oder Lebensweise ab. Für diese Lebensweise ist nach Heidegger kennzeichnend, dass der Mensch sie nicht bloß ›durchlebt‹, sondern sich auch »zu eigen« macht. Heideggers Analyse menschlicher Existenz kreist um das Problem, wie der Mensch angesichts der Endlichkeit und Unverfügbarkeit seines Lebens sein Dasein »auf sich nehmen« und zu einer selbstbestimmten Identität* finden kann.

↗ 140, 195

Idealismus

Die Lehre, dass die Welt abhängig ist vom »Geist« oder geistigen Begriffen: »Ideen«. Ihr Gegensatz ist der Realismus, demzufolge die Welt so ist wie sie ist – unabhängig davon, wie sie uns geistig oder »ideell« zugänglich ist.

↗ 189

Identität

Das lateinische Wort wird im Deutschen eher ungelenk mit »Selbigkeit« übersetzt. Dem Wortsinne nach handelt es sich um die völlige Gleichheit zweier Dinge. In Psychologie und Ethik geht es um die Übereinstimmung der persönlichen Ich-Identität (»Wer bin ich?«) mit der Einschätzung durch die Mitmenschen. Gemeint ist letztlich das »Im-Einklang-Mit-Sich-Selbst-Leben«.

↗ 15, 106, 162

Kalkül, hedonistisches

Es ist nach Jeremy Bentham das Kernprinzip der utilitaristischen Ethik: »Man addiere die Werte aller Freuden auf der einen und aller Leiden auf der anderen Seite« und suche das »größte Glück der größten Zahl.«

↗ 197, 199

Kant, Immanuel

Der Philosoph lebte von 1724 bis 1804 in Königsberg (Ostpreußen). Zur Zeit Kants war die Metaphysik, die Lehre von der »Seele«, der »Welt« im Ganzen und »Gott«, zu einem »Kampfplatz endloser Streitigkeiten« verkommen. Um zu untersuchen, ob und wie die Metaphysik »als Wissenschaft möglich« ist, hinterfragte Kant in seinem Hauptwerk, der »Kritik der reinen Vernunft«, Wissensansprüche auf die Bedingungen ihrer Berechtigung (»Erkenntnistheorie«). Dass Kant die definitive Beantwortbarkeit der ›letzten Fragen‹ verneinte, schockierte viele seiner Zeitgenossen.

↗ 13, 172, 191, 196, 198, 200

Auch den Bereich der Moral, also der Aussagen darüber, wie wir handeln sollen, untersuchte Kant im Hinblick auf die Bedingungen ihrer Geltung. Nach Kants Diagnose sind moralische Urteile bzw. Haltungen nur dann gerechtfertigt, wenn sie sich von dem »kategorischen Imperativ« anleiten lassen, der die Verallgemeinerbarkeit der eigenen Handlungsgrundsätze fordert – ohne Blick auf die Konsequenzen und eigenes Wohlergehen (»Pflichtethik«). In Kants Schriften steht die Eigenverantwortlichkeit und Selbstbestimmung (»Autonomie«*) des Menschen im Vordergrund: »Habe den Mut, dich deines eigenen Verstandes zu bedienen!« Damit gehört der deutsche Philosoph zu den bedeutendsten Wegbereitern der europäischen Aufklärung und der Französischen Revolution.

Kolonisation

Inbesitznahme, Erschließung und Besiedlung einer auswärtigen Region oder eines Landes durch Angehörige einer technologisch überlegenen Kultur.

↗ 163

Makrokosmos

Die griechische Wortzusammensetzung bedeutet »die große Welt« (Weltall): Unsere Erde ist einer von insgesamt neun Planeten, die die Sonne umkreisen. Unsere Sonne ist einer der ca. 200 Milliarden Sterne, die das Zentrum der Milchstraße, unserer Galaxis, umkreisen. Im gesamten Universum gibt es schätzungsweise 100 Millionen Galaxien. Sie schließen sich zu »Galaxienhaufen« zusammen, die wiederum »Superhaufen« bilden. Alle Materie im Weltall wird durch die Schwerkraft (»Gravitation«) zusammengehalten.

↗ 155, 190

Mikrokosmos

Das Wort besteht aus zwei Bausteinen der griechischen Sprache: »mikros« (klein) und »kosmos« (Ordnung/Welt), als Gesamtbegriff: »die kleine Welt«. Nach dem Atommodell besteht das Atom aus Elektronen, Neutronen und Protonen. Das Neutron setzt sich aus Quarks und Gluonen zusammen. In jüngerer Zeit führen Teilchenphysiker die

↗ 155, 190

Materie auf noch grundlegendere Einheiten von fadenförmiger Struktur zurück, die (nach dem Bild von »Saiten«) »Superstrings« genannt werden.

Mystik(er)

Mystik ist eine religiöse Erfahrungs- oder Lebensweise, die dem Mysterium (»Geheimnisvollen«) der letzten Realität gewidmet und letztlich unsagbar ist. Mystiker und Mystikerinnen der monotheistischen Religionen deuten ihre Erfahrungen als erkennende bzw. liebende Vereinigung mit »Gott«. Mystiker anderer, vor allem asiatischer Religionen beziehen die Vereinigung mit der letzten Wirklichkeit eher auf eine »kosmische Harmonie«, das »Sein« oder aber auf das »Nichts« bzw. die »Leere«. Da mystische Erfahrungen ohne äußere Vermittlung angestrebt werden, passen sich Mystiker nur selten den Lehren etablierter Religionen an. Im Mittelalter und in der frühen Neuzeit wurden Mystiker/innen, die ihre private Gotteserfahrung über die Autorität der kirchlichen Glaubensauslegung stellten, häufig als »Ketzer« verfolgt.

↗ 143, 145, 164

Person

Das Wort leitet sich aus dem lateinischen »persona« her, das ursprünglich die Maske und Rolle des Schauspielers meint. Aus psychologischer Sicht verkörpert eine »Person« die leiblich-seelisch-geistige Einheit des Menschen. In moralischer Hinsicht schließt der Begriff »Person« auch die Fähigkeit zu selbstbestimmtem und verantwortlichem Handeln ein. Diese Definition bedeutet aber nicht, dass ein Mensch, der (noch) nicht fähig ist, so zu handeln (z. B. ein Kleinkind), nicht zu respektieren wäre: Die Würde* eines Menschen ist auch dann unantastbar, wenn dieser (noch) nicht moralfähig ist.

↗ 9, 14

Platon

In der Begegnung mit dem berühmten griechischen Philosophen Sokrates entdeckte Platon (427–347 v. Chr.) sein eigenes philosophisches Interesse und zugleich die Hauptfigur seiner philosophischen Schriften. Seine zahlreich überlieferten Schriften enthalten literarisch kunstvolle (›schöne‹) Dialoge, in denen Sokrates philosophische Wesensfragen verhandelt (»Was ist Erkenntnis?«/«das Wahre?«/«das Gute?« usw.). Die dialogisch-argumentierende Art des sokratischen Philosophierens versteht sich als eine geistige ›Hebammenkunst‹, die hilft, ohne eigene geistige Zutat das zu ›gebären‹, was der oder die Befragte bereits ›in sich trug‹. Im »Wissen« um das eigene »Nichtwissen« geht es Sokrates in den Dialogen stets darum, zu logisch konsequentem Selbstdenken und zur Selbstverständigung in philosophischen Fragen anzuregen.

↗ 21, 82, 188, 200

Einer der wichtigsten Ansätze der Philosophie Platons ist die Ideenlehre (vgl. auch Idealismus*). Platon unterschied die in Raum und Zeit wahrnehmbaren und veränderlichen Einzeldinge (z. B. einzelne Katzen) von deren Wesen (die »Katzenheit«), das er in den nicht raumzeitlich erfahrbaren, ewigen und unveränderlichen Ideen (der Idee der »Katze«) sah. Sicheres Wissen von der ›flüchtigen‹ Sinneswelt hielt Platon für unmöglich und verlegte es daher in die Ideenwelt.

Skeptizismus

Die Ansicht, dass der Mensch nichts Verlässliches über die Welt wissen ↗ 191
kann: Um Wissen über die Welt haben zu können, sagen Skeptiker, müssen wir die Möglichkeit umfassender Täuschungen (z. B. die Annahme von der Computer-Simulation unserer »Realität«, vgl. S. 191) ausschließen können. Doch die Täuschungsannahme lässt sich nicht im Rückgriff auf die menschliche Sinneserfahrung (»empirisch«) widerlegen, weil alle Erfahrungsbelege, die gegen sie geltend gemacht werden mögen, ihrerseits unter die Täuschungsannahme fallen. Daraus folgern Skeptiker, dass das, was der Mensch gewöhnlich für Wissen hält, echtes Wissen weder ist noch jemals sein kann.

Stoiker

waren Anhänger/innen einer philosophischen Strömung der Antike. ↗ 75
Sie gliederten die Philosophie in die Einzelwissenschaften der Logik, Physik und Ethik. Im Zentrum der »Stoa« (ursprünglicher Versammlungsort der Stoiker in Athen) stand die Ethik. Das stoische Ideal strebte eine tugendhafte Lebensweise an – geprägt von Gelassenheit und Leidenschaftslosigkeit, in Übereinstimmung mit der göttlichen Vernunft.

Strategie(n)

Der Begriff stammt aus der Militärsprache. Im übertragenen Sinne ist ↗ 124, 127
»Strategie« die umfassende und langfristige Planung eines Vorhabens, das zu einem vorab festgesetzten Ziel führen soll.

Synkretismus

bezeichnet nach einer alten griechischen Überlieferung den Zusam- ↗ 164
menhalt (»syn«) einer Gruppe (der »Kreter«) gegen einen äußeren Feind – trotz bestehender innerer Uneinigkeiten oder Spannungen.
Heute ist »Synkretismus« gleichbedeutend mit der Verschmelzung unterschiedlicher religiöser oder philosophischer Lehren und Kulte zu einer neuen Weltanschauung.

Thales von Milet
war ein griechischer Naturphilosoph und Astronom (um 600 v. Chr.), dessen mathematisch ausgerichteten Beobachtungen zum Teil heute noch Grundlage von Rechenoperationen sind.

↗ 200

Transfair (auch: TransFair)
Das »Transfair«-Siegel zeichnet Kaffee und mittlerweile viele andere Waren (Kakao, Bananen, Honig, Tee) aus, die den Produzenten zu einem fairen Preis, der deutlich über dem Weltmarktniveau liegt, abgekauft werden. Statt von Großplantagen kommt z. B. der fair gehandelte Kaffee von Kleinbauern oder Genossenschaften (»Kooperativen«). TransFair legt die Bedingungen des fairen Handels fest und kontrolliert sie. Im Januar 1999 hat sich TransFair mit »Rugmark«, einer Initiative gegen illegale Kinderarbeit in der Teppichindustrie, zusammengeschlossen.

↗ 183

Transzendenz (auch: Transzendieren)
ist dasjenige, was jenseits der Grenzen der sinnlichen Erfahrung oder des Bewusstseins liegt bzw. der Versuch, diese Grenzen zu überschreiten (sie zu »transzendieren«). Einige religiöse Überlieferungen sprechen von der Jenseitigkeit (Transzendenz) Gottes, die außerhalb der natürlichen Welt liege. Andere religiöse, aber auch weltliche Deutungen bringen den »Transzendenz«-Begriff mit (noch) unerfüllten Zukunftshoffnungen in Verbindung.

↗ 67, 69, 150, 194

Tugend(en)
sind die Fähigkeit zu einem moralisch guten Tun. Platon* benannte vier Kardinaltugenden (Weisheit, Besonnenheit, Tapferkeit und – vorgeordnet – Gerechtigkeit), Aristoteles* unterschied zwischen Verstandestugenden (Weisheit, Klugheit, Wissen und Können) und den ethischen Tugenden (die rechte Mitte zwischen zwei Extremen). Die mittelalterliche Philosophie ordnete die drei christlichen Tugenden (Glaube, Hoffnung, Liebe) den antiken Tugenden über. Typisch demokratische Tugenden sind Toleranz, Fairness, Zivilcourage sowie Kritik-, Konflikt- und Kompromissfähigkeit.

↗ 64, 77, 92

Werte
sind aus ethischer Sicht allgemein anerkannte Leitvorstellungen (Orientierungsstandards) für das Zusammenleben von Menschen, Gruppen oder Gesellschaften, z. B. das Recht auf Leben, Menschenwürde*, Freiheit, Gerechtigkeit und Frieden.

↗ 13, 89, 90, 92, 97, 108

Die philosophische Begründung, historische Herleitung, aber auch die inhaltliche Auslegung von Werten ist zum Teil strittig. Diskutiert wird auch, ob Werte allgemeingültig, übergreifend oder gar überzeitlich

(Wertabsolutismus) oder aber nur zeitbedingt gültig sind (Wertrelativismus). Kein demokratischer Staat kann ›von oben‹ bestimmen, welches das höchste Gut in einer Gesellschaft ist. So ist jeder Einzelmensch, jede Gruppe und auch jede Gesellschaft gefragt, in offener und fairer Diskussion ein Gleichgewicht zwischen wertrelativistischen und wertabsolutistischen Positionen zu finden.
Nach den wiederholten Erfahrungen schrecklicher Menschheitsverbrechen im 20. Jahrhundert sind bei uns und in vielen anderen Ländern bestimmte Werte zu »Grund«- oder »Menschenrechten« erklärt worden; sie sollen zu allen Zeiten und überall in gleicher Weise gelten.

Würde (auch: Menschenwürde)

Grundlage und Zweck aller allgemein anerkannten Werte* ist der Schutz der menschlichen Würde. Sie drückt sich in einer unantastbaren und einzigartigen Wertschätzung aus, die jeder menschlichen Person* zukommt.

↗ 8, 88, 131, 150, 163, 195, 201

Zukunftswerkstatt

Die gedankliche »Werkstatt« fußt auf den fantasievollen Ideen des Schriftstellers und Zukunftsforschers Robert Jungk. Im Raum der Schule ist die Zukunftswerkstatt als Projektidee bekannt geworden: Schüler/innen und Lehrer/innen, die das Überleben der Menschheit umtreibt, versuchen neue, heute noch ›unmögliche‹ Wege zu beschreiten, die die Würde des Menschen sichern helfen.

↗ 201

Gefragte Adressen

Arbeitsämter

In vielen Städten gibt es Arbeitsämter, die auch spezielle Beratungsangebote für Jugendliche anbieten, häufig im Rahmen so genannter Berufsinformationszentren: Ausbildungstipps im »Ausbildungs-Stellen-Informations-Service« (ASIS), Angebote aus dem »Stellen-Informations-Service« (SIS), aus dem Programm »Jugend mit Perspektive« (JUMP) und andere Hilfen.

www.arbeitsamt.de und www.sofortprogramm.de (JUMP)

Bündnis für Demokratie und Toleranz – gegen Extremismus und Gewalt

Das Bundesinnenministerium hat am 23. Mai 2000 ein Bündnis für Demokratie und Toleranz ins Leben gerufen. In Zusammenarbeit mit über 100 Initiativgruppen sollen bundesweit vorbildliche Projekte gegen Extremismus und Fremdenfeindlichkeit organisiert und gefördert werden: Das Motto der Kampagne lautet: »Hinschauen, Handeln, Helfen«. Angesprochen sind »Menschen, die ihre Gleichgültigkeit überwinden«:

Bundesministerium des Innern
11014 Berlin
Telefon: 01 88 86 81-0
E-Mail: poststelle@bmi.bund400.de

www.bmi.bund.de/demotol

Deutscher Bundesjugendring

Dieser Dachverband zahlreicher Jugendorganisationen verfügt über aktuelle Informationen zum Jugendaustausch und zu internationalen Arbeitsprojekten:

Haager Weg 44
53127 Bonn
Telefon: 02 28/9 10 21-0
E-Mail: info@dbjr.de

www.dbjr.de

Deutscher Entwicklungsdienst

Die gemeinnützige, überwiegend staatlich geförderte Einrichtung entsendet in Entwicklungsländer ausgesuchte Fachkräfte, die die Durchführung lebensnotwendiger oder besonders förderungswürdiger Projekte unterstützen:

Postfach 12 01 20
53043 Bonn
Telefon: 02 28/24 34-0

www.ded.de

Friedens- und Aufbauinitiativen
Zahlreiche Gruppen und Einzelinitiativen unterschiedlicher Herkunft setzen sich für interkulturelle Verständigung und für den Weltfrieden ein. Dazu zählen:
– Aktion Sühnezeichen Friedensdienste (überwiegend evangelisch); www.asf-ev.de
– Deutsche Friedensgesellschaft (DFG); www.dfg-vk.de
– EIRENE Internationaler Christlicher Friedens- und Entwicklungsdienst; www.eirene.org
– Kampagne gegen Wehrpflicht, Zwangsdienste und Militär; www.kampagne.de
– Pax Christi (katholisch); www.paxchristi.de
– Versöhnungsbund. www.friedensdienst.de/vb.html

Eine Übersicht über diese und weitere Gruppen und Initiativen findet ihr auch über Suchmaschinen wie www.yahoo.de (und dann weiter durchklicken über »Gesellschaft und Soziales«, »Frieden und Gewaltlosigkeit«, »Organisationen«). www.yahoo.de

Kinder- und Jugendtelefon
Ein kostenloses Beratungsangebot bieten Kinderschutzzentren sowie Familien- und Erziehungsberatungsstellen an.
Ein bundesweites Sorgentelefon (08 00/111 03 33) ist von Montag bis Freitag (15.00 bis 19.00 Uhr) erreichbar. www.kinderundjugendtelefon.de

Partnerschaftsberatung
In den meisten Städten oder Regionen gibt es Beratungsstellen zu Fragen der Partnerschaft, Sexualität und Familie sowie zu Schwangerschaftskonflikten. Zu den bekanntesten Trägern, deren Adressen ihr im Telefonbuch findet, gehören:
– Bundesverband der Arbeiterwohlfahrt (humanistisch); www.awo.de
– Deutsche AIDS-Hilfe (Beratung: 0 30/1 94 11);
– Deutscher Caritas Verband (katholisch); www.caritas.de
– »Donum vitae« (katholisch); www.donumvitae.de
– Diakonisches Werk (evangelisch); www.diakonie.de
– Jugendnetzwerk »Lambda Berlin« – Beratung von Schwulen und Lesben (Telefon: 0 30/282 79 90; E-Mail: info@lamda-berlin.de);
– Pro Familia (humanistisch). www.profa.de

Schüler-Notruf
Bei Problemen mit der Schule, mit Gewalt oder Drogen könnt ihr diskret Hilfe anfordern. www.schueler-notruf.de

Schule ohne Rassismus

Schulen, die aktiv gegen Rassismus vorgehen und sich für interkulturelle Verständigung einsetzen, können den Titel »Schule ohne Rassismus« erwerben. Das europaweite Projekt zeichnet sich dadurch aus, dass Schülerinnen und Schüler an ihrer Schule die Regie für ein antirassistisches Schulleben übernehmen:

Aktion Courage e.V. – SOS Rassismus
Postfach 26 44
53016 Bonn
Telefon: 02 28/21 30 61
E-Mail: sos@aktioncourage.org

www.aktioncourage.org/projekte/proj_sor/proj_sor.html

Stiftung Weltethos

Die Idee eines Weltethos' geht auf Überlegungen des katholischen Religionswissenschaftlers Hans Küng zurück. Demzufolge können die Weltreligionen nur dann einen Beitrag zum Weltfrieden leisten, wenn sie sich auf das ihnen jetzt schon Gemeinsame besinnen: auf gemeinsame Werte und Maßstäbe. Mit Hilfe privater Förderer gründete Küng 1995 die »Stiftung Weltethos«, um den Gedanken eines »Weltethos'« zu verbreiten:

Stiftung Weltethos
Waldhäuser Straße 23
72076 Tübingen
Telefon: 070 71/626 46
Fax: 070 71/61 01 40
E-Mail: office@www.weltethos.org

www.weltethos.org

Umweltorganisationen

Hierzulande gibt es über hundert Natur- und Umweltorganisationen, die in zahlreichen Regionen vertreten sind.
Zu den wichtigsten Verbänden zählen:
– Bundesverband der Bürgerinitiativen Umweltschutz (BBU);
Telefon: 02 28/21 40 32;
– Bund für Umwelt und Naturschutz in Deutschland (BUND);
– Greenpeace;
– Naturfreunde;
– Naturschutzbund Deutschland (NABU);
– Umweltstiftung World Wide Fund for Nature (WWF) Deutschland.
Welche Umweltorganisationen findet ihr in eurem örtlichen Telefonbuch?

www.bbu-online.de
www.bund.net
www.greenpeace.de
www.naturfreunde-d.de
www.nabu.de
www.wwf.de

Register (# nicht buchstabengetreue Wiedergabe)

Text- und Bildnachweis

Textnachweis

Umschlag Rose Ausländer: Sanduhrschritt. Gedichte, Frankfurt/Main: Fischer Taschenbuch Verlag 1994, S. 96 (© S. Fischer Verlag Frankfurt/Main). | **S. 8** Nach Giovanni Pico della Mirandola: Oratio de dignitate homini. Rede über die Würde des Menschen. Auf der Textgrundlage der Editio princeps hrsg. und übersetzt von Gerd von der Gönna, Stuttgart: Reclam Verlag 1997, S. 9 und 13. | **S. 9** Erik Erikson: Jugend und Krise. Die Psychodynamik im sozialen Wandel. Aus dem Englischen von Marianne von Eckardt-Jaffé, München: Deutscher Taschenbuch Verlag 1988, S. 85. | **S. 10f** Jens Pape: »Fliege ist Fliege!« Originalbeitrag. | **S. 10** Max Frisch: Meine Name sei Gantenbein In: Gesammelte Werke in zeitlicher Folge, Bd. 5, Frankfurt/ Main: Suhrkamp Verlag 1964, S. 74. | **S. 11** Nach Johann Peter Hebel: Seltsamer Spazierritt. In: Ders., Schatzkästlein des rheinischen Hausfreundes, Stuttgart: Reclam Verlag 1981, S. 116f. | **S. 12f** Jens Pape: Die innere Stimme. Originalbeitrag. | **S. 13** Johann Wolfgang von Goethe: Vermächtnis. In: Wilhelm Meisters Wanderjahre oder die Entsagenden (1829), Sämtliche Werke nach Epochen des Schaffens, Band 17, Münchner Ausgabe, hrsg. von Karl Richter, München: Hanser Verlag 1991, S. 539 (Auszug). | **S. 13** Hans Arndt: Im Visier. Aphorismen und Fabeln, München: Georg Müller Verlag 1959, S. 38. | **S. 14f** Jens Pape: Die Kinder, die ich war. Originalbeitrag. | **S. 15** Bertolt Brecht: Radwechsel. In: Große kommentierte Berliner und Frankfurter Ausgabe, Bd. 12: Gedichte 2, Frankfurt/Main: Suhrkamp Verlag 1988, S. 310 (© Copyright 1964 by Stefan S. Brecht; alle Rechte vorbehalten durch Suhrkamp Verlag). | **S. 16** Nach David Hume: Über den Verstand. In: Ein Traktat über die menschliche Natur, übersetzt von Thomas Lipps, Hamburg: Felix Meiner Verlag 1978, S. 32f. | **S. 16** Thomas Reid: Essays on the Intellectual Powers of Man (Essay 3, Kapitel 4). In: Inquiry and Essays, Indianapolis: Bobbs-Merrill 1975, S. 212. Zitiert nach Jay F. Rosenberg: Philosophieren. Ein Handbuch für Anfänger, übersetzt von Brigitte Flickinger, Frankfurt/Main: Vittorio Klostermann 1986, S. 181. | **S. 18** Jens Pape: Der Film des Lebens. Originalbeitrag. | **S. 18** Adolph Freiherr von Knigge: Über den Umgang mit Menschen, hrsg. von Gert Ueding, mit Illustrationen von Chodowiecki u. a., Frankfurt/Main: Insel Verlag 1997, S. 142, 150 (Auszüge). | **S. 18** Zitat eines französischen Adligen. Aus Neil Postman: Das Verschwinden der Kindheit. Aus dem Amerikanischen von Reinhard Kaiser, Frankfurt/Main: Fischer Taschenbuch Verlag (12. Auflage) 1999, S. 71. | **S. 19** Milan Kundera: Die unerträgliche Leichtigkeit des Seins. Aus dem Tschechischen von Susanna Roth, Frankfurt/Main: Fischer Taschenbuch Verlag 1987, S. 11f, © Carl Hanser Verlag, München/Wien 1984. | **S. 20f** Nacherzählt nach Platon: Phaidon, 59c–69e, 60a–c, 103a–118a. In: Werke in 8 Bänden; griechisch und deutsch. Hrsg. von Gunther Eigler, deutsche Übersetzung von Friedrich Schleiermacher, bearbeitet von Dietrich Kurz, Darmstadt: Wissenschaftliche Buchgesellschaft 1990 (Sonderausgabe), S. 9-43, 155-207. | **S. 22** Günther Anders: Der Blick vom Turm. Fabeln. Mit 12 Abbildungen nach Lithographien von A. Paul Weber, München: C. H. Beck Verlag 1968, S. 78. | **S. 22f** Peter Grün: Organspende; Tun und Leiden. Originalbeiträge. | **S. 28** Nach Josefa Halbinger. Jahrgang 1900. Lebensgeschichte eines Münchner Arbeiterkindes, nach Tonbandaufzeichnungen zusammengestellt und niedergeschrieben von Carlamaria Heim, München: Obalski & Astor, 5., erweiterte Auflage 1987, S. 17, 43-45 und 67-69 (Auszüge). | **S. 28f** Monika Maron: Pawels Briefe. Eine Familiengeschichte, Frankfurt/Main: S. Fischer Verlag 1999, S. 25f und 32f (Auszüge). | **S. 29** Elisabeth Alexander: Anders. In: Ich bin kein Pferd (Lyrikspectrum 3), Leverkusen: et cetera. Literarischer Verlag Helmut Braun 1976, S. 42. | **S. 30** Zitat »Rita« nach: Renate-Berenike Schmidt/Michael Schetsche: Jugendsexualität und Schulalltag (Reihe »Schule und Gesellschaft«, Band 17), Opladen: Verlag Leske + Budrich 1998, S. 163. | **S. 30** Zitat »Moritz«. Aus: Jeder fühlt das anders. Fünf Teenager erzählen, was für sie guter Sex ist und wie sie aufgeklärt wurden. In: Der Spiegel, Nr. 50, 7.12.1998, S. 122 (Auszug). | **S. 30** Zitat »Robert«. Aus: Barbara Esser u. a.: Jugend 2000. Die romantischen Realisten, in: Focus, München: Nr. 12, 20.3.2000, S. 63. | **S. 30** Focus-Repräsentativumfrage. Aus: Barbara Esser, a. a. O., S. 65. | **S. 30** Margarete Hannsmann: Liebe. In: Aber besoffen bin ich von dir. Liebesgedichte. Hrsg. von Jan Hans, Reinbek: Rowohlt Verlag 1979, S. 95. | **S. 31** Zitat »Treue«. Aus: Christine Lange/Irene Müller:

Starke Mädchen, schwache Momente. Alles über Anmache, Liebe und Partnerschaft. Für Mädchen, Reinbek: Rowohlt Verlag 1998, S. 140. | **S. 31** Heinar Kipphardt: Angelsbrucker Notizen. Gedichte. Mit 10 Tuschzeichnungen von HAP Grieshaber, München: AutorenEdition bei C. Bertelsmann, München 1977, S. 166. | **S. 31** Zitat »Siegfried Macht«. Aus: Wolfgang Christmann (Hrsg.), Sexualität. Lust, Kultur, Moral. Materialdienst des VKR Niedersachsen Nr. 2, Hannover 1992, S.12 (© Wolfgang Christmann, Postfach 263, 31236 Ilsede). | **S. 32** Was ist Sexualität? Nach Hanne-Lore von Canitz: Liebe? – Oder Sex oder Stress – oder was ...?: Ein offenes Buch für Jugendliche und Eltern zum Thema Pubertät, Sexualität und Partnerschaft, Recklinghausen: Bitter Verlag 1990, S. 111f. | **S. 32** Wann beginnt Sexualität? Nach Matthias Frings/Elmar Kraushaar (Hrsg.), Heiße Jahre. Das Ding mit der Pubertät, Reinbek: Rowohlt Verlag 1994, S. 87f. | **S. 32** Sex ist nicht gleich Sex. Nach Christine Lange/Irene Müller: Starke Mädchen, schwache Momente, a. a. O., S. 82f. | **S. 32** Datenmaterial laut Emnid-Umfrage. Aus: Der Spiegel, Nr. 50, 17.12.1998. S. 114f. | **S. 33** Helmut Kentler: »Jeder Mensch ist bisexuell«. In: Brigitte, Hamburg: Gruner + Jahr, Nr. 24, 11.11.1992, S. 158 (Auszüge). | **S. 34** Petra Moritz: Träumen von der Zukunft. Originalbeitrag. | **S. 34** Datenmaterial aus Quellen des Statistischen Bundesamtes. | **S. 35** Trends (Fallbeispiele 2 bis 4). Nach Jugendwerk der deutschen Shell (Hrsg.): Jugend '92. Lebenslagen, Orientierungen und Entwicklungsperspektiven im vereinten Deutschland, Band 3: Die neuen Länder: Rückblick und Perspektiven, Opladen: Leske + Budrich 1992, S. 287; Jugendwerk der deutschen Shell (Hrsg.): Jugend 2000, Band 2, a. a. O., S. 277 und 284. | **S. 36** Hania Luczak: Familien-Psychologie. Die unheimliche Macht des Clans. In: GEO, Hamburg: Gruner + Jahr, Heft 3, 2000, S. 23. | **S. 36** Nach Kathrin Aehnlich: Wenn ich groß bin, flieg ich zu den Sternen, Gustav Kiepenheuer Verlag: Leipzig 1998, S. 5ff (Auszüge) | **S. 36f** Liebeserklärung an einen Sohn. Nach Ralf Hoppe: ... Vater sein dagegen sehr. In: Spiegel special, Hamburg: Heft 12, 1997, S. 78-81 (Auszüge) | **S. 37** Daniel N. Stern: Tagebuch eines Babys. Was ein Kind sieht, spürt, fühlt und denkt, München: Piper Verlag (Taschenbuchausgabe) 1993, S. 121. | **S. 38** Statistische Daten. Aus: Wolfgang Gaiser: Familienalltag. Ein Report des Deutschen Jugendinstituts. Frauensichten – Männersichten, Reinbek: Rowohlt Taschenbuch Verlag 1989, S. 123. | **S. 38f** »Scheiden tut weh ...«: Nach Dirk van Versendaal: »Deine Tochter feiert Weihnachten mit mir«. In: Brigitte special »Männer«, Hamburg: Gruner + Jahr, Heft 3, 1999, S. 15ff (Auszüge). | **S. 39** Frei nach Bundeszentrale für politische Bildung (Hrsg.): Zeitlupe – Familie. Heft 37, Bonn 1999, S. 15f. | **S. 44** Ludwig Bechstein: Das Schlaraffenland (Auszüge). In: Deutsche Märchen und Sagen, Berlin: Aufbau-Verlag 1960, S. 144-148. | **S. 45f** Zitate »Andreas Kreuzer«, »Paul-Josef Raue« und »Arbeitswissenschaftler«. Aus: PZ, Nr. 95, September 1998: Die Welt der Arbeit von morgen, hrsg. von der Bundeszentrale für politische Bildung, Bonn, S. 3f und 27 (gekürzt). | **S. 46f** Ruth Bamela Engo-Tjega: Die Zukunft Afrikas. Frauenarbeit im informellen Sektor (Auszüge). In: Ulrich Beck (Hrsg.), Schöne neue Arbeitswelt. Vision: Weltbürgerschaft, Frankfurt/Main und New York: Campus Verlag 1999, S. 210-213 und 208. | **S. 47** Zitat »Wirtschaftswissenschaftler«. Aus: Ali Wacker/Gerd Weiberg: Arbeit macht das Leben süß. In: Mensch – Natur - Technik, Seelze: Friedrich Verlag, Jahresheft XVII, 1999, S. 24 (Auszug). | **S. 47** Zitat »Karl Marx«. Aus: Das Kapital. In: Karl Marx/Friedrich Engels: Werke, Band 23, Berlin: Dietz-Verlag 1969, S. 192 (Auszug). | **S. 48** Die Bibel. Evangelische Haupt- und Bibelgesellschaft zu Berlin, 1962, S. 16ff (zusammenfassende Auszüge). | **S. 48** Vergil: Lied vom Landbau. In: Werke in einem Band, Berlin und Weimar: Aufbau-Verlag 1987, S. 63. | **S. 48** Renato Ruggiero: Dienstleistungen in einer Wirtschaft ohne Grenzen. In: Klaus Mangold (Hrsg.), Die Welt der Dienstleistung. Perspektiven für Arbeit und Gesellschaft im 21. Jahrhundert, Frankfurt/Main: Frankfurter Allgemeine Zeitung und Wiesbaden: Betriebswirtschaftlicher Verlag Dr. Th. Gabler 1998, S. 94. | **S. 49** Ulrich Beck: Zwölf Thesen. In: Ders. (Hrsg.), Schöne neue Arbeitswelt. Vision: Weltbürgerschaft, Frankfurt/Main und New York: Campus Verlag 1999, S. 189 und 190 (Auszüge). | **S. 50f** Nach Erika Martens: Verloren in der Zeit (Auszüge) und Randspalte »Kontraste«. Aus: Die Zeit: Hamburg, Nr. 45, 31. Oktober 1997, S. 33-34. | **S. 51f** Nach Ulrich Beck: Zwölf Thesen. In: Ders. (Hrsg.), Schöne neue Arbeitswelt, a. a. O. 1999, S. 18f, 12, 13 und 182. | **S. 52** Jeremy Rifkin: Das Ende der Arbeit und ihre Zukunft, Frankfurt/Main: Fischer Taschenbuch Verlag 1998, S. 217f (Auszug). | **S. 52** Dominique Schnapper: Wider das Ende der Arbeit. In: Klaus Mangold (Hrsg.), Die Welt der Dienstleistung, a. a. O., S. 135f (Auszug). | **S. 52f** Klaus Zwickel: Streiten für Arbeit, Berlin: Aufbau Taschenbuch Verlag 1998, S. 12, 24, 121-126 (Auszüge). | **S. 53** Randspaltentext nach Meinhard Miegel, Dienstleistung durch Flexibilisierung – oder gar nicht. In: Klaus Mangold (Hrsg.), a. a. O., S. 107f. | **S. 54f** Erich Kästner: Gemischte Gefühle. In: Gesammelte Schriften, Zürich: © Atrium Verlag 1969; zitiert aus: Erich Kästner: Gemischte Gefühle. Literarische Publizistik aus der »Neuen Leipziger Zeitung« 1923-1933. Band 1, Berlin und Weimar: Aufbau-Verlag 1989. S. 294ff (leicht gekürzt). | **S. 55** Friedrich Schorlemmer: Die Tugend des Dienens. In: Klaus Mangold (Hrsg.), Die Zukunft der Dienstleistung. Fakten – Erfahrungen – Visionen, Frankfurt/Main: Frankfurter Allgemeine Zeitung und Wiesbaden: Betriebswirtschaftlicher Verlag Dr. Th. Gabler 1997, S. 23 (Auszug). | **S. 55** Nach Klaus Mangold (Hrsg.), Die Welt der Dienstleistung, a. a. O., S. 33, 71, 86f. | **S. 56** Gabriele Heymann: Mit dreizehn hat man noch Träume ... In: Schüler 1998. Zukunft, Seelze: Erhard Friedrich Verlag, S. 78f. | **S. 57** Nach Erich Raab: Jugend sucht Arbeit. In: Aus Politik und Zeitgeschichte: Bonn, B 25, 13. Juni 1997, S. 3, 9 und 10. | **S. 58f** Ursula Wilke: Interviews und Gespräche, 1999/2000. Originalbeiträge. | **S. 59** Zitat »Berufsmensch«. Aus: Karlheinz A. Geissler: Zukunft ohne Berufe. In: Schüler 1998, a. a. O, S. 46f. | **S. 60** Nach Heinz Leymann (Hrsg.), Der neue Mobbing-Bericht, Reinbek: Rowohlt Verlag 1995, S. 17 und 95. | **S. 60f** Nach Horst Kasper: Mobbing in der Schule, Lichtenau: AOL-Verlag 1998, S. 185 und 199. | **S. 62f** Nach Richard Sennett: Der flexible Mensch. Die Kultur des neuen Kapitalismus, Berlin: Berlin Verlag 1998, S. 10, 57 und 81-97 (gekürzt). | **S. 64** Grafikdaten nach Focus, Nr. 6, 7.2.2000, S. 72 (»PC, Pommes und Profit«). | **S. 64** Aristoteles: Politik VII, 15, 1334a; zitiert nach Aristoteles: Politik, Stuttgart: Philipp Reclam Jun. 1989, S. 358f. | **S. 65** Zitate aus: Susanne Beyer/Nikolaus von Festenberg/ Reinhard Mohr: Die jungen Milden. In: Der Spiegel (Hamburg), Nr. 28, 12.7.1999, S. 97, 94f und 105 (»Wir sind alle Konsumäffchen«, N. N.). | **S. 66** Wolfgang Keuntje: Wie wir uns morgen vergnügen werden. In: Michael Rutz (Hrsg.), Die Byte-Gesellschaft, München: Olzog Verlag 1999, S. 241-244 (gekürzt). | **S. 66** Marcel Proust: Auf der Suche nach der verlorenen Zeit. 7. Die wiedergefundene Zeit, Berlin: Rütten & Loening 1976, S. 232. | **S. 67** Michael Ende: Momo oder die seltsame Geschichte von den Zeit-Dieben, Stuttgart und Wien: Thienemanns Verlag 1973, S. 157. | **S. 72** Datenmaterial laut Emnid-Umfrage. Aus: Deutsches Allgemeines Sonntagsblatt: Hamburg: Nr. 25, 19.06.1998, S. 3. | **S. 73** Karl Krolow: Gesammelte Gedichte, Frankfurt/Main: Suhrkamp Verlag 1965, S. 137f. | **S. 74f** Zitat »Aristoteles«. Aus: Joachim Ritter: Wörterbuch der Philosophie, Band 3 (G-H), Basel/ Stuttgart: Schwabe & Co. Verlag 1974, S. 682-687. | **S. 75** Zitat »Seneca«. Nach Seneca: Von der Seelenruhe. Philosophische Schriften und Briefe. Aus dem Lateinischen übertragen und hrsg. von Heinz Berthold, Frankfurt/Main: Insel Verlag 1984, S. 292. | **S. 77** Aldous Huxley: Brave New World. A Novel, Harmondsworth, Middelsex (England): Penguin Books Ltd 1955, S. 173f und 187. Frei übersetzt nach Herbert E. Herlitschka: Schöne neue Welt. Ein Roman der Zukunft, Frankfurt/Main: Fischer Taschenbuch Verlag 1999 (Sonderausgabe), S. 217ff und 236. | **S. 77** John Stuart Mill: Utilitarismus. In: Ottfried Höffe (Hrsg.), Einführung in die utilitaristische Ethik. Klassische und zeitgenössische Texte, Tübingen: Francke 1992, S. 89 (Auszug). | **S. 78** Heinrich Heine: Buch der Lieder, Aufbau Verlag: Berlin und Weimar 1985. S. 154. | **S. 78f** Emilie du Châtelet: Über das Glück. In: Klassische philosophische Texte von Frauen. Hrsg. von Ruth Hagengruber, München: Deutscher Taschenbuch Verlag 1998, S. 120-131 (Auszüge). | **S. 79** Andrej Tarkowskij: Die versiegelte Zeit. Gedanken zur Kunst, zur Ästhetik und Poetik des Films, Berlin: Ullstein Verlag 1984 (korrigierte Ausgabe der 2. Auflage 1986, 1989), S. 235. | **S. 79** Mahabharata. Indiens großes Epos. Aus dem Sanskrit übersetzt und zusammengefasst von Biren Roy, Düsseldorf/Köln: Eugen Diederichs Verlag 1984, auszugsweise zitiert nach: Mutter Teresa und die Armut des Westens. Texte (Fotos) einer Ausstellung der Friedensbibliothek des Antikriegsmuseums der Evangelischen Kirche in Berlin-Brandenburg (1999). | **S. 80f** Zitate »Zukunftswünsche«. Aus: Diesen Traum erfüll ich mir. In: Brigitte, Hamburg: Gruner + Jahr, Nr. 26, 15.12.1999, S.122 und S. 129. | **S. 80** Ralph Giordano: Die Spur. Reportagen aus einer gefährdeten Welt, Frankfurt/Main: S. Fischer Verlag 1984, S. 304 (Auszug). | **S. 80** Zitat »Mutter Teresa«. Nach: Mutter Teresa und die Armut des Westens, a. a. O. | **S. 82** Zitate »Sokrates«. Aus: Hans-Ludwig Freese (Hrsg.), Gedankenreisen. Philosophische Texte für Jugendliche und Neugierige, Reinbek: Rowohlt Taschenbuch Verlag 1990, S. 32f. |

S. 82 Johann Wolfgang von Goethe: Maximen und Reflexionen. In: Werke. Hamburger Ausgabe in 14 Bänden, Band 12, München: Deutscher Taschenbuch Verlag 1988, Nr. 1092. | **S. 82** Sigmund Freud: Das Unbehagen in der Kultur. Gesammelte Werke, Band XIV, Frankfurt/Main: S. Fischer Verlag 1972, S. 434. | **S. 83** Helmut Richter: Über sieben Brücken musst du gehn (Auszüge). In: Songbuch. Ein Liederbuch für den Musikunterricht an allgemeinbildenden Schulen ab Klasse 5, Berlin: Volk und Wissen Verlag 1997, S. 124f (© Harth Musikverlag in Gemeinschaftsproduktion mit Musik-Edition Discoton, München). | **S. 84** Lev N. Tolstoj: Die Bedingungen eines irdischen Glücks. Aus: Hans-Ludwig Freese (Hrsg.), Gedankenreisen, a. a. O., S. 208. | **S. 85** Julien Offray de La Mettrie: Die Kunst, Wollust zu empfinden, Nürnberg: LSR-Verlag 1987, S. 79. | **S. 85** Aus der Hochzeitspredigt Albert Schweitzers für Elly Knapp und Theodor Heuß. In: Verena Mühlstein: Helene Schweitzer Bresslau. Ein Leben für Lambarene, München: C. H. Beck Verlag 1998, S. 124. | **S. 85** Zitat »Ralph Waldo Emerson«. Aus: Anton Zeller: Erbauliches für jeden Tag. Ein Brevier durch das Jahr, Trostberg: Alois Erdl Verlag 1990, S. 41. | **S. 88** Grundgesetz für die Bundesrepublik Deutschland. Textausgabe (Stand: Juni 1993), hrsg. von der Bundeszentrale für politische Bildung, Bonn 1993, S. 12f. | **S. 89** Václav Havel: Von welcher Zukunft ich träume, Reinbek: Rowohlt Verlag 1996, S. 32f. | **S. 90** Porträts zweier Jugendlicher. Nach 12. Shell Jugendstudie: Acht Jugendporträts, Opladen: Verlag Leske und Budrich 1997, S. 15-25 (Ergänzungsband zur Shell-Studie 1997 – Auszüge); Jugendwerk der Deutschen Shell (Hrsg.), Jugend '97: Zukunftsperspektiven, Gesellschaftliches Engagement, Politische Orientierungen, Opladen: Verlag Leske und Budrich 1997, S. 105-121 (Auszüge). | **S. 90** Judith Holofernes: Kamikazefliege (CD), zitiert aus: Berlin Ticket. Das Magazin für die Stadt, Nr. 37, 16. bis 22. September 1999, S. 3. | **S. 91** Friedrich Nietzsche: Der Freigeist. Abschied (Auszug). In: Nietzsche: Werke. Kritische Gesamtausgabe, Siebente Abteilung, Dritter Band (Nachgelassene Fragmente Herbst 1884 bis Herbst 1885). Hrsg. von Giorgio Colli und Mazzino Montinari, Berlin/New York: Verlag Walter de Gruyter 1974, S. 37. | **S. 91** Datenmaterial aus Gerhard Schmidtchen: Wie weit ist der Weg nach Deutschland? Sozialpsychologie der Jugend in der postsozialistischen Welt, Opladen: Verlag Leske und Budrich, 2. Auflage 1997, S. 45 (Quellenbasis: Jugendumfrage für das BMJF 1993/94). | **S. 92** Nach Wolfram von Eschenbach: Parzival. Aus dem Mittelhochdeutschen übertragen von Friedrich Knorr, Jena: Diederichs Verlag 1940, zitiert nach Karl-Heinz Günter (Hrsg.), Quellen zur Geschichte der Erziehung, Berlin: Volk und Wissen Verlag 1975, S. 36f (Auszüge). | **S. 93** Gekürzt und bearbeitet nach Klaus Janke: Stars, Idole, Vorbilder. In: Christine Biermann u. a. (Hrsg.), Schüler '97. Stars – Idole – Vorbilder, Seelze: Friedrich-Verlag 1997, S. 18-21. | **S. 94** Nach Johanna Treichel-Rabitz: Entscheidung vor dem 7. Lebensjahr, Stuttgart: Klett-Verlag 1971 (Einleitung), S. 7f (Auszüge). | **S. 95** »Schülergelöbnis« und »Die Pflicht zum Gehorsam und seine Pflege«. Aus: Katharina Rutschky (Hrsg.), Schwarze Pädagogik. Quellen zur Naturgeschichte der bürgerlichen Erziehung, Berlin: Ullstein Verlag 1997, S. 107f. und 162 (Auszüge). | **S. 95** Bettina Wegner: Kinder. In: Songbuch, a. a. O., S. 66 (© Anar Musikverlag Bettina Schlesinger, Berlin). | **S. 95** Charles-Louis de Montesquieu: Vom Geist der Gesetze. Übersetzt und eingeleitet von Kurt Weigand, Stuttgart: Reclam Verlag 1994, S. 136. | **S. 95** Udel Best/Ute Emrath: Verbal-Gewaltig. Aus: enfant t. Zeitschrift für Kindheit (Berlin), Nr. 1/1992, S. 52f. | **S. 96** Kriminalmuseum Rothenburg o. d. T. (Hrsg.), Justiz in alter Zeit. Band VI c der Schriftenreihe des Mittelalterlichen Kriminalmuseums Rothenburg ob der Tauber: Eigenverlag 1989, S. 417f (Auszüge). | **S. 96f** Quellentexte, zitiert nach Ingeborg Weber-Kellermann: Die Kindheit: Kleidung und Wohnung, Arbeit und Spiel; eine Kulturgeschichte, Frankfurt/Main: Insel-Verlag 1989, S. 107, 134f. und 167. | **S. 97** Helmut Gollwitzer: Das hohe Lied der Liebe, München: Chr. Kaiser Verlag, 7. Auflage 1988, S. 53. | **S. 97** Amtsblatt des Hessischen Kulturministeriums (1948), zitiert aus: Hanno Drechsler u. a. (Hrsg.), Gesellschaft und Staat. Lexikon der Politik, Baden-Baden: Signal-Verlag, 5. Auflage 1980, S. 410. | **S. 98f** Nach Arno Klönne: Geschichte der Jugendbewegung. Heft 30: Aufbruch der Jugendbewegung, Münster: Deutscher Jugend Verlag 1957, S. 5ff. | **S. 99** Jugendwerk der Deutschen Shell (Hrsg.), Jugend 97, a. a. O., S. 18 und 21; Jugend 2000, Band 1, a. a. O., S. 275ff. | **S. 100f** Karl-Heinz Janßen: Tagebuch eines Hitler-Jungen. In: Hermann Glaser/Axel Silenius (Hrsg.), Jugend im Dritten Reich, Frankfurt/Main: Tribüne-Verlag 1975, S. 90 (Auszug). | **S. 100** HJ-Bestimmung. Aus: Harald Focke/Uwe Reimer: Alltag unterm Hakenkreuz. Wie die Nazis das Leben der Deutschen veränderten. Ein aufklärendes Lesebuch, Reinbek: Rowohlt Taschenbuch Verlag 1979, S. 49. | **S. 100** Zitat »Adolf Hitler«. Aus: Hermann Rauschning: Gespräche mit Hitler, Zürich/New York 1940, S. 237; zitiert nach Walter Hofer (Hrsg.), Der Nationalsozialismus. Dokumente 1933-1945, Frankfurt: Fischer Taschenbuch Verlag 1957, S. 88. | **S. 101** Bericht eines jüdischen Schülers. Aus: Benjamin Ortmeyer: Schulzeit unterm Hitlerbild. Analysen, Berichte, Dokumente, Frankfurt/Main: Brandes & Apsel 2000, S. 81 (Auszüge). | **S. 101** Haim G. Ginott: Takt und Taktik im Klassenzimmer. Ein psychologischer Leitfaden für Eltern und Lehrer. Aus dem Amerikanischen von Gisela Bischof-Elten, Göttingen: Vandenhoeck & Ruprecht 1974, S. 221. | **S. 102f** Christian Schmidt-Häuer: Die Gaben einer Frau. Die Polin Janina Ostrojska hilft in aller Welt, obwohl sie gelähmt ist. Nach: Die Zeit: Hamburg, Nr. 53, 22.12.1998, S. 2 (Auszüge). | **S. 103** Hilde Domin: Der Baum blüht trotzdem. Gedichte, Frankfurt/Main: Fischer Verlag 1999, S. 56. | **S. 104** Jürgen Langefeld: ... gegenüber dem Zwang der Gruppe. Originalbeitrag. | **S. 104** Moralstatistik. Aus: Der Spiegel: Hamburg, Nr. 39, 25.9.1995, S. 77. | **S. 105** »Hit«- und »Hasslisten«. Aus: Jugendwerk der Deutschen Shell (Hrsg.), Jugend 97, a. a. O., S. 365 (gekürzt). | **S. 106** Elif Aybirdi: Ordnung muss sein oder: die strenge Kulturtradition? Originalbeitrag. | **S. 107** Daniel Cohn-Bendit/Thomas Schmidt: Heimat Babylon. Das Wagnis der multikulturellen Demokratie, Hamburg: Hoffmann und Campe Verlag 1993, S. 311f. | **S. 107** Viktor Frankls Sinnkonzept nach Richard Geisen: Grundwissen Ethik, Stuttgart/Dresden: Ernst Klett Verlag für Wissen und Bildung 1995, S. 135. | **S. 108** Hilde Domin: Nur eine Rose als Stütze. Gedichte, Frankfurt/Main: Fischer Taschenbuch Verlag 1994, S. 9. | **S. 108** Wolf Biermann: Alle Lieder. In Zusammenarbeit mit Pamela Biermann, Köln: Kiepenheuer & Witsch 1991, S. 439. | **S. 111f** Peter Grün: Spielende; Alles nur ein Spiel? Originalbeiträge. | **S. 112f** Alexander Sinowjew: Sich schlagen – eine ernste Sache. In: Ders., Wir und der Westen. Interviews, Vorträge, Aufsätze. Deutsch von Wera Rathfelder, Zürich: Diogenes Verlag 1983, S. 72f. | **S. 112f** Norbert Elias: Was ist Soziologie? Weinheim und München: Juventa-Verlag, 8. Auflage 1996, S. 76-79. | **S. 114** Ernst Toller: Eine Jugend in Deutschland, Reinbek: Rowohlt Verlag 1993, S. 28, 38f, 48 und 52 (Auszüge). | **S. 115** Nach Carl Schmitt: Der Begriff des Politischen, Berlin: Duncker und Humblot-Verlag 1963, S. 45ff (Auszüge). | **S. 115** Michael Bechtel: »Warum gibt es Krieg?« In: Politische Zeitschrift (PZ), hrsg. von der Bundeszentrale für politische Bildung, Nr. 99, September 1999 (Themenheft: Der Krieg nebenan), S. 15 (Auszug). | **S. 115** Freimut Duve: Vom Krieg in der Seele. Rücksichten eines Deutschen, Frankfurt/Main: Vito von Eichborn Verlag 1994, S. 115, 117 und 119 (Auszüge). | **S. 116f** Anthony Burgess: Uhrwerk Orange. Aus dem Englischen von Wolfgang Krege, München: Heyne Verlag 1997, S. 112 und 144f. | **S. 118** Zitat »Christian Käs«. Aus: Verfassungsschutzbericht 1998, hrsg. vom Bundesministerium des Innern, Berlin/Bonn 1999, S. 39 (Auszüge). | **S. 118f** Hans Magnus Enzensberger: Die große Wanderung, Frankfurt/ Main: Suhrkamp Verlag 1992, S. 11-14 (Auszüge). | **S. 119** Carl Zuckmayer: Des Teufels General (1945/46). In: Werkausgabe in zehn Bänden. Stücke 2, Frankfurt/Main: S. Fischer Verlag 1976, S. 149. | **S. 119** »Thesen zu Vorurteilen«. Nach Halt! Keine Gewalt. Hrsg. von der Arbeitsgemeinschaft Jugend & Bildung, Wiesbaden: Universum Verlagsanstalt o. J., S. 8f. | **S. 120** Morton Rhue: Die Welle. Bericht über einen Unterrichtsversuch, der zu weit ging. Aus dem Amerikanischen von Hans-Georg Noack, Ravensburg: Otto Maier Verlag 1985, S. 45f. | **S. 120** Frei nach Wolfgang Redwanz: Verständnis statt Hass. In: Nein zur Gewalt. basta. Ein Heft für Jugendliche. Hrsg. von der Arbeitsgemeinschaft Jugend & Bildung, Wiesbaden: Universum Verlagsanstalt 1998/99, S. 18. | **S. 121** Amos Oz: Bericht zur Lage des Staates Israel. Aus dem Englischen von Christoph Groffy, Frankfurt/Main: Suhrkamp Verlag 1992, S. 76f (Auszüge). | **S. 122** Günther Anders: Philosophische Stenogramme, München: Verlag C. H. Beck, 2. Aufl. 1994, S. 53f. | **S. 122** Ulla Hahn: Herz über Kopf. Gedichte, Stuttgart: Deutsche Verlags-Anstalt 1981, S. 65. | **S. 122f** Amos Oz: Friede und Liebe und Kompromiss. Rede des Friedenspreisträgers des Deutschen Buchhandels in der Frankfurter Paulskirche. Aus dem Englischen von Christoph Groffy. In: Frankfurter Rundschau, 5.10.1992, S. 10 (Auszüge). | **S. 124** Frei nach Richard Dawkins: Das egoistische Gen, Berlin/Heidelberg: Springer-Verlag 1978, S. 83-88. | **S. 125f** Peter Grün: Schlag um Schlag; Wenn jeder nur an sich denkt ... Originalbeiträge. | **S. 127** Nach José Ortega y Gasset: Der Aufstand der Massen (1930). Wesentlich erweiterte und aus dem Nachlass ergänzte Neuausgabe, Stuttgart: Deutsche Verlags-Anstalt 1965, S. 136f (Auszüge – Hauptspalte); Der Mensch und die Leute (1957). In: Ders.: Gesammelte Werke, Band 6, Stuttgart: Deutsche Verlags-Anstalt 1996, S. 128f (Randspalte). | **S. 128** Johan Galtung: Strukturelle Gewalt. Beiträge zur Friedens- und Konfliktforschung. Aus dem Englischen von Hedda Wagner, Reinbek: Rowohlt Verlag 1975, S. 129 (gekürzt). | **S. 129** Kisshomaru Ueshiba: Der Geist des Aikido, Heidelberg-Leimen: Werner Kristkeitz Verlag 1993, S. 112 (Auszüge). | **S. 131** Johan Galtung: Strukturelle Gewalt, a. a. O., S. 69. | **S. 133** Mittelalterlicher Spruch. Aus: Ludwig Reiners (Hrsg.), Der ewige Brunnen. Ein Volksbuch deutscher Dichtung, München: Verlag C. H. Beck 1955, S. 928. | **S. 134** Jule Neigel: Alles! (CD) published by Arabella Musikverlag (Steinhauser Str. 3, 81677 München). | **S. 134** Herbert Grönemeyer: Keine Garantie. In: Chaos, published by EMI electrola (Maarweg 149, 50825 Köln). | **S. 134** Marius Müller-Westernhagen: Mit Pfefferminz bin ich Dein Prinz. In: Westernhagen live (LP), published by wea music production (Schildergasse 120, 50667 Köln). | **S. 134** Wolf Biermann: Von den Menschen. In: Wir müssen vor Hoffnung verrückt sein (LP), published by EMI electrola. | **S. 134** Tracy Chapman: Dreaming of a world. In: matters of my heart (CD), published by electra entertainment (Warner Music, Arndtstr. 16, 22085 Hamburg). | **S. 135** Robert Gernhardt: Sinngedicht. Aus: Gedichte 1954-1994, Zürich: Haffmans Verlag 1996, S. 287. | **S. 136** Nach Jostein Gaarder: Sofies Welt, München: Hanser Verlag 1993, S. 7f, 12 und 14f. | **S. 137** Luise Rinser. In: Hans-Peter Richter (Hrsg.), Wozu leben wir? Schriftsteller antworten jungen Menschen, Freiburg: Alsatia Verlag 1968, S. 43ff (gekürzt). | **S. 138** Andreas Steinhöfel/Anja Tuckermann: David Tage Mona Nächte, Hamburg: Carlsen 1999, S. 102 und 111 (Auszüge). | **S. 138** Hohelied Salomos, 8, 6b-7a in der Übersetzung aus Herders Bibelkommentar (»Jerusalemer Bibel«), Freiburg: Herder Verlag, 2. Auflage 1978. | **S. 138** Zitat »Hugo von Hofmannsthal«. Nach dem Textbuch für Richard Strauss: Der Rosenkavalier. Ed. Deutsche Grammophon: Wiener Philharmoniker/Herbert von Karajan, Hamburg: Polydor 1984, S. 124 (hier zitiert nach dem Libretto zur Oper von Richard Strauss, hrsg. von Adolph Fürstner, Mainz: Schott 1911/12). | **S. 138** Uta und Siegfried George: Befreiung, die ich meine. Gedichte, Gießen 1985 (unveröffentl. Ms.), S. 31. | **S. 139** Kohelet (Das Buch Prediger) 1, 2-9 und 14b in der Übersetzung aus Herders Bibelkommentar (»Jerusalemer Bibel«), Freiburg: Herder Verlag, 2. Auflage 1978. | **S. 139** Friedrich Nietzsche: Der Wille zur Macht. Versuch einer Umwertung aller Werte. Hrsg. von Peter Gast unter Mitwirkung von Elisabeth Förster-Nietzsche. Mit einem Nachwort von Ralph-Rainer Wuthenow, Frankfurt/Main und Leipzig: Insel Verlag 1992, Nr. 540 (S. 383). | **S. 139** Zitat »Heraklit«. Aus: Die Vorsokratiker I., Deutsch von J. Mansfeld, Fragmente 95, 96, © 1983 Philipp Reclam Verlag Stuttgart, zitiert nach: Hubert Schleichert: Von Platon bis Wittgenstein. Ein philosophisches Lesebuch, München: Verlag C. H. Beck 1998, S. 327.| **S. 139** Mahabharata. Indiens großes Epos. Aus dem Sanskrit übersetzt und zusammengefasst von Biren Roy, Düsseldorf/Köln: Eugen Diederichs Verlag 1984, hier in der nicht autorisierten Fassung von Hans-Bernhard Petermann. | **S. 140** Kurt Tucholsky: Mir fehlt ein Wort (Auszug). In: Gesammelte Werke, Band 7 (1929), hrsg. von Mary Gerold-Tucholsky und Fritz J. Raddatz, Reinbek: Rowohlt Verlag 1975, S. 189f. | **S. 140** Ludwig Wittgenstein: Tractatus logico-philosophicus. In: Gesammelte Werke in acht Bänden, Bd. 1, Frankfurt/Main: Suhrkamp Verlag 1984, S. 114f. Alle Rechte im deutschsprachigen Raum vorbehalten durch Suhrkamp Verlag Frankfurt/Main. | **S. 141** Franz Kafka: Hochzeitsvorbereitungen auf dem Lande und andere Prosa aus dem Nachlaß, Frankfurt/Main: Fischer Taschenbuch Verlag 1983, S. 282. | **S. 141** Ernst Bloch: Tübinger Einleitung in die Philosophie, Frankfurt/Main: Suhrkamp Verlag 1963, S. 11. | **S. 141** Nach Michel Eyquem de Montaigne: Les Essays. Neu hrsg. von Maurice Rat, Paris: ed. Garnier 1958, Übersetzung durch H.-B. P. | **S. 141** Friedrich Hölderlin: Lebenslauf (letzte Strophe, 1801). In: Sämtliche Werke und Briefe, Band I, München: Hanser Verlag 1992, S. 325. | **S. 142** Nach Maurice Sendak: Higgelti Piggelti Pop! oder: Es muß im Leben mehr als alles geben, Zürich: Diogenes Verlag 1967, S. 11. | **S. 143** Frei nach Jan Heiner Schneider: Weg. In: Hermann Kirchhoff (Hrsg.), Ursymbole, München: Kösel Verlag 1982, S. 40f. | **S. 143** Meister Eckhart: Werke I. Texte und Übersetzungen von Josef Quint, hrsg. und kommentiert von Nikolaus Largier, Frankfurt/Main: Deutscher Klassiker Verlag 1993, S. 119. | **S. 143** Thomas Nagel: Was bedeutet das alles? Stuttgart: Reclam Verlag 1990, S. 83. | **S. 144** Dietrich Bonhoeffer: Wer bin ich? Aus: Widerstand und Ergebung. Briefe und

Aufzeichnungen aus der Haft. Hrsg. von Eberhard Bethge, München: Chr. Kaiser Verlag 1951, S. 179. | **S. 145** Mevlana Dschelaleddin Rumi: »O Gott!«. Aus: Gärten der Erkenntnis. Das Buch der vierzig Sufi-Meister. Ausgewählt und übertragen von Annemarie Schimmel, München: Diederichs Verlag, 3. Auflage 1991, S. 151f. | **S. 145** Mevlana Dschelaleddin Rumi: »An diesem Ort sah ich ihn«. Aus: Hubertus Halbfas: Das Welthaus. Ein religionsgeschichtliches Lesebuch, Düsseldorf/Stuttgart: Patmos Verlag, 4. Auflage 1990, S. 326 (Nr. 209). | **S. 146f** Nach Dorothee Sölle/Fulbert Steffensky: Nicht nur ja und amen. Von Christen im Widerstand, Reinbek: Rowohlt Verlag 1983, S. 105f. | **S. 146** Zitate »Mario Seuffert« und »Magdalini Tegou« nach Soli. Zeitung für gewerkschaftliche Jugendarbeit, Heft 8/9 1993, hrsg. vom DGB-Bundesvorstand, Abteilung Jugend (Düsseldorf), S. 35 und 39. | **S. 147** Jesaja 2, 4b und 65, 20a (Hebräische Bibel). Zitiert aus: Gute Nachricht Bibel. Revidierte Fassung 1997 (ökumenische Ausgabe), Stuttgart: Deutsche Bibelgesellschaft, 1997. | **S. 147** Zitat »Mevlana Dschelaleddin Rumi«. Aus: Annemarie Schimmel: Rumi. Ich bin Wind und du bist Feuer. Leben und Werk des großen Mystikers, München: Diederichs Verlag 1995, S. 101. | **S. 147** Christa Wolf: Moskauer Novelle, Halle/Saale 1961, S. 55. Zitiert nach Therese Hörnigk: Christa Wolf, Göttingen: Steidl-Verlag 1989, S. 74 (Auszug). | **S. 148** Interview mit Schalom Ben-Chorin. In: Jüdische Portraits. Photographien und Interwiews von Herlinde Koelbl, Frankfurt/Main: S. Fischer Verlag 1989 (©). Zitiert nach der Lizenzausgabe des Fischer Taschenbuchverlags 1998, S. 25. | **S. 148** Schalom Ben-Chorin: »Die Frage der Fragen«. In: Richard Riess (Hrsg.), Drei Zeilen trage ich mit mir. Worte, die ein Leben begleiten, Freiburg: Herder Verlag 1995. S. 17-21. | **S. 148** Matthäus 5, 39 in der Übersetzung aus Herders Bibelkommentar (»Jerusalemer Bibel«), a. a. O. | **S. 149** Dietrich Bonhoeffer: Nachfolge. In: Dietrich Bonhoeffer: Werke, Band 4, hrsg. von Martin Kuske und Ilse Tödt, München: Chr. Kaiser Verlag 1989, S. 135f. | **S. 149** Otto Dudzus: Dem Rad in die Speichen fallen. In: Wolf-Dieter Zimmermann (Hrsg.), Begegnungen mit Dietrich Bonhoeffer. Ein Almanach, München: Chr. Kaiser Verlag 1984, S. 66ff. | **S. 149** Zitat »Kreuzberger Gemeinde«: In: Guido Wohlatz: Das Jahrhundert der Flüchtlinge. In: Kirche aktuell, September 1987. Dokumentation zur Eröffnung des Bonhoeffer-Hauses (Berlin), S. 24f. | **S. 150** Zitat »Mevlüde Genc«. Aus: Metin Gür/Alaverdi Turhan: Die Solingen-Akte, Düsseldorf: Patmos Verlag 1996, S. 89 (Auszüge). | **S. 150** Kairoer Erklärung der Menschenrechte im Islam. Aus: Was jeder vom Islam wissen muss, hrsg. vom Lutherischen Kirchenamt u. a., Gütersloh: Gütersloher Verlagshaus, 5. verbesserte und ergänzte Auflage 1990, S. 112. | **S. 150** Zitat »Rainer Traub«. Aus: Andalusische Spurenlese. In: Spiegel special, Hamburg: Spiegel Verlag Rudolf Augstein, Nr. 1/1998 (Rätsel Islam), S. 89. | **S. 151** Erklärung zum Weltethos, hrsg. vom Parlament der Weltreligionen, 4. September 1993, Chicago/USA, S. 2f (© 1993 by Council for a Parliament of the World Religions, Chicago, prepared by Hans Küng and published with commentaries by Piper Verlag München). | **S. 153** Krishnalal Shridharani: The Mahatma and the World. In: Fritz Kraus (Hrsg.), Vom Geist des Mahatma. Ein Gandhi-Brevier, Baden-Baden: Holle Verlag 1957, 226 (Auszug). | **S. 155** Laotse: Tao Te King. Das Buch vom Sinn und Leben. Übersetzt und mit einem Kommentar von Richard Wilhelm, München: Diederichs Verlag 1998, S. 41, 56, 97 und 44 (Kapitel 1, 16, 54 und 4) | **S. 156** Nach Malcolm Bosse: Die Prüfung oder die abenteuerliche Reise der Brüder Chen und Hong. Aus dem Amerikanischen von Lothar Schneider, München/Wien: Carl Hanser Verlag 1997, S. 363ff (Auszüge). | **S. 158** Heinrich Heine: Deutschland. Ein Wintermärchen. In: Heine. Ein Lesebuch für unsere Zeit, Berlin und Weimar: Aufbau-Verlag, 26. neubearbeitete Auflage 1981, S. 139 (Auszug). | **S. 158f** Erich Fromm: Die Kunst des Liebens. Aus dem Englischen von Liselotte und Ernst Mickel, München: Deutscher Taschenbuch Verlag 1995, S. 193f (© der deutschsprachigen Großdruck-Taschenbuchausgabe). | **S. 158** Lied der Sozialistischen Internationalen von Eugen Poitier, nachgedichtet von Emil Luckhardt. Aus: Leben, Singen, Kämpfen. Liederbuch der deutschen Jugend, Berlin: Verlag Neues Leben 1958, S. 12 (Auszug aus der 2. Strophe). | **S. 158** Zitat »David Jestner«. In: »Ziele der Jugendfeiern«. Aus: Faltblatt zur Jugendfeier, hrsg. vom Humanistischen Verband Deutschlands, Landesverband Berlin (Stand: 1998), S. 21f. | **S. 158** Heinz Kahlau: Kein Gott. In: Patricia Block und Gudrun Grimm (Hrsg.), Zwischen nicht mehr und noch nicht, Berlin: Humanistischer Verband Deutschlands, 3. Auflage 1996, S. 117 (Auszug). | **S. 159** Thornton Wilder: Bald werden wir alle sterben. Aus: Wolfgang Erk: Danken, Klagen, Loben. Modelle mit literarischen Texten, Stuttgart: Radius-Verlag 1994, S. 116. | **S. 159** Nach Werner Schulz: Humanismus – Das Rätsel ist der Mensch. In: Patricia Block und Gudrun Grimm (Hrsg.), a. a. O., S. 154-157 in der 7., veränderten Auflage 2000 (Auszüge). | **S. 160** Hiob 3, 3 und 11ff sowie 20 und 23 (Hebräische Bibel). Zitiert aus: Gute Nachricht Bibel, a. a. o., Stuttgart: Deutsche Bibelgesellschaft 1997. | **S. 160** »Rob erzählt«. In: Werner Helsper: Okkultismus. Die neue Jugendreligion? Opladen: Leske und Budrich 1992, S. 234. | **S. 160** Georg Büchner: Dantons Tod. In: Ders., Werke und Briefe, München: Hanser Verlag 1980, S. 44. | **S. 160** Albert Camus: Die Pest, Reinbek: Rowohlt Verlag 1985, S. 40. | **S. 160** Erich Fried: Angst und Zweifel. In: Ders., Gegengift. 49 Gedichte und ein Zyklus. Mit drei Zeichnungen von David Fried, Berlin: Verlag Klaus Wagenbach 1974, S. 20. | **S. 161** Ingeborg Bachmann: Entfremdung. In: Sämtliche Gedichte, München: Piper Verlag 1978, S. 23. | **S. 161** Christa Wolf: Nachdenken über Christa T., Darmstadt/Neuwied: Sammlung Luchterhand 1971, S. 101. | **S. 162** Agustin Gutierrez: Wer hat die Schuld? In: Meditationstuch aus Bolivien, »500 Jahre Eroberung und Widerstand Lateinamerikas (1492-1992)« zur 33. Aktion »Brot für die Welt« (1991/92). Begleitheft für Multiplikatoren. Hrsg. von der Hauptgeschäftsstelle des Diakonischen Werkes der EKD, Stuttgart 1991, S. 31. | **S. 163** René Agbayani: Die Vision. In: Klemens Ludwig (Hrsg.), Lebenslieder, Todesklagen. Lesebuch vergessener Völker, Wuppertal: Peter Hammer Verlag, 1988, S. 177ff. | **S. 164** Zitat »Monika Grüner«. Aus: Soli 9/10 1995 , a. a. O., S. 17.| **S. 164** Nach Heiko Ernst: Die Cafeteria-Religion. In: psychologie heute, Weinheim: Beltz-Verlag, 7/1995, S. 4. | **S. 168f** Manfred Berg: Happy birthday. Originalbeitrag. | **S. 169** Walter Schulz: Philosophie in der veränderten Welt, Pfullingen: Nestle Verlag 1976, S. 631. | **S. 169** John Stuart Mill: Der Utilitarismus. Hrsg. und übersetzt von Dieter Birnbacher, Stuttgart: Reclam Verlag 1976, S. 18 (Auszug). | **S. 170f** Warten auf Tante Rosa. In: Christine Wolfrum und Peter Süß: So wild nach deinem Erdbeermund. Ein Aufklärungsbuch für Jugendliche, München: dtv junior 1996, S. 160ff (gekürzt). | **S. 171** August Graf von Platen: Lied. Aus: Das deutsche Gedicht. Vom Mittelalter bis zum 20. Jahrhundert, Frankfurt/Main und Hamburg: Fischer Bücherei 1957, S. 228 (Auszug). | **S. 171** Zitate von Friedrich Nietzsche: Die Unschuld des Werdens: Der Nachlass, Band 1, hrsg. von Alfred Baeumler, Stuttgart: Kröners TB-Ausgabe 1978, S. 292, 300, 292. | **S. 172** Uwe Müller: Der Turm, München und Zürich: Piper Verlag 1992, S. 82f (Auszüge).| **S. 172** Falko: EGO!ST (CD-Begleittext). EMI elektrola GmbH, 1998 (Auszug). | **S. 172** Immanuel Kant: Die Metaphysik der Sitten. Zweiter Teil. Metaphysische Anfangsgründe der Tugendlehre. In: Kants Werke. Akademie Textausgabe VI, Berlin: Verlag Walter de Gruyter 1968, S. 457. | **S. 173** Zitat »Mutter Teresa« und Anonymus: »Trotzdem«. Aus: Lucinda Vardey (Hrsg.), Mutter Teresa. Der einfache Weg, Bergisch Gladbach: Bastei Lübbe Verlag 1997, S. 146f und 88 (gekürzt). | **S. 173** Wilhelm Weischedel: Skeptische Ethik, Frankfurt/Main: Suhrkamp Verlag 1980, S. 173 (Auszug). | **S. 175** Sichtweise der Tahltan-Indianer (Westkanada). Aus dem Amerikanischen übersetzt von Wendy Kloke. Aus: James A. Teit: Tales. In: The Journal of American Folklore, Vol. 32 (1919), hrsg. von Franz Boas, Lancaster, PA., und New York: veröffentlicht von der American folk-Lore Society, S. 227 (Auszug). | **S. 175** Hans Moravec: Mind children: der Wettlauf zwischen menschlicher und künstlicher Intelligenz, Hamburg: Verlag Hoffmann und Campe 1990, S.12-15 (Auszug). | **S. 175** Wolf Biermann: Größe des Menschen. In: Ders., Nachlaß 1, Köln: Verlag Kiepenheuer & Witsch 1977, S. 289. | **S. 176** Angela Ingendahl: (Alp-)Träume: von Computern und anderen »Wesen«. Originalbeitrag. | **S. 176** Zitat des Challenger-Ingenieurs. Aus: Funkkolleg. Technik: Einschätzen – beurteilen - bewerten. Studienbrief 2, hrsg. vom Deutschen Institut für Fernstudienforschung an der Universität Tübingen, 1994 (wissenschaftliches Team: Chr. Hubig, G. Ropohl), S. 10. | **S. 176** Joseph Weizenbaum: Die Macht der Computer und die Ohnmacht der Vernunft, Frankfurt/Main: Suhrkamp Verlag 1977, S. 336 (Auszug). | **S. 177** Ernst Ulrich von Weizsäcker: Wir brauchen eine neue Melodie für den technischen Fortschritt. In: Norbert Sommer (Hrsg.), Mythos Jahrtausendwechsel. Beiträge aus Wissenschaft, Religion und Gesellschaft, Berlin: Wichern-Verlag 1998, S. 173f und 177f (Auszüge). | **S. 178** Ursprungsquellen der Grafiken (von links nach rechts) nach: Deutsche Welthungerhilfe (UNDP 1999) und Human Development Report 1992. | **S. 178** Herr M. und die Erdnüsse. In: Afrikanissimo – Die Entdeckung einer Literatur (1991). Zitiert aus: Günther Gugel: Vertretungsstunden mit Pfiff. Anregungen für einen handlungsorientierten Unterricht zum Themenbereich Eine

Welt in den Sekundarstufen, hrsg. vom Verein für Friedenspädagogik Tübingen, 1996, S. 100. | **S. 178** Julius K. Nyerere vor dem Institut für internationale Begegnungen am 4. Mai 1976 in Bonn, dokumentiert im Bulletin des Presse- und Informationsamtes der Bundesregierung – hier zitiert aus: Institut für Internationale Begegnungen (Hrsg.), Von und mit der Dritten Welt lernen, Heft 1: Grundlagen. Arbeitshilfen für die politische Bildung, Bonn 1987, Umschlagseite (Auszug). | **S. 179** Ernst Ulrich von Weizsäcker: Wir brauchen eine neue Melodie für den technischen Fortschritt, a. a. O., S. 173 (Auszüge). | **S. 179** Hans-Peter Schwöbel: Banause. In: Wir Individualisten/Salz, Mannheim: Feuerbaum Verlag 1996, S. 34. | **S. 180** »Klage der Dritten Welt«. Aus: José Luis Bayer u. a. (Hrsg.): Kinderausgabe der Agenda 21 in Zusammenarbeit mit den Vereinten Nationen, Mannheim: Meyers Lexikonverlag 1994, S. 65. | **S. 180** Nach Franz Nuscheler: Arbeits- und Lernbuch Entwicklungspolitik, Bonn: Verlag J. H. W. Dietz Nachf., 4., völlig neu bearbeitete Auflage 1995, S. 522ff. | **S. 182** Zahlenmaterial zur Entwicklungshilfe entnommen aus: BMZ (Hrsg.), Entwicklungspolitik. Folien für Tageslichtschreiber, Bonn 1998, Anlage 2. | **S. 182** Frantz Fanon: Die Verdammten dieser Erde, Reinbek: Rowohlt Verlag 1969, S. 80 und 83. | **S. 182** Zitat »Axelle Kabou«. Aus: Franz Nuscheler: Arbeits- und Lernbuch Entwicklungspolitik, a. a. O., S. 516. | **S. 182** Zahlenangaben zur Grafik »Grundversorgung für alle«. Aus: Die Zeit, 10.9.1998, S. 24. | **S. 183** Zitat »Ambrosius«. Entnommen aus Erhard Meueler: Soziale Gerechtigkeit, Düsseldorf: Patmos Verlag 1971, ohne Seitenzahl (Eröffnungsseite). | **S. 183** Arthur Schopenhauer: Preisschrift über das Fundament der Moral. Mit einer Einleitung, Bibliographie und Registern hrsg. von Hans Ebeling, Hamburg: Felix Meiner Verlag 1979, S. 106. | **S. 183** John Rawls: Der Hauptgedanke der Theorie der Gerechtigkeit. In: Eine Theorie der Gerechtigkeit, Frankfurt/-Main: Suhrkamp Verlag 1975, S. 32. | **S. 184** Theodor W. Adorno: Negative Dialektik, Frankfurt/Main: Suhrkamp Verlag 1975, S. 15. | **S. 185** Ernst Bloch: Experimentum Mundi. Frage, Kategorien des Herausbringens, Praxis, Frankfurt/Main: Suhrkamp Taschenbuch Verlag 1975, S. 196 und 223. | **S. 185** Michail Gorbatschow/Daisaku Ikeda: Unsere Wege treffen sich am Horizont, München: Siedler Verlag 1998, S. 20. | **S. 186f** Hebräische Bibel, Genesis 1, 28b und 2, 15. | **S. 186** Sophokles: Antigone. Übertragen und hrsg. von Wolfgang Schadewaldt, Frankfurt/Main und Leipzig: Insel Verlag 1974, S. 23. | **S. 188f** Schüleräußerungen: Auszüge aus Aufsätzen der Klassen 8 bis 11 eines Gymnasiums in Thüringen. | **S. 188** Zitat »Laotse«. Aus: Daudedsching, übersetzt von Ernst Schwarz, Leipzig: Reclam Verlag 1990, S. 86. | **S. 190** Gustav Schwab: Sagen des klassischen Altertums, Wien/Heidelberg: Verlag Carl Überreuter 1963, S. 60. | **S. 190** Ulf Merbold: Flug ins All, Bergisch Gladbach: Gustav Lübbe Verlag 1986, S. 192f. | **S. 191** Nach René Descartes: Die Prinzipien der Philosophie. Übersetzt und erläutert von Artur Buchenau, Hamburg: Felix Meiner Verlag 1955, S. 2f. | **S. 191** Nach Immanuel Kant: Kritik der reinen Vernunft. Nach der ersten und zweiten Originalausgabe (2. Auflage 1787) neu hrsg. von Raymund Schmidt, Hamburg: Felix Meiner Verlag 1956, S. 273. | **S. 192** Nach Sophokles: Antigone, Chorlied, a. a. O., S. 23f. | **S. 193** Nach Hans Jonas: Das Prinzip Verantwortung. Versuch einer Ethik für die technologische Zivilisation, Frankfurt/Main: Suhrkamp Verlag 1984, S. 26f, 48 und 36 (Auszüge). | **S. 194** Frei nach Platon: Phaidon, 73a, 76d und e, 80b und e, 81a. Übersetzung und Nachgestaltung H. B. Petermann nach dem griech. Text (Platonis Opera. Tom. I, ed. Ioannes Burnet. Oxonii 1900. Scriptorum Classicorum Bibliotheca Oxoniensis). | **S. 194** Rudolf Kaiser (Hrsg.): Die Erde ist uns heilig. Die Reden des Chief Seattle und anderer indianischer Häuptlinge, Freiburg: Herder Verlag 1992, S. 80f (Auszüge). | **S. 195** Friedrich Nietzsche: Die fröhliche Wissenschaft. § 343. In: Kritische Gesamtausgabe. Fünfte Abteilung, zweiter Band, hrsg. von Giorgio Colli und Mazzino Montinari, Berlin/New York: Verlag Walter de Gruyter 1973, S. 256 (gekürzt). | **S. 195** Vilém Flusser: Die Revolution der Bilder. Der Flusser-Reader, Mannheim: Bollmann Verlag 1995, S. 164. | **S. 196** Immanuel Kant: Kritik der praktischen Vernunft, Hamburg: Felix Meiner Verlag 1959, S. 36; Zum ewigen Frieden, Stuttgart: Verlag Philipp Reclam Jun. 1983. | **S. 197** Nach Jeremy Bentham: Über das Prinzip Nützlichkeit. In: Ottfried Höffe (Hrsg.), Einführung in die utilitaristische Ethik. Klassische und zeitgenössische Texte, München: Verlag C. H. Beck 1975, S. 35 und S. 50 (Auszüge). | **S. 197** John Stuart Mill/Harriet Taylor Mill/Helen Taylor: Die Hörigkeit der Frau, Königstein/Taunus: Ulrike Helmer Verlag 1997, S. 157 (gekürzt). | **S. 198f** Auszüge einer Diskussion der Klasse 10 (Ethik) im Carlo Schmid Gymnasium, Tübingen

(1999). | **S. 200** Frei nach Platon: Theaitetos 174a-b. In: Platon. Werke in acht Bänden; griechisch und deutsch, 6. Band. Hrsg. von Gunther Eigler, bearbeitet von Peter Staudacher, deutsche Übersetzung von Friedrich Schleiermacher, Darmstadt: Wissenschaftliche Buchgesellschaft 1990 (Sonderausgabe), S. 101. | **S. 200** Immanuel Kant: Logik. In: Kants Werke. Akademieausgabe IX, Berlin: Verlag Walter de Gruyter 1968, S. 25. | **S. 204** Zitat aus Franz Nuscheler: Lern- und Arbeitsbuch Entwicklungspolitik, a. a. O., S. 262.

Bildnachweis

S. 14/15 Archiv Hartmann, Berlin | **S. 19** Tate Gallery London/Picture Library/VG BILD-KUNST Bonn, 2000 | **S. 23** o. l.: Ullstein Bilderdienst, Berlin/Joker-Baier; r.: Ullstein Bilderdienst, Berlin/ Vision Photos | **S. 28** Mit freundlicher Genehmigung Obalski & Astor Verlag, München | **S. 29** Mit freundlicher Genehmigung von Monika Maron, Berlin | **S. 33** Gerhard Medoch, Berlin | **S. 37** Jürgen Wartmann, Berlin | **S. 43/44** Frank Welke, Berlin (4) | **S. 45** Archiv für Kunst und Geschichte, Berlin | **S. 48** bildarchiv preussischer kulturbesitz | **S. 49** o. l.: Stedelijk Museum Amsterdam, Vincent-van-Gogh-Stiftung; M.: Ullstein Bilderdienst, Berlin/Bonn-Sequenz; r.: Ullstein Bilderdienst, Berlin/Zeitbild | **S. 50** © Rolf Ballhause, Plauen | **S. 51** Gerhard Medoch, Berlin | **S. 52** © Stiftung Seedamm-Kulturzentrum, Pfäffikon-SZ (CH) | **S. 53** Städtisches Museum im Lenbachhaus, München | **S. 58** bildarchiv preussischer kulturbesitz, Berlin | **S. 59** Ullstein Bilderdienst, Berlin/Erwin Wodicka | **S. 65** Gerhard Medoch, Berlin (4) | **S. 68** Frank Welke, Berlin (2) | **S. 70/71** o l.: Archiv VWV; u. l.: Bavaria/VCL; M. r.: Bavaria/VCL (2)| **S. 73** argus, Hamburg/Hartmut Schwarzbach | **S. 74** o. l.: Tobias Schneider, Berlin; r.: Istituto Fotografico SCALA, Florenz | **S. 75** Fotoagentur Sven Simon, Essen | **S. 76** l.: Ullstein Bilderdienst, Berlin/Teutopress; M.: Archiv VWV; l.: Ullstein Bilderdienst/AP | **S. 77** Archiv für Kunst und Geschichte Berlin | **S. 78** Tobias Schneider, Berlin (1) | **S. 81** BIOS, Paris/Gunther Michel | **S. 82** © Nolde-Stiftung Seebüll | **S. 84** Bavaria/VCL (1) | **S. 85**: u. M.: Bavaria/VCL; M.: Dieter Riemann, Leipzig | **S. 88** Årets Presse Foto 1992, Kopenhagen | **S. 90/91** Shell-Studie Jugend ´97 | **S. 92** o.: Archiv Hartmann, Berlin; u.: CINETEXT, Frankfurt am Main | **S. 94** Württembergisches Landesmuseum Stuttgart | **S. 96** bildarchiv preussischer kulturbesitz, Berlin (2) | **S. 97** Gerhard Medoch, Berlin | **S. 98** Ullstein Bilderdienst, Berlin | **S. 99** Archiv für Kunst und Geschichte, Berlin | **S. 100** l.: Ullstein Bilderdienst, Berlin; r.: Archiv VWV | S. 101 Ullstein Bilderdienst, Berlin | **S. 102** Maciej Skawinski/Gazeta Wyborcza, Warschau/Fundacja Polska Akcje Humanitara | **S. 103** Mathias Michaelis, Pforzheim | **S. 104** o.: Archiv VWV | **S. 105** Gerhard Medoch, Berlin | **S. 106** o.: Gerhard Medoch, Berlin; M.: Agentur der Fotografen Ostkreuz, Berlin; u.: picture press, Hamburg/Volker Hinz | **S. 113** Ullstein Bilderdienst, Berlin (2) l.: Christian Bach; r.: ZB-Schindler | **S. 114** Archiv Hartmann | **S. 115** World Press Photo 2000/Yannis Behrakis | **S. 118/119/120** Gerhard Medoch, Berlin | **S. 122** Archiv Hartmann, Berlin | **S. 124** Gerhard Medoch, Berlin | **S. 125** Ullstein Bilderdienst, Berlin/dpa | **S. 128** Ullstein Bilderdienst, Berlin/Herbert Schlemmer | **S. 129** stone, Hamburg | **S. 130** Martin Kloke, Berlin | **S. 134** o. l.: Ullstein Bilderdienst, Berlin; u. l.: Bruno Kassel, Köln; r.: Gerhard Medoch, Berlin | **S. 137** Gerhard Medoch, Berlin | **S. 142** A. S. A. P., Tel Aviv/S. Avnisan | **S. 144** Ullstein Bilderdienst, Berlin | **S. 145** Archiv für Kunst und Geschichte, Berlin | **S. 146** Diakonisches Werk der Evangelischen Kirche Deutschlands/Brot für die Welt, Stuttgart | **S. 148** Friedrich Schorlemmer, Lutherstadt Wittenberg | **S. 149** Otto-Pankok-Museum, Haus Esselt, Hünxe | **S. 150** Archiv für Kunst und Geschichte, Berlin | **S. 151** Ullstein Bilderdienst, Berlin/Ingrid von Kruse | **S. 152/153** Toralf Albrecht, Berlin (4) | **S. 154** Hans-Bernhard Petermann, Heidelberg (2) | **S. 155/156** bildarchiv preussischer kulturbesitz, Berlin | S. 157 l.: Ron Giger, Arcegno (CH); r.: Archiv für Kunst und Geschichte, Berlin/ © VG BILD-KUNST Bonn, 2000 | **S. 158** Archiv für Kunst und Geschichte, Berlin/Musée du Louvre, Paris | **S. 160/161** © Thomas Lange, Berlin/Fornovecchio (I) | **S. 162** Stiftung Preussischer Kulturbesitz/Ibero-amerikanisches Institut, Berlin | **S. 163** o.: Plan Deutschland International | M./u.: »Richtig reisen – Philippinen«, DuMont Buchverlag, Köln | **S. 164** CINETEXT, Frankfurt am Main (1) | **S. 168/169** Hermann Weil Consulting, München | **S. 170** o.: UNESCO Kurier/Stephen/Matrix, New York; M.: Gerhard Medoch, Berlin; u.: UNESCO Kurier/Anna Robinson-Pant, Sussex | **S. 172** von Bodelschwinghsche Anstalten Bethel/Presse + Kommunikation (2) | **S. 173** Ullstein Bilderdienst, Berlin/AP | **S. 176**

Archiv VWV | **S. 179** Agentur Anzenberger, Wien/Tomo Nemec, Prag | **S. 181** o.: argus, Hamburg; u.: argus, Hamburg/Still Pictures/Paul Gleizes | **S. 182** Ullstein Bilderdienst, Berlin | **S. 188/201** Collagen von Schülerinnen und Schülern aus Worbis (Thüringen) | **S. 189** Archiv für Kunst und Geschichte, Berlin | **S. 190** Archiv VWV | **S. 192** Stiftung Archiv der Akademie der Künste Berlin-Brandenburg (Theaterdokumentation) | **S. 194/195** Archiv Hartmann, Berlin (4); | **S.195 o.**: © VG BILD-KUNST Bonn, 2000 | **S. 196** o.: bildarchiv preussischer kulturbesitz, Berlin; M.: Archiv für Kunst und Geschichte, Berlin | u.: Mit freundlicher Genehmigung Ulrike Hellmer Verlag, Königstein/Taunus | **S. 197/199** Ullstein Bilderdienst, Berlin/Melde Press | **S. 198** Holger Paulsen, Hechingen

Collagen
Marina Goldberg, Berlin (S. 14/15, 48/49, 70/71, 78, 80/81, 84/85); Gerhard Medoch, Berlin (S. 6/7, 8/9, 24/25, 26/27, 30/31, 40/41, 42/43, 47, 54/55, 56/57, 68/69, 108/109, 110/111, 116, 130/131, 132/133, 136, 138, 139, 140, 141, 164/165, 166/167, 184/185, 186/187, 200 – einschließlich sämtlicher Bildvorlagen); Andrea Soest, Berlin (S. 35)

Grafiken und Karten
Andrea Soest, Berlin (S. 30, 32, 34, 38, 64, 72, 83, 91, 104, 124, 178, 182)

Illustrationen
Harald Larisch, Luckow (S. 10, 12, 13, 17, 20, 21, 46, 61, 62, 63, 66, 67, 90, 93, 123, 126, 127, 174, 180, 193)

Werke der bildenden Kunst
S. 14/15 von links nach rechts: Rembrandt Harmensz van Rijn (1606-1669), Selbstbildnis, ca. 1628. Öl auf Holz, 22,5 x 18,6 cm. Amsterdam, Rijksmuseum | Rembrandt und Saskia, ca. 1635/63. Öl auf Leinwand, 161 x 131 cm. Staatliche Kunstsammlungen Dresden, Gemäldegalerie Alte Meister | Selbstbildnis mit dem aufgelehnten Arm (Detail), 1639. Radierung, 20,4 x 16,1 cm. Staatliche Kunstsammlungen Dresden, Kupferstichkabinett | Selbstbildnis, ca. 1643/45. Öl auf Holz, 69 x 56 cm. Staatliche Kunsthalle Karlsruhe | Selbstbildnis als Zeuxis, ca.1669. Öl auf Leinwand, 82,5 x 65 cm. Wallraff-Richartz-Museum Köln | **S. 19** René Magritte (1898-1967), Der Geist der Geometrie, 1936/37. Öl auf Leinwand. Tate Gallery London | **S. 45** Pieter Brueghel d. Ä. (1525/30-1569), Das Schlaraffenland. Öl auf Eichenholz, 57 x 78 cm. München, Alte Pinakothek | **S. 49** Vincent van Gogh (1853-1890), Der Schnitter (nach Millet). Öl auf Leinwand, 43, 5 x 33,5 cm. Amsterdam, Stedelijk-Museum/Vincent-van-Gogh-Stiftung | **S. 52** Hans-Rudolf Fitze (* 1956), Vollmond, 1995/97. Öl auf Baumwolle | **S. 53** Ottohans Beier, Der Ausblick. Öl auf Leinwand, 74 x 60 cm. Städtische Galerie im Lenbachhaus München | **S. 74** Andrea Mantegna (1431-1506), Occasio et poenitentia. Wandbild im Palast des Herzogs, Mantua (I) | **S. 77** Lucas Cranach d. Ä. (1472-1553), Das Goldene Zeitalter, um 1530. Öl auf Holz, 75 x 105 cm. Nationalgalerie Oslo | **S. 82** Emil Nolde (1867-1956), Verlorenes Paradies, 1921. Öl auf Sackleinen, 106,5 x 157 cm. Nolde-Stiftung Seebüll | **S. 149** Otto Pankok (1893-1966), Christus zerbricht das Kreuz, 1950. Holzschnitt, 43,5 x 35 cm. Otto-Pankok-Museum, Haus Esselt, Hünxe | **S. 157** Edvard Munch (1863-1944), Sommernacht an der Küste, um 1902. Öl auf Leinwand, 103 x 120 cm. Neue Galerie in der Stallburg, Wien | **S. 158** Eugéne Delacroix (1798-1863), Die Freiheit führt das Volk, 1830. Öl auf Leinwand, 360 x 225 cm. Musée du Louvre, Paris | **S. 160/161** Thomas Lange (* 1957), Reinhard, 1996 (Aus der Serie: Reinhard/Oggi-Domani-Heute Morgen). Öl auf Leinwand, 60 x 60 cm. Privatbesitz | **S. 194** o.: Frida Kahlo (1910-1954), Selbstporträt mit Dornenkette und Kolibri, 1940. Öl auf Hartfaser, 60 x 40 cm. Harvy Ranson Humanities Research Art Collection, University of Texas, Austin; u.: Frida Kahlo, Gemaltes Tagebuch. Bancode México, 1995. Instituto Nacional de Bellas Artes y Literatura, México, D. F. | **S. 195** o.: Alberto Giacometti (1901-1966), Drei schreitende Männer, 1948. Bronze, 64,2 x 39,3 x 59,3 cm. Foundation Maeght, Saint-Paul; u.: Alberto Giacometti, Von Fotografen gesehen. Katalog Bündener Kunstmuseum Chur, 1986. | **S. 196** Christian Daniel Rauch (1777-1857), Statuette des Immanuel Kant, 1848/55. Bronze, H. 28 cm. Staatliche Museen zu Berlin-Stiftung Preussischer Kulturbesitz, Nationalgalerie

Trotz sorgfältiger Recherchen konnten einige Quellen nicht eindeutig ermittelt werden. Wir bitten darum, gegebenenfalls vorliegende Rechte beim Verlag geltend zu machen.

Dieses Werk folgt der reformierten Rechtschreibung und Zeichensetzung.
Ausnahmen bilden Originaltexte, bei denen lizenzrechtliche Gründe
einer Änderung entgegenstehen, Autoren und Verlage Einspruch gegen
die Umstellung der Texte auf das neue Regelwerk erhoben haben.
Der Entscheidung des Verlages für die Beibehaltung der alten Schreibweise
bei Originaltexten liegt die aktuelle Liste der Verwertungsgesellschaft WORT
zugrunde.

Umweltschonendes Papier
chlorfrei

ISBN 3-06-120902-6 (Stammausgabe)
3-06-120904-2 (LER-Ausgabe)

1. Auflage
5 4 3 2 1 / 05 04 03 02 01
Alle Drucke dieser Auflage sind unverändert und im Unterricht
parallel nutzbar. Die letzte Zahl bedeutet das Jahr dieses Druckes.

Printed in Germany
Redaktion: *Martin Kloke*
Künstlerische Leitung: *Frank Schneider*
Einband: *Gerhard Medoch*
Layout: *Marina Goldberg*
Collagen: *Marina Goldberg, Gerhard Medoch*
Grafiken: *Andrea Soest*
Cartoons und Bildgeschichten: *Harald Larisch*
Bildberatung und -recherche: *Peter Hartmann*
Register: *Viviane Korn*
Reproduktionen: *Licht & Tiefe, Berlin*
Druck und buchbinderische Verarbeitung: *H. Heenemann GmbH & Co. Berlin*